# 이기적 스터디

## 카페 회원가입 시 전

`KB050058`

### 1:1 질문답변

궁금한 문제는 바로 답변을 받아야죠!
전문가가 달아주는 친절한 답변!

### 온라인 스터디 모임

같은 목표를 두고 함께 공부해봐요!
스터디 모임 인증하고 간식도 챙겨요!

### 다양한 추가 자료

스터디 카페에서만 받아볼 수 있는!
아주 특별한 학습자료!

### 리뷰 이벤트

이기적 도서에 대한 리뷰를 달아보세요!
네이버 페이 포인트를 드려요!

*제공되는 혜택은 도서별 상이합니다. 도서별 제공되는 혜택을 확인해주세요.

 이기적 스터디 카페 | 🔍 | 검색

이기적 스터디 카페 회원 가입하러 가기

# 365 이벤트

## 홈페이지와 스터디 카페에서 365일 진행!

### 정오표 이벤트

이기적 수험서로 공부하다가 오타·오류를 발견하셨나요?
그럼 영진닷컴에 제보해 주세요.

**참여 방법**

- 이기적 수험서의 오타·오류를
  'book2@youngjin.com'에 보내주세요.
- [도서명], [페이지], [수정사항], [이름], [연락처]를
  꼭 적어 주세요.

QR로 세부 내용 확인!

### 기출문제 복원 이벤트

시험보고 오셨다면 이기적 스터디 카페에 공유해 주세요.
참여해주시는 모든 분께 푸짐한 상품을 드립니다.

**참여 방법**

- 이기적 수험서로 공부하신 후, 시험을 보고 오세요.
- 기억나는 문제를 '이기적 스터디 카페'에 와서 공유해 주세요.

QR로 세부 내용 확인!

## 참여 혜택

**영진닷컴 도서**
**최대 30,000원 상당**

**이벤트 선물**
**다양하게 아낌없이 팡팡!**

초 경 량 비 행 장 치 조 종 자

# DRONE(드론)
## 무인멀티콥터 필기

## 시험은 이렇게 출제된다! ▶ 시험 출제 경향

우리의 목표는 합격! 마무리 체크를 원하는 수험생, 시간이 없어서 중요한 것만 공부하고 싶은 수험생은 자주 출제되는 기출 태그만이라도 꼭 짚고 넘어가세요. 어려운 과목은 개념을 확립하고, 자신 있는 과목에 집중하여 우리 모두 합격의 지름길로!

### Part 1 무인항공기 운용 쉬운 난이도, 무조건 점수를 따고 들어가자!

무인항공기의 정의와 작동 원리를 이해하는데 중점을 두고 학습하세요. 이론을 꼼꼼히 확인하고 공부한다면 어렵지 않게 점수를 딸 수 있는 과목입니다. 난이도가 쉬운 부분이므로 고득점을 따야 합니다.

**빈출태그**

| 항목 | 비율 | 빈출태그 |
|---|---|---|
| 1. 무인항공기(드론) 정의 | 12% | 무인기, 드론, RPAS, Rotor, 자이로, 최대이륙중량 |
| 2. 무인멀티콥터 구성과 원리 | 41% | 블레이드 피치, 비행제어기, 브러시리스 모터, 모터속도제어기, GPS, 조종기 |
| 3. 안전과 고장 | 15% | 비행 시 유의사항, 페일 세이프 |
| 4. 배터리 관리방법 | 31% | 리튬폴리머, 적정온도, 충전 시 주의, 보관 시 주의, 폐기 |
| 5. 비행교관의 기본 자세 | 1% | 태도, 학습지원, 감정 표출, 안전교육 |

### Part 2 항공 역학 높은 난이도, 암기를 통해 개념을 정리하자!

낯선 용어가 많이 나오고 넓은 개념을 함축시켜 어렵게 느낄 수 있지만, 용어만 확실히 정리하면 충분히 좋은 점수를 받을 수 있습니다. 항공기가 움직일 때 공기와 항공기 사이에 작용하는 힘과 작용의 원리, 기체 각 부분의 기류 상황 등 넓은 개념을 공부하세요.

**빈출태그**

| 항목 | 비율 | 빈출태그 |
|---|---|---|
| 1. 비행 기초원리 | 88% | 양력, 항력, 추력, 중력, 피치, 롤, 요, 익형, 받음각, 피치각, 양항비, 가로세로비, 평균 공력 시위, 실속, 와류, 임계받음각, 안정성, 조종성, 토크, 비행고도 |
| 2. 헬리콥터(회전익 비행장치) | 12% | 수직 상승, 수직 하강, 코닝각, 원심력, 지면효과, 호버링, 자동 회전 비행, 조종 장치 |

## Part 3 | 항공 기상 높은 난이도, 용어 정리와 이해가 필요하다!

기상학에 대한 이해가 필요합니다. 항공기의 안전, 효율적인 운항에 기여함을 목적으로 하는 분야이며, 자주 출제가 되는 부분을 우선적으로 공부하여 응용되는 문제에 대비할 수 있어야 합니다.

**빈출태그**

| 항목 | 비율 | 빈출태그 |
|---|---|---|
| 1. 대기의 기온과 습도 | 23% | 대류, 이류, 복사, 온도, 해륙풍, 역전층, 단열변화, 공기밀도, 안정도, 습도 |
| 2. 기압 | 18% | 표준기압, 기압경도, 등압선, 고기압, 저기압, 일기도 |
| 3. 바람 | 16% | 풍속, 윈드시어, 기압경도력, 전향력, 구심력, 지상풍, 돌풍, 스콜, 국지풍, 푄, 지균풍, 제트류 |
| 4. 중규모 대류계 | 11% | 기단, 장마, 태풍, 전선, 전선대 |
| 5. 구름 형성과 강수 | 12% | 숨은열, 냉각, 상승, 상층운, 중층운, 하층운, 수직운, 빙정, 노탐, 안개 |
| 6. 비행에 주의해야 할 기상 현상 | 20% | 난류, 기계적 난류, 청천난류, 항적난류, 산악파, 렌즈구름, 뇌우, 하강 돌풍, 우박, 번개, 천둥, 착빙, 황사, 해무 |

## Part 4 | 항공 법규 중간 난이도, 출제되는 포인트를 파악하자!

법 관련 내용을 모두 알려면 많은 시간과 노력이 필요하므로, 기출문제를 통해 유형을 파악하여 중요한 부분을 암기하는 것이 좋습니다. 초경량비행장치와 연관되는 항공법령 조항 등을 파악해 보세요.

**빈출태그**

| 항목 | 비율 | 빈출태그 |
|---|---|---|
| 1. 초경량비행장치 개념 | 5% | 항공사업법, 항공안전법, 공항시설법, 동력비행, 행글라이더, 패러글라이더, 기구류, UAV, 회전익, 낙하산 |
| 2. 초경량비행장치 항공안전법 | 15% | 항공기사고, 비행정보구역, 영공, 항공로, 관제권, 이착륙장 |
| 3. 신고, 조종자 증명, 안전성인증 | 20% | 신고번호, 지방항공청장, 국토교통부장관, 교통안전공단, 중량 기준, 응시기준, 과태료, 시험비행허가 |
| 4. 전문교육기관 | 4% | 전문교관, 비행시간, 학사운영 |
| 5. 비행승인 | 9% | 초경량비행장치 전용공역, 국방부, 드론 원스탑 민원처리 시스템(drone.onestop.go.kr) |
| 6. 무인항공기 안전관리 | 1% | 항공안전프로그램, 의무보고, 자율보고, 금지행위 |
| 7. 조종자 준수사항 | 22% | 야간비행, 군사목적, 주류섭취, 유의사항, 안전수칙, 사고발생, 보험가입, 벌칙 |
| 8. 공역 | 14% | 관제공역, 통제공역, 주의공역, 비행정보구역, 훈련구역, 군 작전구역 |
| 9. 항공사업법, 공항시설법 | 10% | 항공기대여업, 초경량비행장치사용사업, 항공레저스포츠사업, 비행장, 활주로, 항행안전시설, 항공등화 |

테스트 시작

# 맞춤 학습 플랜

▶ QR 코드를 스캔하여 자기 실력을 테스트하세요.

▶ 테스트 결과에 따라 자신에게 맞는 학습 플랜을 선택하세요.

\* 해당 문제는 실전 모의고사 문제를 바탕으로 구성하였으며, 총 8문제입니다.

## ☑ 1주 완성 : 단기 코스

자가진단 테스트 문제가 풀어볼만 했나요? 이론의 처음부터 공부하기
보다는 기출문제 풀이 위주의 학습으로 빠른 합격을 노릴 수 있습니다.

### 1단계 : 기출 유형 실전 모의고사
• 실전이라 생각하고 50분 동안 문제를 풀어보세요.
• 문제가 이해되지 않는 부분은 이론에서 다시 확인하세요.

### 2단계 : 합격을 다지는 예상문제
• 한 과목 끝에 삽입된 예상문제를 통해 이론을 복습하세요.
• 이론을 최종 정리한다는 생각으로 꼼꼼히 학습하세요.

## ☑ 2주 완성 : 정석 코스

자가진단 테스트 문제가 생각보다 어려웠나요?
2주 완성 학습 플랜대로 차근 차근 공부하면 문제 없습니다.

### 1단계 : 이론 학습
• 이론부터 천천히 학습하세요.
• 빈출 태그는 꼭 암기해주세요.
• 기적의 3초컷에 표시된 내용도 꼼꼼히 확인하세요.

### 2단계 : 합격을 다지는 예상문제
• 한 과목 끝에 삽입된 예상문제를 통해 해당 이론을 최종 마무리하
세요.

### 3단계 : 기출 유형 실전 모의고사
• 이제는 실전처럼 문제를 풀어볼 때입니다. 50분 동안 문제를 풀어
보세요.

### 플러스 알파 : CBT 온라인 응시 서비스
• 영진닷컴 이기적 홈페이지에서 CBT 온라인 응시 서비스를 이용해보세요.
• PC, 모바일 모두 이용 가능하여 어디서든 시험장과 동일한 환경에서 모의고사를 풀어볼 수 있습니다.

무인항공기 운용　　항공 역학　　항공 기상　　항공 법규　　실전 모의고사

## ☑ 1주 완성 : 단기 코스

| | 1일 | 2일 | 3일 | 4일 | 5일 | 6일 | 7일 |
|---|---|---|---|---|---|---|---|
| 1주 | 실전 모의고사 1~2회 | 실전 모의고사 3~4회 | 실전 모의고사 5~6회 | 출제 예상문제 챕터 01~05 | 출제 예상문제 챕터 01~02 | 출제 예상문제 챕터 01~06 | 출제 예상문제 챕터 01~09 |

## ☑ 2주 완성 : 정석 코스

| | 1일 | 2일 | 3일 | 4일 | 5일 | 6일 | 7일 |
|---|---|---|---|---|---|---|---|
| 1주 | 챕터 01~03 | 챕터 04~05 출제 예상문제 | 챕터 01 | 챕터 02 출제 예상문제 | 챕터 01~03 | 챕터 04~05 | 챕터 06 출제 예상문제 |
| 2주 | 챕터 01~03 | 챕터 04~07 | 챕터 08~09 출제 예상문제 | 실전 모의고사 1~2회 | 실전 모의고사 3~4회 | 실전 모의고사 5~6회 | CBT 온라인 모의고사 |

# 시험 안내

## 01 응시 자격 조건

- 만 14세 이상(1 · 2 · 3종), 만 10세 이상(4종)
- 필요 비행경력
  - 20시간(1종), 10시간(2종), 6시간(3종), 온라인 교육
    이수(4종)

## 02 원서 접수하기

- www.kotsa.or.kr 인터넷 접수
- 시험장소/일자별로 응시 가능인원에 따라
  응시인원 제한
- 응시 수수료 : 48,400원

## 03 시험 응시

- 신분증과 수험표 지참
- CBT 방식으로 총 40문제 진행(50분)

## 04 합격자 발표

- 시험종료 즉시 시험 컴퓨터에서 결과 확인
- 70% 이상 정답 시 합격

# 차례

**실기시험 대비 준비사항**

• 기적의 합격 강의 제공 : 동영상 강의가 제공되는 부분입니다. 도서 231p에서 링크 및 QR코드를 확인해 주세요.

※ 출간 이후 변경되는 내용이나 정오 사항은 이기적 홈페이지(license.youngjin.com)를 확인하세요.
　도서의 오류는 교환, 환불의 사유에 해당하지 않습니다.

# 이 책의 구성

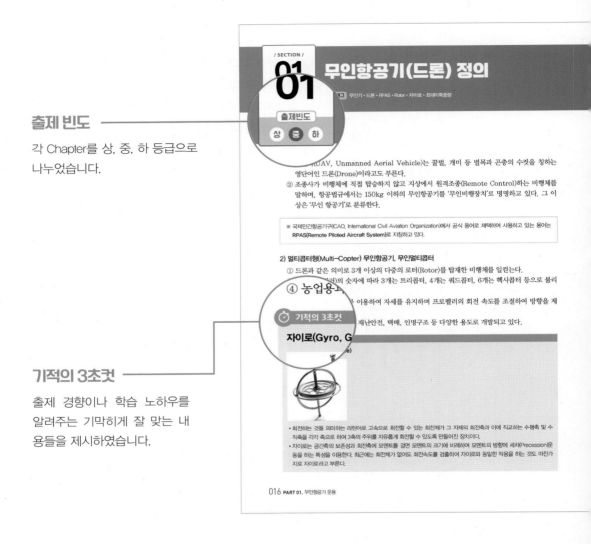

**출제 빈도**

각 Chapter를 상, 중, 하 등급으로
나누었습니다.

**기적의 3초컷**

출제 경향이나 학습 노하우를
알려주는 기막히게 잘 맞는 내
용들을 제시하였습니다.

**합격을 다지는 예상문제**

각 PART별로 해당 이론이
어떤 유형으로 시험에 나오
는지 파악할 수 있습니다.

**기출 유형 실전 모의고사**

다년간의 기출문제를 분석
하고 복원하여 총 6회의 모
의고사를 수록하였습니다.

### 03 익형(Airfoil, 날개꼴)

1) 비행기 날개의 단면 또는 프로펠러의 깃의 단면을 말한다.

2) 날개는 기체의 무게를 지지하는 양력을 담당하는 매우 중요한 부분으로 비행기의 성능은 익형의 특성이 크게 관여하므로 용도와 구조, 강도 등을 고려하여 전체 설계조건을 가장 만족하는 익형을 채택한다.

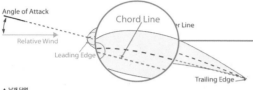

▲ 날개 단면

- Angle of Att**Angle of Attac**에 반대로 작용하는 바람
- Relative W**Relative Wind(상**엣지)과 뒷전(트레일링 엣지)을 연결하는 직선
- Chord l**Chord Line(시위**면의 중점을 차례로 연결하는 곡선
- Camb**Camber Line(캠**에어포일 앞부분의 끝
- Leadin**Leading Edg**에어포일 뒷부분의 끝
- Trailing

⏱ 기적의 3초컷

**받음각(Angle of Attack)과 붙임각(Angle of Incidence)**

붙임각(앙각)과 받음각을 혼동하는 경우가 있는데 붙임각은 동체기준선에 대한 날개의 각도를 뜻한다. 따라서 제작 시에 붙임각이 결정되어 변화를 주기가 매우 곤란하다. 그러나 받음각은 비행 중에 기체의 자세에 따라 달라지는 각도로 기체의 진행방향에 대한 날개의 각도를 말한다.

### 04 양력(Lift)과 항력(Drag)

**1) 양력의 발생원리**

① 양력을 간단히 설명하면 날개의 윗면과 아랫면의 압력차라고 할 수 있다.

- 날개의 아래쪽은 거의 평평해서 공기의 흐름이 느리다. 하지만 날개 위쪽은 곡선으로 되어 있어 공기 흐름이 빨라진다.
  - 아래쪽은 압력이 높아지고, 위쪽은 압력이 낮아지므로 위로 올라가는 힘이 작용한다.

## 그림으로 쉽게 이해하기

어려운 내용을 쉽게 이해할 수 있도록
그림으로 표현하였습니다.

## 조금 더 알기

내용을 좀 더 이해하기 쉽도록 추가적인
설명을 하였습니다.

## 정답 및 해설

정답 및 오답의 이유를 파악
하고 관련한 개념을 학습할
수 있도록 상세한 해설을 수
록하였습니다.

## 부록

빠른 이해를 위해 실기시험
대비 가이드 동영상을 제공
하고 있습니다.

# CBT 시험 안내

## CBT 시험 체험하기

CBT란 Computer Based Test의 약자로, 종이 시험 대신 컴퓨터로 문제를 푸는 시험 방식을 말합니다. 직접 체험을 원하는 수험생은 한국산업인력공단 홈페이지 큐넷(Q-net)을 방문하거나, 본 도서의 QR코드를 통해 자격검정 CBT 웹 체험 프로그램을 이용하실 수 있습니다.

\* CBT 온라인 모의고사 체험(cbt.youngjin.com)

### 01  좌석 번호 확인

수험자 접속 대기 화면에서 본인의 좌석 번호를 확인합니다.

### 02  수험자 정보 확인

시험 감독관이 수험자의 신분을 확인하는 단계입니다. 신분 확인이 끝나면 시험이 시작됩니다.

### 03  안내 사항

시험 안내 사항을 확인하고, 다음을 클릭합니다.

### 04  유의 사항

시험과 관련된 유의 사항을 확인합니다.

### 05  문제풀이 메뉴 설명

시험을 볼 때 필요한 메뉴에 대한 설명입니다. 메뉴를 이용해 글자 크기와 화면 배치를 조정할 수 있습니다. 남은 시간을 확인하며 답을 표기하고, 필요한 경우 아래의 계산기를 이용할 수 있습니다.

## 06 문제풀이 연습

시험 보기 전, 연습을 해 보는 단계입니다. 직접 시험 메뉴 화면을 클릭하며, CBT가 어떻게 진행되는지 확인 합니다.

## 07 시험 준비 완료

문제풀이 연습을 모두 마친 후 [시험 준비 완료] 버튼을 클릭하면 시험 감독관의 지시에 따라 시험이 시작됩니다.

## 08 시험 시작

시험이 시작되었습니다. 수험자분들은 제한 시간에 맞추어 문제풀이를 시작합니다.

## 09 답안 제출

시험을 완료하면 [답안제출] 버튼을 클릭합니다. 답안을 수정하기 위해 시험화면으로 돌아가고 싶으면 [아니오] 버튼을 클릭합니다.

## 10 답안 제출 최종 확인

답안 제출 메뉴에서 [예] 버튼을 클릭하면, 수험자의 실수를 방지하기 위해 한 번 더 주의 문구가 나타납니다. 완벽히 시험 문제 풀이가 끝났다면 [예] 버튼을 클릭하여 최종 제출합니다.

## 11 합격 발표

CBT 시험이 모두 종료되면, 바로 합격/불합격 여부를 확인할 수 있습니다.

# 자주 질문하는 Q&A

**Q** 내가 가진 무인비행장치로 안전한 비행을 하려면 어떤 절차를 거쳐야 할까?

최대 이륙중량 2kg 초과 비행장치 또는 중량에 상관없이 모든 사업용 비행장치는 한국교통안전공단(드론관리처)에 신고하며, 기체 신고필증을 교부 받아야 합니다.

• 안전한 드론 사용을 위한 절차

| 비행 절차 | | 최대 이륙중량 기준* | | | | | 담당기관 |
|---|---|---|---|---|---|---|---|
| | | 250g 이하 | 250g 초과 2kg 이하 | 2kg 초과 7kg 이하 | 7kg 초과 25kg 이하 | 25kg 초과 | |
| ①장치 신고 | 비사업 | X | X | O | O | O | 한국교통안전공단 |
| | 사업 | O | O | O | O | O | |
| ②사업등록 | | O | O | O | O | O | 지방항공청 |
| ③안전성 인증 | | X | X | X | X | O | 항공안전기술원 |
| ④조종자 증명 | | X | O (4종) | O (3종) | O (2종) | O (1종) | 한국교통안전공단 |
| ⑤비행 승인** | | △ | △ | △ | △ | △ | 지방항공청 또는 국방부 |
| ⑥항공촬영 승인 | | O | O | O | O | O | 국방부 |
| ⑦비행 | | 조종자 준수사항에 따라 비행 | | | | | |

\* 상기 기준은 자체중량 150kg 이하인 무인동력비행장치에 적용

\*\* 비행금지구역, 관제권, 고도 150m 이상 비행 시에는 무게와 상관 없이 비행승인 필요
 최대 이륙중량 25kg 초과 기체는 상시 승인 필요(단, 초경량비행장치 비행공역에서는 승인 불필요)

**Q** 취미용 무인비행장치는 안전관리 대상이 아니다?

취미활동으로 무인비행장치를 이용하는 경우라도 조종자 준수사항을 반드시 지켜 피해를 예방해야 합니다. 또한 비행금지구역이나 관제권(공항 주변 반경 9.3km), 고도 150m 이상 비행할 경우에 무게나 비행 목적에 관계없이 비행승인이 필요합니다.

**Q** 내가 비행하려는 장소가 승인이 필요한 곳인지 쉽게 찾아보는 방법은?

드론 원스톱 민원서비스(www.drone.onestop.go.kr) 및 스마트폰 어플 'Ready to fly'를 다운 받으면 관제권, 전국 비행금지구역 등 공역현황 및 지역별 기상정보, 일출·일몰시각, 지역별 비행허가 소관기관과 연락처 등을 간편하게 조회할 수 있습니다.

**Q** 야간에 비행하거나 육안으로 확인할 수 없는 범위에서의 비행은 불가능한지?

항공안전법 제129조제5항에 따라 무인비행장치 조종자로서 야간에 비행하거나 육안으로 확인할 수 없는 범위에서 비행하려는 자는 특별비행승인을 받아 그 승인 범위 내에서 비행 가능합니다.

〈드론 특별승인 절차〉

| 접수·선람<br>(지방항공청) | → 검사<br>의뢰 | 안전기준<br>검사<br>(항공안전<br>기술원) | → 결과<br>송부 | 종합검토<br>(지방항공청) | → 승인서<br>발급 | 최종승인<br>(지방항공청) |
|---|---|---|---|---|---|---|

**Q** 드론으로 하는 사진촬영은 허가가 필요할까?

필요합니다. 항공사진 촬영 허가권자는 국방부 장관이며 촬영 4일 전에 국방부로 '항공사진촬영 허가신청서'를 전자문서(공공기관의 경우) 또는 팩스(일반업체)로 신청하면 촬영 목적과 보안상 위해성 여부 등을 검토 후 허가합니다.
- 항공사진촬영 허가 신청은 드론 원스톱 민원처리시스템(drone.onestop.go.kr)에 접속하여 신청 가능합니다.

**Q** 사진촬영 허가를 받으면 비행승인을 받지 않아도 될까?

항공촬영 허가와 비행승인은 별도이기 때문에 촬영 허가를 받고, 이를 첨부하여 공역별 관할기관에 비행승인을 신청해야 합니다.

저자 **안승용**

드론 국가자격증 취득으로
새로운 미래의
선두주자가 되세요!

www.플라이존드론.kr

## CAREER

**現**
- ㈜플라이존드론교육원 원장
- 주식회사 플라이존 대표
- 수원대학교 공학대학원 드론산업공학과 교수
- 초경량비행장치 무인멀티콥터 실기평가조종자(한국교통안전공단)
- 대한드론축구협회 이사

**前**
- 2012·2014 아시아비치게임 동력패러 국가대표
- 초경량비행장치 동력패러글라이더/무인멀티콥터·무인헬리콥터·무인비행기 지도조종자 취득
- 스카이항공프로모션 설립(항공이벤트, 유·무인 항공촬영, 항공방제)

PART

# 01

# 무인항공기 운용

# 무인항공기(드론) 정의

빈출 태그  무인기 · 드론 · RPAS · Rotor · 자이로 · 최대이륙중량

## 01 드론의 정의

### 1) 무인기

① 무인기(UAV, Unmanned Aerial Vehicle)는 꿀벌, 개미 등 벌목과 곤충의 수컷을 칭하는 영단어인 드론(Drone)이라고도 부른다.

② 조종사가 비행체에 직접 탑승하지 않고 지상에서 원격조종(Remote Control)하는 비행체를 말하며, 항공법규에서는 150kg 이하의 무인항공기를 '무인비행장치'로 명명하고 있다. 그 이상은 '무인 항공기'로 분류한다.

> ※ 국제민간항공기구(ICAO, International Civil Aviation Organization)에서 공식 용어로 채택하여 사용하고 있는 용어는 **RPAS(Remote Piloted Aircraft System)**로 지칭하고 있다.

### 2) 멀티콥터형(Multi–Copter) 무인항공기, 무인멀티콥터

① 드론과 같은 의미로 3개 이상의 다중의 로터(Rotor)를 탑재한 비행체를 일컫는다.

② 로터(프로펠러)의 숫자에 따라 3개는 트리콥터, 4개는 쿼드콥터, 6개는 헥사콥터 등으로 불리기도 한다.

③ 자이로와 가속도계를 이용하여 자세를 유지하며 프로펠러의 회전 속도를 조절하여 방향을 제어한다.

④ 농업용과 항공촬영용, 재난안전, 택배, 인명구조 등 다양한 용도로 개발되고 있다.

---

⏱ 기적의 3초컷

**자이로(Gyro, Gyroscope)**

- 회전하는 것을 의미하는 라틴어로 고속으로 회전할 수 있는 회전체가 그 자체의 회전축과 이에 직교하는 수평축 및 수직축을 각각 축으로 하여 3축의 주위를 자유롭게 회전할 수 있도록 만들어진 장치이다.
- 자이로는 공간축의 보존성과 회전축에 모멘트를 걸면 모멘트의 크기에 비례하여 모멘트의 방향에 세차(Precession) 운동을 하는 특성을 이용한다. 최근에는 회전체가 없어도 회전속도를 검출하여 자이로와 동일한 작용을 하는 것도 마찬가지로 자이로라고 부른다.

## 02 드론의 분류와 활용분야

### 1) 최대이륙중량에 의한 분류

| 구분 | 대분류 | 세분류 | 최대이륙중량 |
|---|---|---|---|
| 무인비행체<br>(UAV, Unmanned Aerial<br>Vehicle) | 대형 무인항공기<br>(Large UAV) | – | 600kg 초과 |
| | 중형 무인항공기<br>(Medium UAV) | – | 150kg 초과<br>600kg 이하 |
| | 무인동력<br>비행장치 | 중소형 무인동력비행장치<br>(Light UAV) | 25kg 초과<br>150kg(자체 중량) 이하 |
| | | 소형 무인동력비행장치<br>(Small UAV) | 2kg 초과<br>25kg 이하 |
| | | 초소형 무인동력비행장치<br>(Micro UAV) | 2kg 이하 |

### 2) 운용고도에 의한 분류

| 분류 | 상승한도(km) |
|---|---|
| 저고도 무인 비행체 | 0.15 |
| 중고도 무인 비행체 | 14 |
| 고고도 무인 비행체 | 20 |
| 성층권 무인 비행체 | 50 |

### 3) 운동에너지에 의한 분류

| 분류 | 불시하강 운동에너지 | 조종불능 운동에너지 |
|---|---|---|
| 제 1종 | 60kJ 초과 | 500kJ 초과 |
| 제 2종 | 10kJ 초과 60kJ 이하 | 50kJ 초과 500kJ 이하 |
| 제 3종 | 400J 초과 10kJ 이하 | 5kJ 초과 50kJ 이하 |
| 제 4종 | 400J 이하 | 5kJ 이하 |

# 4) 드론의 활용분야

| 구분 | 활용분야 | 내용 | 비고 |
|---|---|---|---|
| 공공분야 | 물류운송 | 원거리 택배 및 재난지역, 지리적 격리지역 구호물품 전달 | • 시간, 물류비 절감<br>• 빠른 배송 |
| | 군사/치안 | 보안 감시, 순찰 및 범죄자 추적(산악지역 및 도주로 추적) | • 병력 절감<br>• 군사력 증가 |
| | 시설물안전진단 | 교량, 철도, 건물, 고압 송전선 등 안전진단 (송전탑 관리) | • 시간 및 인력 절감<br>• 국민 편의 증대 |
| | 국토조사 및 순찰 | 측량, 국토조사, 민원 및 재난 현장조사 (원전사고 등 접근불가지역, 인명구조현장) | • 비용 절감<br>• 위험요소 대체 |
| | 고고학 및 건축 | 현장과 인공 구조물의 3차원 측량 및 지도제작 | • 비용 절감 |
| | 해양 및 접경 지역 관리 | 불법어로, 해안선 안전감시 등(적외선 카메라 등 관측장비 탑재 시 활용폭 다양) | • 인력대체 및 비용 절감 |
| | 산림보호 및 재해감시 | 산불감시, 잔불조사, 체적계산 병충해 진단 등(열화상 카메라 장착 시 상공에서 확인가능) | • 인력, 비용, 산림보호 |
| | 재난관리 | 인명수색 · 구조, 작전지휘, 피해측정 및 복구계획, 오염지역 측량 | • 인력대체<br>• 안전 능률 향상 |
| | 교통감시 | 교통위반 및 불법행위 적발, 감시, 교통량 측정, 차선 점유, 사고대응 | • 인력대체 및 능률 향상 |
| | 기상관측 | 일기예보 및 기상관측 | • 예보 능률 향상 |
| 민간 | 항공촬영 | 뉴스보도, 중계, 방송, 영화 등의 항공촬영 | • 다양한 화각 확보 |
| | 정밀농업 | 항공방제, 과수수정, 비료살포 | • 농촌 고령화 대안 |
| | 공연예술 | 드론 군집비행, LED드론 공연 등 | • 문화 생태계 활성화 |
| | 제조 | IT 인프라 구축 및 장비 개발 | |
| | 공항 | 조류 퇴치 및 외곽경비 등 | |
| | 용역 서비스 | 건물 외벽청소, 방역 소독 | |
| | 교육 | 드론교관, 지도조종자, 실기 평가위원, 드론체험지도자 등 | |
| | 부동산 | 토지 맵핑 및 VR 영상 제작 | |
| | 여가레저 | 어군탐지 및 낚시, 드론축구, 드론레이싱, 프리스타일 | |

# / CHAPTER / 02 무인멀티콥터 구성과 원리

출제빈도
상 중 하

빈출 태그 블레이드 피치 · 비행제어기 · 브러시리스 모터 · 모터속도제어기 · GPS · 조종기

## 01 무인멀티콥터의 기본 구조

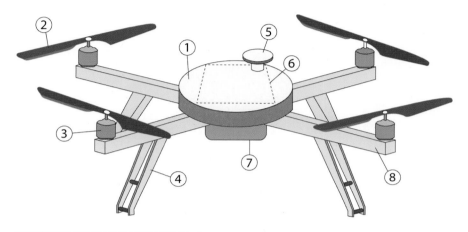

① 메인보드 덮개(Canopy)
② 프로펠러(Propeller, Blade) : 여러 개의 프로펠러 동작을 조합해 양력과 추진력을 만든다.
③ 브러시리스 모터(Brushless Motor) : 프로펠러에 회전력을 주는 장치이다.
④ 랜딩 스키드(Landing Skid) : 이착륙 시 충격으로부터 기체를 보호한다.
⑤ GPS(Global Positioning System) : 위성에서 보내는 신호를 수신해 기체의 현재 위치를 계산한다.
⑥ 메인보드(Control Board) : 기체의 구동과 관련된 모든 정보를 처리한다.
⑦ 리튬폴리머 배터리(Li-Po Battery)
⑧ 암대(Frame) : 프로펠러를 지지하는 역할을 한다.

1) 블레이드 피치(날개깃 피치, Blade Pitch)가 고정되어 있는 멀티콥터는 크게 기체 프레임, 로터부, 센서류 등 3부분으로 나눌 수 있다.

2) 헬리콥터에 비해 간단한 구조로 되어 있으며, 멀티콥터는 센터 프레임(Center Frame) 내에 센서류를 말끔하게 내장할 수 있도록 되어 있다.

▲ 국내에서 개발된 ANT-H5-T 기체

## 02 주요 구성품

### 1) 비행제어기(FC, Flight Controller)

① 기체를 안정적으로 비행하게 컨트롤하는 핵심장치이다.

② 컴퓨터의 CPU(중앙처리장치)와 같은 역할을 하며, 수신기와 ESC(모터속도제어기)사이에 연결되어 송신기에서 보내는 조종 명령을 내린다.

### 2) 모터(Motor)

① 브러시 모터(Brushed Motor)

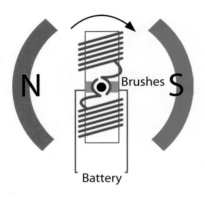

- 브러시 모터는 전기만 흘려주면 회전하기 시작하는 간편함과 단순한 구조로 전동공구와 같은 강한 힘을 필요로 하는 다양한 분야에서 활용된다.
- 브러시와 정류자가 기계적으로 접촉해서 마모가 일어나기 때문에 그 부분이 열화 되어 전기가 흐르지 못하게 되거나 브러시나 정류자가 깎여나가 분진이 되는 문제가 있다.
  - 브러시 모터는 정기적으로 브러시를 청소하거나 교환해주고, 모터 내부를 청소해 주어야 한다.
- 구조상 정밀한 회전통제가 어려워 드론과 같은 회전수에 민감하게 반응하는 분야에는 사용하지 않는다.

② 브러시리스 모터(Brushless Motor)

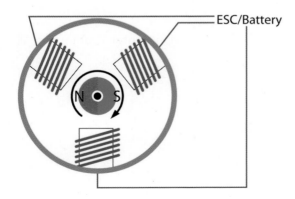

- 멀티콥터는 전기모터로서 브러시리스 모터 타입을 채용하고 있다.
- 브러시리스 모터는 브러시로 인한 마찰과 발열, 소음 문제를 해결한 모터로서 자기센서를 모터에 내장하여 회전자가 만드는 회전자계를 검출하고 이 전기신호를 고정자의 코일에 전하여 모터의 회전을 제어하는 구조이다.
- 가격이 비싸다는 단점이 있으나 드론처럼 정밀한 회전 제어와 효율을 높여야 하는 장비에서 널리 사용되고 있다.
- 브러시리스 모터는 모터 회전을 위해서 지속적으로 다른 위상의 고주파 신호를 만드는 ESC를 필요로 한다.

### 3) 모터속도제어기(ESC, Electric Speed Controller)

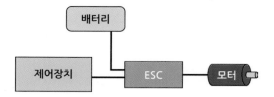

① 브러시 모터는 자석을 고정시켜 전기가 흐르는 코일을 회전시키는데 브러시리스 모터는 그와 반대로 전기가 흐르는 코일을 고정시키고 자석이 붙어 있는 회전자를 회전시킨다.
- 브러시리스 모터는 코일에 흐르는 전기를 제어하기만 하면 기계적 접촉 부분을 적게 하며 회전할 수 있다.
- 브러시리스 모터는 구조가 간단하고 유지보수도 필요 없지만, 코일에 흐르는 전류를 세세하게 제어해야하기 때문에 회전을 위하여 ESC(Electric Speed Controller)라고 하는 컨트롤러를 필요로 하게 되었다.
② ESC의 역할은 브러시리스 모터의 코일을 제어하는 것은 물론, 배터리에서 보내오는 전류를 제어신호에 따라 그 흐름을 제한하는 역할도 한다.
- ESC는 모터와 제어장치 사이에 접속하는데 최근의 멀티콥터 중에는 로터와 ESC가 일체화된 타입도 시판되고 있다.
③ 전기모터를 외부에서 회전시키면 발전기가 된다. 코일과 자석의 움직임으로 전류가 발생하기 때문인데 통상 전기에 의해 회전하고 있는 모터도 동시에 발전을 한다.
- 자연적으로 회전할수록 작은 전류로 모터를 회전시킬 수 있다. 그러나 모터의 회전을 강제적으로 멈추게 하면, 내부의 발전이 약해지고 많은 전기를 소모하게 된다.
- 모터는 전기가 흐르는 부분이 많기 때문에 전류가 흐를수록 발열한다.

### 4) GPS(Global Positioning System)

① GPS는 인공위성에서 보내오는 신호를 받아 해석함으로써 지구상의 어느 곳에 있는지를 정확하게 할 수 있는 시스템이다.
- GPS는 일상생활에서 많이 활용되며 수신기는 자동차의 내비게이션이나 스마트폰에도 내장되어 있다.

② GPS는 전파의 지연을 이용해서 현재 위치를 해석한다.

- 우주 공간에서 지구 둘레를 회전하는 GPS 위성은 지구를 향해 항시 정확한 시간 신호를 전파로 보내고 있다.
- 전파는 빛의 속도로 나아가지만, 위성과 지구상에서는 거리가 멀리 떨어져 있기 때문에 지구상의 위치에 따라 시간 신호의 수신에 지연이 발생한다.
- 복수의 GPS 위성으로부터 각각 시간 신호를 받으면, 그 거리의 차이에 의해 시간차가 발생해 제각각 도착하게 된다. 그 차이를 해석해서 현재 위치를 산출하는 것이 GPS이다.

③ 위치정보를 얻기 위해서는 최저 4개 이상의 GPS 신호를 받아야 하며, 수신하는 신호의 수가 많을수록 정확히 위치를 산출할 수 있다.

④ 멀티콥터는 GPS 안테나를 탑재하고 스스로 위치를 산출함으로써 자동적으로 공중의 같은 위치에서 정지할 수 있게 되어 있다.

- 이것은 조종자의 부담을 줄여주지만, GPS 신호를 바로 수신할 수 없는 경우에는 예기치 못한 동작을 하는 경우가 있기 때문에 주의가 필요하다.

⑤ GPS의 한 가지 큰 단점은 실내에서 신호를 수신할 수 없다는 것이다.

- GPS 신호는 직진성이 높고, 반사에 의한 신호는 오차가 발생하게 되므로 열린 장소가 아니면 제대로 신호를 받을 수 없다.

## 5) 조종기

▲ 조종기 mz-12 PRO

① 조종기란 일정 주파수 대역을 이용하여 무인비행체의 조작을 위한 동작 신호를 발생시켜 해당 물체의 원활한 조작을 가능하게 하는 장치이다.

② 조종기로 입력되는 조작신호를 일정주파수 대역의 무선 신호로 변환하여 조종하고자 하는 물체에 탑재된 수신장치에 송신함으로써 조종자가 원하는 동작을 수행할 수 있게 한다.

③ 비행 전에는 반드시 조종기의 배터리 충전상태, 운용, 안테나 상태를 점검하여야 한다.

- 조종기 배터리 전압(V)이 권장수치 이상인지 확인하고 저전압 경고가 울리거나 전압이 낮을 때에는 교환하여 사용하여야 한다.

# 안전과 고장

**빈출 태그** 비행 시 유의사항 · 페일 세이프

## 01 비행 시 유의사항

1) 군 방공비상사태 인지 시 즉시 비행을 중지하고 착륙한다.

2) 항공기의 부근에 접근하지 않는다. 특히 헬리콥터의 아래쪽에는 Down wash(하강기류)가 있고, 대형 및 고속항공기의 뒤쪽 및 부근에는 Turbulence(난류)가 있음을 유의한다.

3) 군 작전 중인 전투기가 불시에 저고도 및 고속으로 나타날 수 있음을 유의한다.

4) 다른 초경량비행장치에 불필요하게 가깝게 접근하지 않는다.

5) 비행 중 사주경계를 철저히 한다.

6) 태풍 및 돌풍이 불거나 번개가 칠 때, 또는 비나 눈이 내릴 때에는 비행하지 않는다.

7) 비행 중 비정상적인 방법으로 기체를 흔들거나 자세를 기울이거나 급상승/급강하/급선회를 하지 않는다.

8) 제원에 표시된 최대이륙중량을 초과하여 비행하지 않는다.

9) 이륙 전 기체 및 엔진 안전점검을 한다.

10) 주변에 지상 장애물이 없는 장소에서 이착륙한다.

11) 야간에는 비행하지 않는다.

12) 음주 · 약물복용 상태에서 비행하지 않는다.

13) 초경량비행장치를 정해진 용도 이외의 목적으로 사용하지 않는다.

14) 비행금지공역, 비행제한공역, 위험공역, 경계구역, 군부대상공, 화재발생지역 상공, 해상, 화학공업단지, 기타 위험한 구역의 상공에서 비행하지 않는다.

15) 공항 및 대형비행장 반경 약 10km 이내에서 관할 관제탑의 사전승인 없이 비행하지 않는다.

16) 고압송전선 주위에서 비행하지 않는다.

17) 추락 · 비상착륙 시 인명, 재산의 보호를 위해 노력한다.

18) 인명이나 재산에 위험을 초래할 우려가 있는 낙하물을 투하하지 않는다.

19) 인구가 밀집된 지역, 기타 사람이 운집한 장소의 상공을 비행 하지 않는다.

---

⏱ **기적의 3초컷**

**캘리브레이션(Calibration)**
드론에 장착된 센서의 초기값에 문제가 있을 경우 이상적인 중심값으로 복구하는 교정작업이다.
- **종류 :** 조종기, 전자변속기(ESC), 지자계(Compass), 로봇(1mm 이내의 고정도 작업 가능) 등

## 02 조종자 안전수칙

1) 조종자는 항상 경각심을 가지고 사고를 예방할 수 있는 방법으로 비행해야 한다.

2) 비행 중 비상사태에 대비하여 비상절차를 숙지하고 있어야 하며, 비상사태에 직면하면 비행장 치에 의해 인명과 재산에 손상을 줄 수 있는 가능성을 최소화할 수 있도록 하여야 한다.

3) 드론 비행장소가 안개 등으로 인하여 지상 목표물을 식별할 수 있는지 비행중의 드론을 명확히 식별할 수 있는 시정인지를 비행 전에 필히 확인하여야 한다.

4) 가급적 이륙 시 육안을 통해 주변상황을 지속적으로 감지 할 수 있는 보조요원 등과 이착륙 시 활주로 접근을 통제 할 수 있는 지상안전 요원이 배치된 장소에서 비행하여야 한다.

5) 아파트 단지, 도로, 군부대 인근, 원자력 발전소 등 국가 중요시설, 철도, 석유 · 화학 · 가스 · 화약 저장소, 송전소, 변전소, 송전선, 배전선 인근, 사람이 많이 모인 대형 행사장 상공 등에서 비행해서는 안 된다.

6) 전신주 주위 및 전선 아래에 저고도 미식별 장애물이 존재한다는 의식 하에 회피기동을 하여야 하며, 사고 예방을 위해 전신주 사이를 통과하는 것은 자제한다.

7) 비행 중 원격 연료량 및 배터리 지시계를 주의 깊게 관찰하며, 잔여 연료량 및 배터리 잔량을 확 인하여 계획된 비행을 안전하게 수행하여야 한다.

8) 드론 비행성능을 초과하는 무게의 탑재물을 설치하지 말아야 한다.

9) 비행 중 원격제어장치, 원격계기 등의 이상이 있음을 인지하는 경우에는 즉시 가까운 이착륙 장 소에 안전하게 착륙하여야 한다.

10) 연료공급 및 배출 시, 이착륙 직후, 밀폐된 공간 작업수행 시 흡연을 금지하여야 한다.

11) 충돌사고를 방지하기 위해 다른 비행체에 근접하여 드론을 비행하여서는 안 되며 편대 비행을 하여서는 안 된다.

12) 드론 조종자는 항공기를 육안으로 식별하여 미리 피할 수 있도록 주의하여 비행하여야 하며 다 른 모든 항공기에 대하여 최우선적으로 진로를 양보하여야 하고, 발견 즉시 충돌을 회피할 수 있도록 조치를 해야 한다.

13) 가능한 운영자 또는 보조자를 배치하여 다른 비행체 발견과 회피를 위해 외부 경계를 지속적으 로 유지하여야 한다.

---

※ **드론을 이용한 농약 살포** 시 개인 보호장비 및 준비물로는 농약방제복, 안전모, 안전화, 보안경, 장갑, 마스크, 휴대용 풍 속기 또는 연막탄(불꽃이 없는 소방훈련용), 구급상자, 필기구(형광펜, 연필, 기타) 등이 필요하다.

농약은 임의대로 직접 혼합하여 사용하는 것은 금지하며 「무인항공기」에 등록된 농약을 등록된 대상 작물에만 사용하 고 살포대상 작물, 사용량(살포량), 희석 배수, 사용 시기 및 사용 횟수 등의 농약안전사용기준에 따라서 약제를 사용해 야 한다. 농약 허용 기준강화제도(positive list system)에 따라 국내 사용등록 또는 잔류허용기준이 설정된 농약 이외에 등록되지 않은 농약을 사용하는 것을 금지한다.

- **잔류허용기준**(maximum residue limits) : 식품에 함유되어 있는 농약 잔류량이 사람이 일생동안 그 식품을 섭취해 도 전혀 해가없는 수준을 법으로 규정한 양

## 03 통신 안전수칙

1) 드론은 기본적으로 무선 조종기와 수신기 간의 전파로 조종한다. 지상통제소(Ground Station)와 비행장치 내 프로세서 또는 관성측정장치(IMU)와 Data Radio Link(Telemetry, 원격 측정)를 이용하여 비행정보를 받아가면서 자율 비행이나 원격으로 조종되므로 항상 통신두절 및 제어불능상황 발생을 염두에 두고, 사고 피해를 최소화하도록 운영하여야 한다.

> **⏱ 기적의 3초컷**
>
> **관성측정장치(Inertial Measurement Unit)**
> 이동물체의 속도와 방향, 중력, 가속도를 측정하는 장치. 항공기, 선박, 로봇 ICT 분야 등에서 폭 넓게 사용한다.

2) 혼선(Interference) 또는 잡파(Noise) 발생 시 Fail Safe 기능을 사용하거나 Self Circling/Stabilized Hovering 모드로 진입 후 문제를 해결할 수 있고 RTH(Return to Home)기능이나 Auto Landing으로 기체를 회수하는 방법도 있다.

> **⏱ 기적의 3초컷**
>
> **페일 세이프(Fail Safe)**
> 기계가 고장났을 경우, 사고 또는 재해에 연결되지 않도록 안전을 확보하는 기구를 말한다. 항공기는 부품의 파손이나 어떤 기능이 고장 나도 안전하게 착륙할 수 있도록 적용되어 있다. 드론의 경우, 비행 중 통신두절과 모터나 시스템 이상, 낮은 배터리 등에 대비하여 페일 세이프 기능이 작동된다.

3) GPS 장애 및 교란에 대비 Fail Safe/Throttle Cut 기능사용 등 이중, 삼중의 안전대책을 강구할 필요가 있다.

4) GPS의 장애요소는 태양의 활동변화, 주변 환경(주변 고층 빌딩, 구름이 많이 낀 날씨 등)에 의한 일시적 문제, 의도적인 방해, 위성 수신장애 등 다양하며, 이로 인해 GPS에 장애가 오면 드론이 조종 불능(No Control)이 될 수 있음을 유의한다.

5) 조종불능의 경우 비행체가 조종자의 의도와 상관없이 비행하게 되어 수십 미터 또는 수십 킬로미터 비행하다가 안전사고가 발생할 수 있으므로 조종 불능이 되면 자동으로 동력을 차단하거나 기능을 회복하여 의도하지 않은 비행을 막아주는 Fail Safe 기능이 있는지 확인해야 한다.

# / CHAPTER /
# 04

배터리 관리방법

출제빈도
상 중 하

**빈출 태그** 리튬폴리머 · 적정온도 · 충전 시 주의 · 보관 시 주의 · 폐기

## 01 배터리 주의사항

무인비행장치는 고성능의 리튬폴리머(Li-Polymer) 배터리를 사용하고 있다. 리튬폴리머 배터리는 관리 및 사용이 부실할 경우 성능이 저하될 수 있고 심각한 인명의 손상을 줄 수 있는 화재나 폭발 사고를 일으킬 수 있어 잘 관리해야 한다.

### 1) 사용 시 주의

▲ 무인멀티콥터 배터리

① 배터리를 우천 시에 사용하거나 습기가 많은 장소에 보관하지 말아야 한다.
- 만일 배터리 속으로 물이 들어간다면, 화학적 분해가 일어나고 잠재적으로 화재가 발생하거나 폭발할 위험이 있다.
② 정격 용량 및 장비별 지정된 정품 배터리와 충전기를 사용해야한다.
- 타 모델 장비와 혼용하지 않도록 한다.
③ 배터리가 부풀거나, 누유 또는 손상된 상태일 경우에는 사용하면 안 된다.
④ 전원이 켜진 상태에서 배터리를 탈착하지 않는다.
⑤ 배터리는 −10~40℃의 온도 범위에서 사용한다.
- 50℃ 이상의 환경에서 사용될 경우 폭발의 위험이 있다.
- −10℃ 이하에서 사용될 경우 영구히 손상되어 사용불가 상태가 될 수 있다.
- 배터리 자체의 온도가 너무 높거나 낮을 경우에도 사용하지 말아야 한다.
⑥ 배터리를 전기 및 전자기 환경에서 사용하거나 두지 말아야한다.
- 전자기의 영향으로 배터리 관리 보드에 고장이 생겨 비행 중에 심각한 사고를 유발할 수 있다.
⑦ 비행 중에 수중으로 추락한 경우, 즉시 건져 올려서 안전한 개방된 곳에 두고 배터리가 완전히 건조될 때까지 안전거리를 유지한다.
⑧ 배터리를 임의로 분해하는 것은 화재 및 폭발의 위험에 노출되는 것이다.

⑨ 전해질은 부식성이 강하다. 만일, 전해질이 피부나 눈에 닿았을 경우 즉시 그 부위를 흐르는 물에 15분 이상 세척한 후 의사의 진단을 받아야 한다.

⑩ 망가지거나 심한 충격을 입은 배터리는 사용해서는 안 된다.

⑪ 배터리를 전자렌지나 오븐 등 고온 기기에 두어서는 안 된다.

⑫ 금속 탁자와 같은 전도성 물질의 표면위에 배터리를 두어서는 안 된다.

⑬ 배터리 커넥터나 터미널은 청결하고 건조한 상태를 유지해야 한다.

⑭ 비행 시마다 배터리를 완충시키도록 한다.

• 비행 중 저전력 경고가 점등될 경우 즉시 복귀 및 착륙시켜야 한다.

## 2) 충전 시 주의

▲ 배터리 충전기

① 배터리 충전 시 반드시 적합한 충전기를 사용하여 충전해야 한다.

• 손상된 충전기는 절대 사용해서는 안 된다.

② 배터리 충전을 시키고 있는 상태에서 계속 방치하지 말고 모니터링하며, 사용하지 않을 때는 충전기에서 분리하도록 한다.

③ 카펫이나 나무 위와 같이 쉽게 불이 붙거나 발화되기 쉬운 물체 표면이나 주변에서 충전해서는 안 된다.

④ 비행 직후에 온도가 높아진 상태에서 충전하지 말아야 한다.

• 상온까지 배터리 온도가 내려간 상태에서 충전을 한다.

• 0~40℃ 이외의 환경에서 충전을 할 경우 배터리 손상, 과열, 누수 등이 발생할 수 있다.

⑤ 배터리 충전기를 알코올이나 솔벤트 등으로 청소해서는 안 된다.

## 3) 보관 시 주의

① 배터리를 어린이나 애완동물이 접근할 수 있는 장소에 보관해서는 안 된다.

② 적합한 보관 장소의 온도는 22~28℃이며, 60℃ 이상의 장소에 배터리를 적재해서는 안 된다.

• 화로나 전열기 등 열원 주변에 보관해서는 안 된다.

• 더운 날씨에 차량에 배터리를 보관해서는 안 된다.

③ 배터리를 낙하, 충격, 쑤심, 또는 인위적으로 합선시키면 안 된다.

④ 안경, 시계, 보석, 머리핀 등의 금속성 물체들과 같이 보관해서는 안 된다.

⑤ 손상된 배터리나 전력 수준이 50% 이상인 상태에서 배송해서는 안 된다.

⑥ 비행체를 장기 보관할 경우 배터리를 분리한다.

⑦ 과도하게 방전시키면 배터리 셀이 손상되며, 장시간 사용하지 않을 경우 배터리 수명이 단축되므로 주의하도록 한다.

- 10일 이상 사용하지 않고 보관할 경우 40~65% 정도까지 방전시킨 후 보관하면 배터리 수명이 상당히 길어진다.

## 4) 폐기 시 주의

① 완전히 방전시킨 후 특별히 정해진 수거함에 버린다.

② 배터리를 일반 쓰레기 용기에 버려서는 안 되며, 반드시 배터리 폐기 및 재활용에 관한 규정에 따라 처리해야 한다.

③ 손상된 리튬폴리머 배터리 폐기 시, 화재의 위험을 막기 위해 3~5% 농도의 소금물에 기포가 발생하지 않을 때까지 담가 두어 완전 방전시킨다.

## / CHAPTER / 05
**출제빈도**
상 중 하

# 비행교관의 기본 자세

**빈출 태그** 태도 · 학습지원 · 감정 표출 · 안전교육

## 01 비행교관에 대한 이해

### 1) 비행교관의 기본 자질

① **성의** : 열과 성의를 다하여 가르치는 교관이 되어야 한다.

② **교육생에 대한 수용 자세** : 교육생의 잘못된 습관이나 조작, 문제점을 지적하기 전에 그 교육생의 특성을 먼저 파악해야 한다.

③ **외모 및 습관** : 교관으로서 청결하고 단정한 외모와 침착하고 정상적인 비행조작을 해야 한다.

④ **태도** : 교관은 언제나 일관된 태도로 교육생을 대하여야 한다.

⑤ **알맞은 언어** : 교관다운 언어를 사용하여 교육생들이 믿고 따를 수 있도록 노력해야 한다.

⑥ **화술능력 구비** : 교관으로서 학과과목이나 조종을 교육시킬 때 적절한 화술능력을 구비해야 한다.

### 2) 학습지원 방법

① **학생에 맞는 교수방법 적용** : 조종 교육생들은 그들의 능력이나 사고, 인격 등이 모두 다르므로 교관은 교육생들의 특성을 파악하여 그에 맞는 교수방법을 적용해야 한다. 교육생을 너무 못 믿거나 과신하지 말고, 적절한 판단으로 그에 맞게 지도해야 한다.

② **정확한 표준조작 요구** : 교관은 교육생들 앞에서 정확한 표준조작을 하고, 교육생들도 그렇게 하도록 요구해야 한다. 해서는 안 될 것과 해야 할 조작을 명확히 반복 주지시켜야 한다.

③ **긍정적인 면의 강조** : 예를 들거나 설명을 할 때 긍정적인 것을 예로 들고 설명하는 것이 효과적이다.

④ **비행 원리에 정통하고 적용** : 특히 바람의 영향 등에 대해 잘 설명해 주고 시범을 보여주며 바람에 따른 기체 특성을 알려주고 교육에 임하여야 한다.

### 3) 비행교관이 범하기 쉬운 과오

① **과시욕** : 교관이 자기가 가지고 있는 기술에 대해 남들에게 전수해 주지 않으려 하고, 자기만의 것으로 소유하거나 잘난 체 하려는 태도는 버려야 한다.

② **비인격적인 대우** : 교관이라고 해서 교육생을 비인격적으로 대우해서는 안 된다.

③ **비정상적인 시범조작** : 교육생이 잘못된 조작을 한다고 해서 교관이 위험할 정도의 과격한 조작을 하면 학생은 공포감을 느낄 수 있다.

④ **자기감정의 표출** : 교관이 교육생의 과오에 대해서 필요 이상의 자기감정을 표출하면 교육생은 신뢰감을 상실하여 학습의욕이 저하된다.

### 4) 언어표현 기술 향상

① **감정 조절** : 교관은 철저한 과목 연구와 긴장감을 완화시킬 수 있는 방법을 터득하고 감정이 조절되지 않은 행동이 유발되지 않도록 노력해야 한다.

② **쉽고 명확한 설명** : 교육생이 쉽게 이해 할 수 있도록 하고 간단명료한 문장을 사용하고 적절한 언어 및 말의 속도, 목소리의 강약 조절 등을 통하여 교관이 생각한 바를 정확하게 전달할 수 있도록 노력해야 한다.

③ **적절한 유머의 활용** : 상황에 맞는 적절한 유머를 사용해 학습 분위기를 고양시켜 효과적인 교육이 될 수 있도록 유도하는 것이 좋다.

④ **바른 교육태도 유지** : 교관은 교관으로서의 품의를 손상시키는 태도나 언행을 해서는 안 된다.

### 5) 기타 유의사항

① **시뮬레이션 교육** : 시뮬레이션 수준이 곧 비행교육 수준으로 나타난다.

② **안전교육** : 비행기술은 시간이 지나면 해결되지만, 안전의식은 처음에 바로잡아야 계속 이어진다. 기술이 좋은 조종사가 훌륭한 것이 아니고, 정확하고 안전하게 조종하는 조종사가 가장 우수한 조종사이다. 특히, 15m 이내로 항공기가 접근되지 않도록 반복 숙지시킨다.

③ **GPS 교육** : GPS 교육 시 반드시 경고등을 주시해야 한다. GPS가 꺼진 상태에서 켜진 것으로 착각하고 비행할 경우 사고가 있을 수 있다.

④ **기록** : 교육 기록부 기록을 철저히 한다.

**01 초경량비행장치 조종자의 기본자세가 아닌 것은?**

① 비행임무와 관련 사전 비행장소 현황파악
② 철저한 비행계획과 예비계획 수립
③ 정확한 판단을 위한 조종자 컨디션 관리
④ 방전된 배터리 미 점검 후 사용

방전되었던 배터리는 점검 후 사용하도록 한다.

**02 초경량비행장치 비행 전 점검사항으로 틀린 것은?**

① 모터의 고정 여부
② 배터리의 충전 상태
③ 기체의 균열
④ 충전기의 상태

초경량비행장치 기체에 관한 것을 점검한다.

**03 GPS의 특징으로 잘못된 것은?**

① 위성에서 보내는 신호를 수신해 현재 위치를 계산한다.
② 신호를 받는 위성이 많을수록 위치계산이 정확하다.
③ GPS 신호는 날씨나 건물 등의 영향을 받지 않는다.
④ 위치기반서비스에 활용되고 있다.

GPS는 건물 안이나 터널 등에서는 신호를 받을 수 없다.

**04 초경량 비행장치 무인방재기 운용 중 조종자의 위치로 적당한 것은?**

① 태양을 피해 나무 그늘에서 조종한다.
② 기체에서 가장 멀리서 조종한다.
③ 바람을 등지고 기체에서 안전거리를 확보한다.
④ 차량 적재함에서 편하게 이동하면서 조종한다.

바람과 안전거리를 유의하도록 한다.

**05 무인비행장치 기체의 착륙을 하고자 할 때 주의할 것이 아닌 것은?**

① 풍속
② 조종자와의 안전거리
③ 구름의 이동 방향
④ 태양의 위치

일반적으로 태양의 위치를 신경 쓸 이유는 없다.

**06 배터리 저전압 신호 시 조종사가 해야 할 일은?**

① 신속하게 안전한 곳을 찾아 착륙시킨다.
② 배터리를 끝까지 사용하고 방전시키기 직전에 착륙시킨다.
③ 바로 그 자리에서 착륙시킨다.
④ 고도를 최대한 상승시킨다.

빠른 시간 안에 안전한 곳으로 착륙시킨다.

**07 기체의 비행을 마친 후 해야 할 일로 가장 올바른 것은?**

① 바로 창고에 넣어 보관한다.
② 배터리를 방전시키기 위해 다시 비행한다.
③ 기체를 점검한다.
④ 기체를 분해 해둔다.

비행 후엔 기체 점검이 이루어지도록 한다.

**08 비행을 하기 전 준비해야 할 것으로 올바르지 않은 것은?**

① 사방이 트인 공간에서는 GPS점검을 생략한다.
② 기체의 배터리 잔량을 확인한다.
③ 기체의 외관을 점검한다.
④ 현장의 날씨와 비행계획을 확인한다.

기체의 모든 기능이상 유무를 점검하도록 한다.

**09** 드론을 이용한 살포 작업 중 보조자의 역할로 올바르지 않은 것은?

① 조종자와 연락 할 수단을 준비한다.
② 조종자를 믿고 매우 위급할 때만 알려준다.
③ 장애물을 포착하고 조종자에게 정확하게 알려준다.
④ 기체와 주변상황에 항상 집중한다.

수시로 비행환경에 대한 상황정보를 교환한다.

**10** 페일세이프(Fail Safe)가 작동 되는 시기로 올바르지 않은 것은?

① 조종기 통신연결이 전파 이상으로 끊겼을 때
② 조종기 전원을 강제로 껐을 때
③ 조종기의 페일세이프 스위치를 작동 시켰을 때
④ GPS 위성 수신 개수가 5개 이하일 때

페일세이프란 기계에 이상이 생겼을 때 안전을 확보하는 기구이다.

**11** 초경량 무인비행장치 비행 시 금지사항이 아닌 것은?

① 비행장 9.3km 밖에서 비행계획수립 후 비행
② 교통량이 많은 도로에서의 비행
③ 가스, 화약 시설 등의 공업지역에서의 비행
④ 사람이 운집한 장소에서의 위험한 비행

**12** 비행 전 계획수립에 고려할 사항이 아닌 것은?

① 실시하게 될 임무의 형태
② 비행통제 구역 및 주변 현황
③ 기상여건
④ 운전면허 유효기간

운전면허 자격은 초경량비행장치 조종자 자격시험을 취득할 때에 필요하다.

**13** 비행을 위한 장비 준비로 타당 하지 않은 것은?

① 배터리 및 연료 잔량 확인
② 조종기의 충전 상태 확인
③ 운반용 차량의 정기검사 확인
④ 기체의 외관 상태 점검

**14** 비행전일 및 당일 점검사항으로 틀린 것은?

① 배터리의 충전상태
② 비행체를 분해 후 조립
③ 예비배터리의 충전 상태
④ GPS 상태 점검

분해 후 조립할 필요는 없다.

**15** 비행 후 점검으로 틀린 것은?

① 배터리의 충전상태
② 프로펠러의 고정나사 풀림여부
③ 박리, 깨짐 등의 육안검사
④ 모터의 손상여부, 냄새 등 육안 관측

충전상태는 비행 후의 점검사항과는 거리가 있다.

**16** 항공방제를 위한 사전점검 사항이 아닌 것은?

① 사전답사
② 비행체의 분해 점검
③ 비행금지구역
④ 지적도 준비

외관과 기능에 대한 점검을 하도록 한다.

**17** 드론을 이용한 농약 살포 시 주의사항으로 틀린 것은?

① 안전모를 준비한다.
② 구급상자 등을 준비한다.
③ 농약은 직접 혼합하여 준비한다.
④ 풍향계, 풍속계 등을 준비한다.

농약은 임의대로 직접 혼합하여 사용하는 것은 금지하며 무인항공기에 등록된 농약을 등록된 대상 작물에만 사용하고 살포대상 작물, 사용량(살포량), 희석 배수, 사용 시기 및 사용 횟수 등의 농약안전사용기준에 따라서 약제를 사용해야 한다. 농약 허용 기준강화제도에 따라 국내 사용등록 또는 잔류허용기준이 설정된 농약 이외에 등록되지 않은 농약을 사용하는 것을 금지한다.

**18** 여름 고온에서 드론으로 농약살포 운용 시 옳은 것은?

① 작물에 물기가 없고 시원할 때 살포하는 것이 좋다.
② 농약 살포는 기온과 상관없이 일정하게 운용한다.
③ 더위를 피해 일몰 후 운용한다.
④ 바람을 마주보고 강풍에서 운용한다.

고온에서는 작물의 증산활동이 왕성하므로 농약의 유효성분이 과다 흡수되어 약해를 일으킬 수 있다.

**19** 드론으로 방제 운용 시 적당한 것은?

① 살포해야 할 약제의 혼용상태를 확인한다.
② 엉김으로 펌프 등이 막히면 노즐을 확장한다.
③ 혼합비는 조종사가 선택 살포하도록 한다.
④ 방제 복장은 반바지 등 시원한 복장으로 선택한다.

**20** 방제 운용 시 계단식 논에서의 방제방법으로 틀린 것은?

① 높은 곳에서 낮은 곳으로 비행
② 이착륙장을 미리 확보하고 비행
③ GPS 수신상태를 수시로 확인
④ 패턴 기준보다는 논 기준으로 살포

살포 패턴을 기준으로 하며 살포 구역 내 장애물(전선, 전봇대, 도로 표지판 등) 및 다른 작물이나 유기농 작물 및 시설하우스의 위치를 파악하여 살포하도록 한다.

**21** 진행방향에 비닐하우스가 있을 경우 살포 방법으로 적당한 것은?

① 고도를 서서히 높여 하우스보다 3~4미터 높은 고도로 운용한다.
② 축사와 비닐하우스 같은 곳은 미리 살포하고 후에 사실을 알린다.
③ 출입금지 축사에는 부조종사만 출입한다.
④ 축사 등 비닐하우스 옆에서는 빠른 속도로 비행한다.

축사, 양계장 등의 동물, 어류, 조류 등을 키우는 곳은 농약 비산 뿐만 아니라, 무인항공기 엔진에 의한 소음 피해도 고려해서 축사, 양계장 근처는 비행경로에서 제외하거나 최대한 멀리 비행하도록 한다.

**22** 방제 중 진행 방향에 전신주가 있을 시 비행 방법으로 타당한 것은?

① 부조종사를 이동시켜 안전거리 최소 10m정도로 운용 한다.
② 전신주의 지주선은 무시한다.
③ 전신주가 논 근처에 있을 때는 무시하고 신속하게 비행한다.
④ 전신주 상부로 비행한다.

비행 시 전신주를 피해 돌아가도록 한다.

**23 방제 살포 후 주의 사항으로 틀린 것은?**

① 물 세척 시 메인바디로 튀지 않게 주의한다.
② 살포 확인 시 펌프가동은 최소한으로 한다.
③ 분해 세척 시는 분실에 주의하여 세척한다.
④ 살포 후 잔량은 희석하여 하수구에 버린다.

잔량은 절차에 따른 수거 또는 폐기될 수 있도록 한다.

**24 무인비행장치 장기 보관 시 타당한 것은?**

① 기체 내부에 배터리 장착하여 보관
② 배터리 보관 시 충전은 약 50~70% 정도로 충전 후 보관
③ 배터리는 충전기를 이용하여 100% 충전상태로 보관
④ 기체는 가능한 분해 후 보관

장기 보관 시에는 배터리가 방전되지 않도록 유의하여야 한다.

**25 배터리 충전 시 주의 사항으로 가장 타당한 것은?**

① 장시간 충전이므로 심야 전력으로 야간에 충전한다.
② 화재의 위험이 있으므로 소방서 근처에서 충전한다.
③ 화재의 위험이 있으므로 소화기를 준비 한다.
④ 충전 시에는 위험상황이 발생 할 수 있으므로 자리를 지킨다.

**26 안전한 운용을 위하여 최소 복장 요구 사항으로 틀린 것은?**

① 안전모 착용
② 보호용 안경 착용
③ 조종기목걸이 착용
④ 여름 반바지 착용

신체를 노출하는 복장착용을 피한다.

**27 방제용 무인기로 다음과 같은 사용을 하려고 한다. 잘못된 사용은?**

① 농약 살포
② 비료 살포
③ 항공 촬영
④ 입제 살포

**28 기체의 캘리브레이션(Calibration) 방법 중 틀린 것은?**

① 휴대폰은 소지해도 괜찮다.
② 지속적으로 교정에 실패한 경우 다른 장소로 이동한다.
③ 자기장에서 멀리 떨어져야 한다.
④ 주차용 구조물에서 멀리 떨어진다.

• 캘리브레이션 : 드론 센서의 초기값에 문제가 있을 경우 교정하는 작업이다.
• 자성이나 금속, 울퉁불퉁한 지면은 피한다.

**29 비행 후 점검으로 적합하지 않은 것은?**

① 송수신 거리 테스트
② 모터의 고정여부
③ 프로펠러의 균열 여부
④ 랜딩기어의 균열

비행 후에는 기체 외관을 우선적 점검한다.

**30 기체 운용 시 주의 할 사항으로 올바르지 않은 것은?**

① 안전모, 보호용 안경을 착용한다.
② 1시간 이상 운용을 하지 않으며, 중간 휴식을 취한다.
③ 개인 신체 컨디션에 상관없이 운용해도 된다.
④ 운용 전날 가급적 음주를 하지 않는다.

조종자의 컨디션은 안전에 중요한 요소이다.

**31 배터리의 사용법으로 올바른 것은?**

① 전선의 색깔이 일치하지 않도록 연결한다.
② 전원이 간섭받지 않도록 신중하게 사용한다.
③ 배터리는 소모품이 아니며 충전방법과 배터리 수명은 관계가 없다.
④ 수명이 다했을 시 쓰레기 종량제봉투에 버린다.

- 전선의 색이 일치하도록 연결한다.
- 충전방법은 배터리 수명과 밀접한 연관이 있다.
- 수명이 다한 배터리는 전용 수거함이나 절차를 통해 폐기한다.

**32 비행 또는 착륙 시 올바른 방법은?**

① 스로틀 스틱을 최하 위치로 내려 급하강 하였다.
② 비행 중 표시등이 비정상 상태가 되어 즉시 제자리 비상 착륙하였다.
③ 풍속이 5m/s 이상이어서 비행을 취소하였다.
④ 약간의 비와 안개를 무시하고 비행하였다.

풍속은 초경량비행장치 비행에 큰 영향을 주로 유의한다.

**33 비행계획 수립 시 올바르지 않은 것은?**

① 하게 될 비행의 형태를 확인한다.
② 비행 지역의 지형지물, 특징 등을 확인한다.
③ 비행 지역의 기상을 확인한다.
④ 돌발상황을 먼저 예상하지 않는다.

일어날 수 있는 돌발상황을 미리 상정해 대처계획을 세워본다.

**34 방제 비행 후 해야 할 일로 부적절한 것은?**

① 빈 농약 용기를 잘 씻어 처리한다.
② 남은 농약은 논 또는 밭에 쏟아 처리한다.
③ 기체와 살포장치의 내외를 잘 세척한다.
④ 얼굴, 손 등의 노출부위를 씻어낸다.

남은 농약은 재활용 하거나 절차에 따라 폐기한다.

**35 GPS 수신율 저하에 원인이 될 수 있는 것은?**

① 산, 나무, 빌딩 등이 없는 공간
② 사람들이 없는 공간
③ 타임 존에 따른 신호 수신이 바뀌는 공간
④ 위성 수신 개수가 4개 이상인 공간

**36 기체 또는 장비 외관 점검으로 올바른 것은?**

① 메인 배터리만 확인한다.
② 변속기와 모터의 외관은 성능과는 무관하다.
③ 너트가 헐거워진 것을 확인하면 바로 조인다.
④ 분무기 펌프는 소리만 나면 작동에 문제없다.

이상이 있을 때는 바로 조치한다.

**37 방제 작업 전 점검해야 할 상황으로 올바르지 않은 것은?**

① 현장의 상태를 알 수 있는 축척의 지도를 준비한다.
② 햇빛을 피해 조종할 수 있는 그늘진 곳을 물색한다.
③ 가까운 지역에 동일 주파수의 기체나 장치가 있는지 여부를 확인한다.
④ 안전모, 마스크, 보호안경 등을 착용한다.

조종할 장소는 시야확보가 용이한 곳을 우선적으로 선정한다.

**38** 비행 시 준수해야할 사항으로 올바르지 않은 것은?

① 살포 작업 시 여러 대의 기체를 동시에 비행하여 작업시간을 줄인다.

② 이착륙장은 평평한 농로나 공터가 좋다.

③ 조종기 또는 기체에서 경고음 및 경고신호가 나면 즉시 안전한 지역에 착륙한다.

④ 비행 시 만일의 사고를 대비하여 소화기, 구급함, 안전모, 공구박스 등의 품목을 구비한다.

......................................................................

충돌위험이 있으므로 여러 대를 동시에 비행하지 않는다.


**39** 조종기의 보관 방법으로 적당한 것은?

① 하드케이스에 세워서 보관

② 차량의 내부에 세워 보관

③ 구매 당시 포장 박스에 눕혀 보관

④ 습기가 적당이 있는 그늘에 세워서 보관


**40** 비행기록관리 방법으로 적당한 것은?

① 매일 로고 수첩에 조종자가 직접 기록한다.

② 부조종사가 1달에 한번 취합하여 기록한다.

③ 1년 단위로 조종자가 기록한다.

④ 공단 제출 필요시에만 따로 관리하여 기록한다.

......................................................................

비행 후 바로 조종자가 기록하도록 한다.


**41** 초경량 비행장치 이동시 적당한 방법은?

① 가능한 최소로 분리하여 박스로 이동한다.

② 차량의 내부에 고정하여 이동한다.

③ 이동시 파손에 대비하여 프로펠러 등은 제거한다.

④ 전자부품은 진동에 취약하므로 따로 이동한다.

......................................................................

파손방지를 위해 차량 내부에 고정하도록 한다.

# 항공 역학

 차례

# 비행 기초원리

빈출 태그  양력 · 항력 · 추력 · 중력 · 피치 · 롤 · 요 · 익형 · 받음각 · 피치각 · 양항비 · 가로세로비
평균 공력 시위 · 실속 · 와류 · 임계받음각 · 안정성 · 조종성 · 토크 · 비행고도

## 01 비행기에 작용하는 4가지 힘

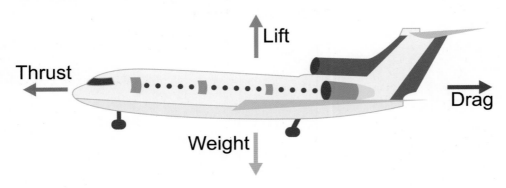

### 1) 양력(Lift)

① 유체(流體) 속을 수평으로 운동하는 물체의 진행방향에 대해 수직으로 향하는 힘이다.
② 양력은 높은 압력에서 낮은 압력 쪽으로 발생하며, 비행기의 날개는 이 힘을 이용한다.

> ⏱ **기적의 3초컷**
>
> **유체(Fluid, 流體)**
> 자유로이 흐르는 특성을 가지며 변형하기 쉽고 어떤 형상으로도 될 수 있는 액체와 기체를 합쳐 부르는 용어이다. 유체의
> 운동을 다루는 분야를 유체역학이라고 한다.

### 2) 항력(Drag)

① 속도에 반대방향으로 받는 힘으로 저항력이라고도 한다.
② 자동차, 비행기와 같은 고속으로 운동하는 물체는 항력을 줄이기 위한 형태로 디자인 된다.

> ⏱ **기적의 3초컷**
>
> **유해항력(Parasite Drag)**
> 양력에는 관계하지 않고 비행을 방해하는 모든 항력을 말하며, 항공기 표면과 공기의 마찰로 생기는 항력이다.

### 3) 추력(Thrust)

① 회전하는 프로펠러가 비행 반대 방향으로 공기를 밀어내 비행 방향으로 추력을 발생시킨다.
② 제트엔진은 연소된 공기를 분사하여 공기를 뒤로 밀어낼 때, 이 반대 방향으로 추력을 얻어 비행한다.

### 4) 중력(Weight)

① 양력과 반대되는 힘으로 지구와 물체가 서로 당기는 힘이다.

② 비행기에 작용하는 양력과 중력이 같다면 일정한 고도로 비행을 한다.

## ⑫ 비행기의 3축 운동

3축이란 비행기의 무게중심을 관통하며 서로 90도를 이루는 3개의 가상의 선을 의미한다.

### 1) 피치(Pitch)

① 비행기의 기수를 올리거나 내리는 상하 운동을 피칭(Pitching)이라고 한다.

② 비행기 뒷부분의 수평꼬리날개에 있는 승강키(Elevator)로 조종한다.

### 2) 롤(Roll)

① 비행기의 세로축을 중심으로 날개를 움직이는 운동을 롤링(Rolling)이라고 한다.

② 비행기 날개의 뒤쪽 끝부분에 달려 있는 에일러론(Aileron)으로 조종한다.

### 3) 요(Yaw)

① 비행기가 좌우측으로 움직이는 운동을 요잉(Yawing)이라고 한다.

② 수직꼬리날개에 붙어있는 러더(Rudder, 방향키)로 조종한다.

| 피칭(Pitching) | 롤링(Rolling) | 요잉(Yawing) |
| --- | --- | --- |
| 승강키 기수 상하 조작 | 보조날개 기체 양쪽을 상하 기울임 | 방향키 좌우 조작 |
| 세로 안정성 | 가로 안정성 | 방향 안정성 |

▲ 비행기의 3축 운동

## 03 익형(Airfoil, 날개골)

1) 비행기 날개의 단면 또는 프로펠러의 깃의 단면을 말한다.

2) 날개는 기체의 무게를 지지하는 양력을 담당하는 매우 중요한 부분으로 비행기의 성능은 익형의 특성이 크게 관여하므로 용도와 구조, 강도 등을 고려하여 전체 설계조건을 가장 만족하는 익형을 채택한다.

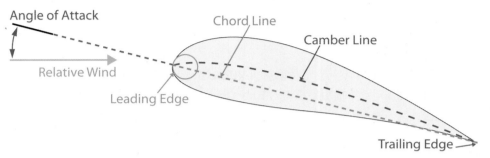

▲ 날개 단면

- **Angle of Attack** : 받음각
- **Relative Wind(상대풍)** : 물체의 운동 방향에 반대로 작용하는 바람
- **Chord Line(시위선)** : 비행기 날개의 앞전(리딩 에지)과 뒷전(트레일링 에지)을 연결하는 직선
- **Camber Line(캠버선)** : 날개골의 윗면과 아랫면의 중점을 차례로 연결하는 곡선
- **Leading Edge(앞전)** : 항공기 날개의 에어포일 앞부분의 끝
- **Trailing Edge(뒷전)** : 항공기 날개의 에어포일 뒷부분의 끝

---

### ⏱ 기적의 3초컷

**받음각(Angle of Attack)과 붙임각(Angle of Incidence)**

붙임각(양각)과 받음각을 혼동하는 경우가 있는데 붙임각은 동체기준선에 대한 날개의 각도를 뜻한다. 따라서 제작 시에 붙임각이 결정되어 변화를 주기가 매우 곤란하다. 그러나 받음각은 비행 중에 기체의 자세에 따라 달라지는 각도로 기체의 진행방향에 대한 날개의 각도를 말한다.

---

## 04 양력(Lift)과 항력(Drag)

### 1) 양력의 발생원리

① 양력을 간단히 설명하면 날개의 윗면과 아랫면의 압력차라고 할 수 있다.

- 날개의 아래쪽은 거의 평평해서 공기의 흐름이 느리다. 하지만 날개 위쪽은 곡선으로 되어 있어 공기 흐름이 빨라진다.
  - 아래쪽은 압력이 높아지고, 위쪽은 압력이 낮아지므로 위로 올라가는 힘이 작용한다.

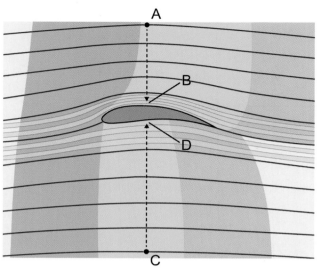

▲ 양력의 발생원리

② 양력은 날개의 모양과 받음각에 관계가 있다.

- 날개의 단면을 보면 굽어지는 날개 윗면인 B가 A보다 압력이 더 낮다. 그리고 C가 D보다 압력이 더 낮다(A와 C는 주변 대기압과 같다).
  - 압력은 B 〈 A = C 〈 D가 되어 날개는 위로 떠오르게 된다.

## 2) 양력방정식

① 양력은 상대풍에 수직으로 작용하는 항공역학적인 힘이다.

- 양력을 구하는 방정식은 '양력계수×1/2×ρ×V²×S'이다. 즉, 양력은 양력 계수, 공기밀도, 속도의 제곱, 풍판의 면적에 비례한다.

> ※ **양력계수**란 풍판에 작용하는 힘에 의해 부양하는 정도를 수치화한 것으로 'F=ma'라는 공식을 이용하여 풍판에 작용하는 공기력에 따라 풍판의 반응을 나타낸 것이다. 여기에서 Coefficient는 상수, 계수를 뜻하며, CL(Coefficient Lift)은 양력 계수이고, CD(Coefficient Drag)는 항력계수를 의미한다.

② 양력방정식을 살펴보면 양력의 양은 조종사가 조절할 수 있는 것과 조절할 수 없는 것으로 구분되는데 피치 적용에 의해 나타나는 양력계수와 항공기 속도는 조종사가 변화시킬 수 있다.

- 프로펠러를 통해 설명하면, 하나는 피치각을 적용하고, 하나는 피치각이 '0'인 프로펠러라고 했을 때, 피치각이 적용된 프로펠러는 양력계수가 증가하여 양력이 발생하지만 피치각이 '0'인 프로펠러는 양력계수가 작아져 양력이 발생하지 못하고 자동 활공하게 된다. 이에 피치각에 의해 변화되는 양력계수와 항공기 속도는 조종사가 조정하여 양력을 조절할 수 있다.

🕐 **기적의 3초컷**

**피치각(Pitch Angle)**
회전면에 대한 프로펠러 깃단면의 기울기

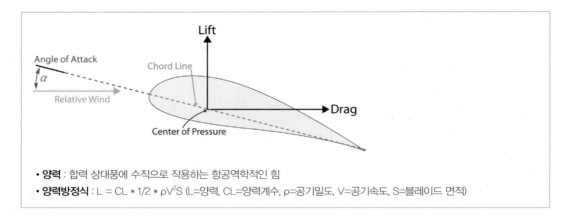

- **양력** : 합력 상대풍에 수직으로 작용하는 항공역학적인 힘
- **양력방정식** : L = CL * 1/2 * $\rho V^2 S$ (L=양력, CL=양력계수, $\rho$=공기밀도, V=공기속도, S=블레이드 면적)

### 3) 항력과 항력방정식

① 항력은 상대풍에 수평으로 작용하는 항공역학적인 힘이다.

② 항력이 발생하는 원인은 공기 점성에 의한 표면마찰이다.

- 공기 점성은 에어포일 주위로 공기를 흐르게 하여 양력을 발생시키는 원인으로도 작용하지만 표면과의 마찰로 인해 항공기의 공중진행을 더디게 하는 항력으로도 작용한다.

🕐 **기적의 3초컷**

**항력방정식**

- **항력의 원인** : 공기 점성에 의한 표면의 마찰
- **항력방정식** : D = CD * 1/2 * $\rho$ * $V^2$ * S (CD=항력계수, $\rho$=공기밀도, V=공기속도, S=블레이드 면적)

③ 항력을 구하는 방정식은, 항력계수×1/2×공기밀도×속도의 제곱×블레이드 면적이다.

- 항력방정식을 살펴보면 항력계수를 제외한 나머지는 양력방정식과 동일함을 알 수 있다. 그러므로 항력도 양력과 마찬가지로 속도제곱에 비례함을 알 수 있다.

### 4) 양항비(Lift-to-Drag Ratio, L/D Ratio)

① 양력과 항력의 비를 말하며 단위를 없앤 계수의 비로 표시된다.

- 날개는 공기 속을 진행할 때 양력과 동시에 항력을 일으키며, 양력보다 항력이 작을수록(양항비가 크면) 그만큼 효율적으로 양력을 일으키고 있는 것이 된다.

② 양항비의 값의 크고 작음은 그 항공기의 성능(항속거리, 체공시간, 활공비 등)에 큰 관계를 가지며, 이 값이 클수록 우수한 성능을 가진다고 말할 수 있다.

③ 양항비 L/D와 양력계수 CL과 항력계수 CD와는 L/D=CL/CD=cot θ라는 형태로 표시된다. θ는 활공각을 나타낸다.

🕐 **기적의 3초컷**

**활공비**

항공기 활공 시 수직 거리 대비 수평 거리의 비율로 일정한 높이에서 얼마나 멀리 활공할 수 있는가를 나타낸다.

## 5) 가로세로비(Aspect Ratio)

① 항공기의 가로세로비는 날개길이와 익현(시위)의 비율을 말하는 용어다.

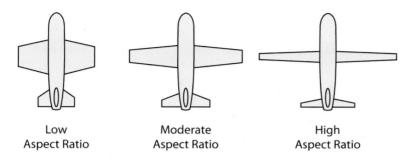

Low
Aspect Ratio

Moderate
Aspect Ratio

High
Aspect Ratio

---

※ 날개길이(Wing Span) ÷ 시위(Chord, 날개의 폭) = 가로세로비(AR, Aspect Ratio)

---

② 가로세로비가 크면 양항비가 크다. 즉 양력이 좋아져 이륙거리가 짧아지고 활공거리가 길어진 다. 하지만 그만큼 무게가 증가하여 고속용 날개로는 부적합해진다.

## 6) 평균 공력 시위(MAC, Mean Aerodynamic Chord)

① 실제 날개꼴과 같은 동일한 항공역학적 특성을 갖는 가상 날개꼴
② 날개 공기력 분포를 대표할 수 있는 시위로서 이 시위에 발생하는 공기력에 Span 길이를 곱하면 날개 전체에 작용하는 공기력을 구할 수 있는 시위

- 테이퍼익(Tapered Wing)이나 후퇴익(Sweep Back Wing)에서 날개폭(Wing Chord)은 일정하지 않기 때문에 우선 평균날개 폭을 알아야 한다.
- 익근(Wing Root)의 날개폭을 익단(Wing Tip)의 앞뒤에 붙이고 익단의 날개폭을 익근의 앞뒤에 붙인 다음 그 끝을 대각선으로 연장하면 그 교차점이 평균 공력 시위(MAC)가 된다. 익단의 날개폭이 0이면, 즉 날개 끝이 뾰족하면, MAC가 익근에서 1/3지점에 오게 되는 간단한 기하의 원리를 이용한 방법이다.

---

### ⏱ 기적의 3초컷

**공력 특성(Aerodynamics Characteristics) 관련 용어**
- **압력중심** : 에어포일 표면에 작용하는 분포된 압력이 한 점에 집중적으로 작용한다고 가정할 때 이 힘의 작용점(즉 날개(Airfoil)에 있어서 양력과 항력의 합성력(압력)이 실제로 작용하는 작용점으로서 받음각이 변화함에 따라서 위치가 변함)
- **공력중심** : 에어포일의 피칭 모멘트의 값이 받음각이 변화하더라도 그 점에 관한 모멘트 값이 거의 변화하지 않는 가상의 점(공기력 중심)
- **무게중심** : 중력에 의한 알짜 토크가 0인 점

## 05 실속(Stall, 失速)

비행기의 받음각이 일정각도 이상으로 증가되면 에어포일의 윗면을 흐르는 공기흐름이 분리되어 형성된 와류가 급속히 날개 전체로 확산되고 더 이상 양력을 발생하지 못하는 현상이다.

> **기적의 3초컷**
>
> **와류(Vortex, 渦流)**
>
> 유체의 운동에 의하여 주류와 반대방향으로 소용돌이치는 흐름을 말한다.

### 1) 실속의 원인

① 실속의 직접적인 원인은 과도한 받음각이다.

- 임계받음각은 비행기의 설계에 따라서 약 15~20도 정도의 각이 된다.
- 실속은 무게, 하중계수, 비행속도 또는 밀도, 고도에 관계없이 항상 같은 받음각에서 발생한다.

> **기적의 3초컷**
>
> **임계받음각(Critical Angle of Attack, 실속점)**
>
> 최대 양력 한도를 넘어 실속에 들어갈 때의 한계 각도를 말한다.

② 임계받음각을 초과할 수 있는 경우는 고속비행, 저속비행, 깊은 선회비행 등이다.

- 고속비행은 급강하 중에 급상승 기동을 했을 때 중력과 원심력으로 인하여 즉각적인 비행경로를 변경 시키지 못하지만 받음각은 아주 작은 각도에서 매우 큰 각도로 급격히 변할 수 있으며, 접근해 오는 공기에 의해서 비행기 상풍의 방향을 결정하고 받음각이 갑자기 증가하여 정상적인 실속속도보다 높은 속도에서 실속에 도달할 수 있다.
- 저속비행으로 속도의 감소는 고도를 유지하기 위한 받음각의 증가를 요구하고, 속도가 더욱 낮아질수록 더욱 증가된 받음각은 양력을 발생하지 못하는 임계받음각에 도달하여 실속이 발생할 수 있다.
- 선회비행으로 선회 시 원심력과 무게의 조화에 의해 부과된 하중이 상호 균형을 이루기 위해서는 승강타 후방압으로 추가적인 양력이 필요하고 이것은 날개의 받음각을 증가시키는 요인이 된다.

## 06 안정성과 조종성(Stability & Controllability)

### 1) 안정성

비행기의 평형이 갑작스러운 돌풍이나 다른 요인으로 인하여 깨졌을 때 다시 평형이 되는 방향으로 운동이 일어나는 경향을 말한다.

① 세로안정성에 미치는 요인

- 공력중심(Aerodynamic Center) : 받음각(AoA)이 변해도 피칭 모멘트의 값이 변하지 않는 중심
- 무게중심(Center of Gravity) : 중력의 영향을 받는 기체의 중심

- 중립점(Neutral Point) : 항공기에서 무게중심의 위치가 뒤로 이동함에 따라 안정성이 완전히 없어지는 위치
- 정적여유(Static Margin) : 무게중심 위치에서 중립점까지의 거리를 날개의 평균 시위로 나눈 값

② 가로안정성에 미치는 요인
- 상반각(Dihedral Angle) : 비행기의 가로축과 날개의 중심선 사이에 형성된 각도
- 후퇴각(Sweepback Angle) : 날개가 뒤로 젖혀진 각도

## 2) 조종성

① 비행기에 외부의 힘을 가했을 때 민감하게 반응하는 특성을 말한다.
② 비행기의 특성은 조종성과 안정성의 균형을 어떻게 이루고 있는가에 의해 결정된다.

## 07 반작용 토크(Torque Reaction)

1) 비행기의 프로펠러가 시계방향으로 회전할 때 동체는 토크 반작용으로 시계 반대방향으로 회전하려는 경향 때문에 왼쪽으로 옆놀이 하는 현상이 발생한다. 이를 보상하기 위해서 하향 힘을 받는 날개에 더 큰 양력을 발생시킬 수 있는 방법으로 상쇄 시킨다.

2) 반작용 토크는 뉴턴의 제3법칙에 기인한다.

> **⏱ 기적의 3초컷**
>
> **뉴턴의 3법칙**
> 뉴턴 제1법칙(관성의 법칙), 제2법칙(가속도의 법칙), 제3법칙(작용-반작용의 법칙)

## 08 계기

### 1) 높이와 고도

① 높이는 특정한 기준으로부터 점 또는 점으로 간주되는 물체까지 측정한 수직거리를 말한다.
② 고도는 평균 해수면 높이로부터 목적물까지 측정한 수직거리이다.

> **⏱ 기적의 3초컷**
>
> **비행고도**
> - 비행 중인 항공기와 평균 해수면과의 수직거리
> - 특정 기압 1013.2hPa을 기준으로 특정한 기압간격으로 분리된 일정 기압면

## 2) 고도계

① 절대고도계와 상대고도계로 나눌 수 있으며 절대고도는 대기압이 고도가 증가함에 따라 감소하는 것을 이용한 기압식 고도계를 이용한다.

② 상대고도는 항공기 밑의 지표로부터의 높이를 말하며 음향식, 광학식, 전기식 고도계를 이용한다.

> ⏱ **기적의 3초컷**
>
> **정압공(Static Port)**
>
> 항공기 동체 좌우 측면에 정압을 측정하기 위해 달려 있다.

## 3) 속도계

항공기에서는 피토관(Pitot Tube)을 사용한 대기속도계를 사용한다.

> ⏱ **기적의 3초컷**
>
> **피토관**
>
> 유체 흐름의 총압과 정압의 차이를 측정하고 그것에서 유속을 구하는 장치이다.

## 4) 승강계

항공기의 상승 및 하강속도를 지시하는 계기이다.

## 5) 선회경사계

① 항공기가 선회할 때, 선회의 각속도와 선회가 옆으로 미끄러지지 않고 균형 잡힌 상태인지의 여부를 지시하는 계기이다.

② 선회계는 회전하는 자이로축이 공간에서 일정한 방향을 계속 유지하는 성질을 이용한다.

## 6) 자세계

자이로의 특성을 이용하여 조종사에게 피칭과 롤링에 대한 항공기의 자세를 지시해 주는 비행계기이다.

## 7) 마그네틱 컴퍼스

자석을 이용해 자침이 지구 자기의 방향을 지시하도록 만든 장치이다.

> ※ 지구 자기의 극은 지구의 북극과 정확하게 일치하지 않으며 이 차이(자석이 나타내는 방향과 자오선이 이루는 각)를 **편각**이라고 한다.

# 헬리콥터(회전익 비행장치)

## 01 회전익 비행장치에 작용하는 힘

### 1) 추력(Thrust), 양력(Lift), 항력(Drag), 중력(Weight)

① 헬리콥터에 작용하는 힘으로는 헬리콥터 진행방향으로 추력과 그 반대 방향으로 작용하는 항력,
헬리콥터에서 지면을 향해 수직방향으로 작용하는 중력 및 그 반대 방향으로의 양력이 있다.

② 헬리콥터는 회전날개(Rotor)에 작용하는 추력 방향에 따라 전진비행, 후진비행, 왼쪽과 오른
쪽 방향으로의 비행이 가능하다.

③ 일반 비행기에서와 마찬가지로 등속도 수평 비행 상태를 유지하기 위해서는 다음과 같은 비행
조건이 요구된다.

• 추력(T) = 항력(D), 양력(L) = 중력(W)

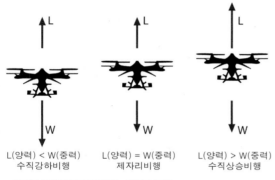

L(양력) < W(중력)  L(양력) = W(중력)  L(양력) > W(중력)
수직강하비행        제자리비행         수직상승비행

▲ 회전익 비행장치에 작용하는 양력과 중력

④ 추력을 양력에 포함시키고, 항력을 헬리콥터 중력에 포함 시키면, 다음과 같이 정지비행
(Hovering, 호버링)과 수직 상승 비행 및 수직 하강 비행 상태를 결정할 수 있다.

> • **양력(L) = 중력(W)** : 정지 비행
> • **양력(L) > 중력(W)** : 수직 상승 비행
> • **양력(L) < 중력(W)** : 수직 하강 비행

### 2) 원심력(Centrifugal Force)과 코닝각(Coning Angle)

① 헬리콥터의 회전 날개가 회전하면, 회전 날개의 깃 끝 방향으로 원심력이 작용한다.

• 회전 날개는 원심력과 회전 날개에 발생하는 양력의 합성력이 작용하는 방향으로 각도 β만큼
기울어지게 되는데 이 각을 코닝각이라고 한다.

② 헬리콥터의 하중이 무거울수록 코닝각은 커지게 된다.

• 회전 날개가 코닝각을 가지는 경우, 회전 날개의 깃 끝이 그리는 원형 표면을 회전면(Rotor Disc) 또는 깃 끝 경로면(Tip Path Plane)이라고 한다.

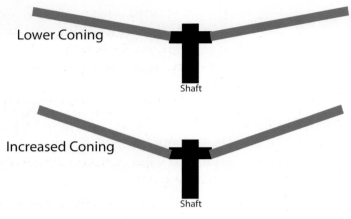

▲ 코닝각

## 3) 회전력(Torque)

토크를 보정하는
꼬리날개 추진력

▲ 헬리콥터의 회전력

① 헬리콥터가 기관의 동력에 의해 주 회전 날개(Main Rotor)를 회전시키면, 기관이 장착된 주 회전 날개의 반대 방향으로 회전하려는 모멘트가 발생한다. 이 모멘트를 헬리콥터의 회전력이라고 한다.

② 일반적으로 그림과 같이 꼬리 회전날개(Tail Rotor)를 부착한 후 그 추력에 의해 헬리콥터 동체의 회전력을 상쇄시키는 방법이 많이 사용된다.

※ 뉴턴의 운동 제3법칙은 **작용—반작용 법칙**으로, 작용력이 있으면 반대 방향으로 반작용력이 작용한다는 것이다.

## 4) 지면 효과(Ground Effect)

① 헬리콥터도 비행기와 마찬가지로 이착륙을 할 때에 지면과 거리가 가까워지면 양력이 더 커지는 현상이 발생하는데, 이를 지면효과라고 한다.

② 지상의 회전날개 반지름 정도 높이에서 대체로 약 10%만큼 추력이 증가한다. 또, 반지름의 1/2정도의 높이에서는 약 20% 정도의 추력이 증가한다. 단, 헬리콥터가 전진 비행을 하면 지면 효과는 사라진다.

| 지면효과를 받는 경우 | 지면효과가 없는 경우 |
|---|---|
| | |
| • 유도기류 속도 감소<br>• 유도항력 감소<br>• 영각(받음각) 증가<br>• 수직 양력 증가 | • 유도기류 속도 증가<br>• 유도항력 증가<br>• 영각(받음각) 감소<br>• 수직 양력 감소 |

▲ 회전익 비행장치에 작용하는 힘

## 02 회전익 항공기의 비행성능

### 1) 공중 정지 비행(호버링, Hovering)

① 헬리콥터가 전후좌우의 방향으로 이동하지 않고 일정한 고도를 유지하며 공중에 떠 있는 비행 상태를 말한다.

• 공중 정지 비행을 하는 경우, 대기압($p0$) 상태로 유동 속도가 0인 상태($v1=0$)인 헬리콥터 위쪽의 공기는 아래쪽으로 가속되다가 주 회전 날개를 통과할 때에는 속도 $v$에 도달한다. 이때의 속도를 주 회전 날개에서 공중 정지 비행을 할 때의 유도 속도(Induced Velocity)라고 한다.

• 공기는 주 회전 날개에 의해 계속 가속되다가, 다시 대기압과 같아지는 위치에서의 속도 $v2=2v$까지 증가한 후에 일정해진다.

> ※ 운동량 이론에 의해 추력은 다음과 같이 구할 수 있다.
> 추력(T) = 2 × 공기 밀도($p$) × 회전 면적(A) × 유도 속도($u^2$)

② 정지 비행 상태에서 수직 상승 비행을 하기 위해서는 모든 회전 날개 깃의 피치(Pitch)를 동시에 증가시킴으로써 추력을 증가시켜야 한다.

⏱ 기적의 3초컷

**피치(Pitch)**

프로펠러가 1회전 하는 동안 나아가는 거리

③ 수직 하강 비행을 하기 위해서는 모든 회전 날개 깃의 피치(Pitch)를 동시에 감소시킴으로써 추력을 감소시켜야 한다.

④ 회전 날개 깃의 피치를 동시에 증가 또는 감소시키는 조작은 헬리콥터의 동시 피치 조종 장치 (Collective Pitch Control System)에 의해 이루어지며, 이 조작을 페더링(Feathering)이 라고 한다.

## 2) 등속도 전진 비행

① 헬리콥터의 등속도 전진 비행은 아래 그림과 같이 회전면(깃 끝 경로면)이 전진하는 방향으로 기울어지기 때문에 그 방향으로의 추력이 발생한다.

② 헬리콥터의 전진 비행 상태는 다음과 같은 관계식이 성립된다.

- 추력(Thrust) = 항력(Drag)
- 양력(Lift) = 중력(Weight)

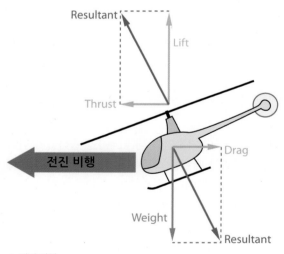

▲ 전진 비행

③ 전진 비행을 위해 헬리콥터의 회전면을 앞쪽으로 경사지도록 하기 위해서는 회전면을 필요 한 방향으로 경사시키는 회전 경사판(Rotating Swash Plate)과 정지 경사판(Stationary Swash Plate)의 오른쪽으로 힘을 가해지도록 되어있다.

- 이것은 회전하는 물체가 가지고 있는 자이로의 섭동성(Precession) 때문이다. 그리고 이러한 조작은 헬리콥터의 주기 피치 조종 장치(Cyclic Pitch Control System)에 의해 이루어진다.

**자이로의 섭동성**

회전하고 있는 회전자의 축에 외력을 가하면 외력을 가한 방향으로 기울어지지 않고, 회전방향으로 90도 진행된 곳에서 힘이 작용하여 기울어지는 성질

## 3) 자동 회전 비행

① 비행기가 동력 없이 활공하는 것처럼, 헬리콥터의 경우에 기관이 정지하면 자동 회전 비행 (Auto Rotation)에 의해 일정한 하강 속도로 안전하게 지상에 착륙할 수 있다.

② 헬리콥터가 자동 회전 비행을 할 때에는 기관이 정지되는 즉시, 회전날개 깃의 피치를 특정한 음(−)의 값으로 변경한다.

- 이것은 바람으로 풍차(Wind Mill)를 돌리는 효과에 의해 회전 날개를 지속적으로 회전시킬 수 있는 조건을 만들어 주는 것으로, 높은 위치에서 바람개비를 놓았을 때 떨어지며 공기의 영향으로 회전력을 얻는 것과 같다.

③ 자동 회전 비행에 의해 하강할 때에는 회전 날개에 공력 특성이 서로 다른 구역이 형성된다.

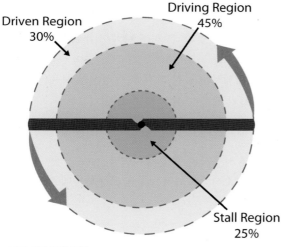

▲ 자동 회전 비행 영역

- 프로펠러 영역(Propeller Region)이라고도 불리는 추진 영역(Driven Region)은 날개 끝에 있는 반경의 약 30%의 영역이며, 가장 많은 항력을 발생시키고, 블레이드 회전을 감속시킨다.
- 주행 영역(Driving Region), 즉 자동 회전 영역은 일반적으로 블레이드 반경의 25~70% 사이에 위치하며, 자동 회전 중에 블레이드를 회전시키는 데 필요한 힘을 발생시킨다.
- 주행 영역의 총 공기역학적 힘은 회전축의 전방으로 약간 기울어져 연속적인 가속력을 생성한다. 이 기울기는 추력을 공급하며, 이는 블레이드의 회전을 가속화하는 영향을 준다.
- 주행 영역 크기는 블레이드 피치 설정, 하강 속도 및 로터 회전 속도에 따라 다르다.
- 자동 회전 비행 영역에서는 회전 날개 깃이 회전할 수 있는 구동력이 발생되며, 추진 영역에서는 회전 날개 깃의 저항력이 발생한다.

- 회전 날개 안쪽 25%의 영역은 실속 구역(Stall Region)으로, 받음각이 커서 회전 날개 깃에 실속이 일어나는 영역이다. 이 구역에서는 후류에 의해 발생하는 압력 항력이 회전 날개 회전 수를 감소시키는 힘으로 작용한다.
- 회전 날개 깃의 구동력과 저항력이 같아지면 회전 날개는 일정한 회전수를 유지하면서 자동 회전 비행이 이루어져 헬리콥터가 일정한 속도로 하강하게 된다.

## 03 헬리콥터의 조종 장치

### 1) 주기 피치 조종 장치(Cyclic Pitch Control System)

① 헬리콥터 주 회전 날개의 회전면을 헬리콥터의 진행방향으로 기울여 주기 위한 조종 장치이다.
② 헬리콥터가 전후좌우로 진행하기 위해서는 주 회전 날개의 회전면을 전후좌우로 기울여 주어야 한다.
- 경사판(Swash Plate)을 이용해야 하는데, 회전물체의 자이로 섭동성 때문에 주 회전 날개 회전면의 경사 방향보다 90° 전에 경사판을 경사지도록 해야 한다.

### 2) 동시 피치 조종 장치(Collective Pitch Control System)

① 헬리콥터 주 회전날개깃의 피치각을 증가, 감소시킴으로써 주 회전 날개의 추력을 증가, 감소 시킨다.
② 공중 정지 비행을 하다가 상승하거나 하강하기 위해서는 동시 피치 조종 장치를 사용한다.
- 전진 비행 속도를 증가시키기 위해 추력을 증가시킬 때에도 이 조종 장치를 사용한다.

### 3) 방향 조종 장치(Directional Control System)

① 헬리콥터 기수를 왼쪽과 오른쪽으로 회전시킬 때 사용하는 조종 장치이다.
② 이 장치는 꼬리 회전 날개 깃의 피치각을 증가, 감소시킴으로써 방향을 조종하는데 사용한다.

# 합격을 다지는 **예상문제**

**01** 활공비를 바르게 설명한 것은?

① 최대 활공각을 최소 활공각으로 나눈 것
② 활공거리를 고도로 나눈 것
③ 고도를 활공거리로 나눈 것
④ 활공속도를 강하율로 나눈 것

**활공비** : 항공기 활공 시 수직 거리 대비 수평 거리의 비율이다.

**02** 비행 중 항력이 추력보다 크면?

① 가속도 운동
② 감속도 운동
③ 등속도 운동
④ 정지

저항력이 크면 감속운동 한다.

**03** 다음은 실속(Stall)속도에 대한 설명이다. 틀린 것은?

① 양력계수가 최대일 때 속도가 최소가 되는데 이를 실속속도라 한다.
② 실속속도는 익면하중이 클수록 감소한다.
③ 실속속도가 작을수록 착륙속도는 작아진다.
④ 고 양력 장치의 주목적은 최대양력계수 값을 크게 하여 이착륙 시 비행기 성능을 향상시킨다.

• **익면하중** : 항공기의 중량을 날개의 면적으로 나눈 값
• 익면하중이 클수록 실속속도는 커진다.

**04** 항공기가 이착륙할 때 짧은 활주거리를 저속으로 안전하게 비행하게 하는 고 양력 장치는?

① 보조익(aileron)
② 승강타(elevator)
③ 방향타(rudder)
④ 플랩(flap)

**플랩** : 비행기 날개에서 발생하는 양력을 증대시켜 주는 장치이다.

**05** 비행기에서 양력에 관계하지 않고 비행을 방해하는 모든 항력을 무엇이라 하는가?

① 압력항력
② 유도항력
③ 형상항력
④ 유해항력

**유해항력** : 압력항력, 마찰항력, 조파항력, 형상항력 등 양력에 관여하지 않는 모든 항력

**06** 비행기가 수평비행 중 등속도 비행을 하기 위해서는?

① 항력이 양력보다 커야 한다.
② 양력과 항력이 같아야 한다.
③ 항력과 추력이 같아야 한다.
④ 양력과 무게가 같아야 한다.

항력과 추력이 같으면 등속비행 한다.

**07** 자이로를 이용한 계기가 아닌 것은?

① 선회경사계
② 방향지시계
③ 자세계
④ 속도계

속도계는 공기압력의 차를 이용하여 측정한다.

**08** 비행기가 상승선회할 때 양력의 수직분력과 중량(무게)과의 관계는?

① 양력의 수직분력 〉 중력
② 양력의 수직분력 〈 중력
③ 양력의 수직분력 = 중력
④ 양력의 수직분력과 중력은 관계가 없다.

비행기가 상승하려면 중력보다 양력이 커야한다.

**09** 비행기의 무게가 450kg이다. 이 비행기가 정상선회를 할 때 2배의 하중계수가 작용하고 있다면 이 비행기의 선회 경사각은 얼마인가?

① 70°
② 60°
③ 45°
④ 30°

- 하중계수=1/cosθ
- 60°일 때 하중계수가 2배이다.

**10** 다음 중 항공기가 과적(Overload)되었을 때 나타나는 것으로 틀린 것은?

① 상승각이 적어진다.
② 실속속도가 작아진다.
③ 활공각이 증가한다.
④ 이륙거리가 증가한다.

과적되면 실속이 걸리는 속도가 높아져 안전에 영향을 준다.

**11** 항공기가 착륙 시 비행기가 지면 또는 수면에 접근함에 따라 날개끝의 와류가 지면에 부딪혀 항력이 감소하여 지면 가까운 고도에서 비행기가 침하하지 않고 머무는 현상을 무엇이라 하는가?

① 대기효과
② 날개효과
③ 지면효과
④ 간섭효과

**지면효과**(Ground Effect) : 항공기가 지면 가까이에서 받는 영향

**12** 프로펠러 비행기의 항속거리를 크게 하는 방법이 틀린 것은?

① 프로펠러효율을 크게 한다.
② 연료소비율을 크게 한다.
③ 양항비가 최대인 받음각(AOA)으로 비행한다.
④ 가로세로비를 크게 한다.

항속거리는 항공기가 주어진 조건에서 이륙순간부터 탑재된 연료를 전부 사용할 때까지의 비행거리로 연료소비율이 커지면 항속거리는 작아진다.

**13** 상승 또는 하강의 속도를 지시해주는 계기는?

① 승강계
② 속도계
③ 자세계
④ 선회계

승강계는 항공기의 상승 및 하강속도를 측정하는 비행용 계기이다.

**14** 착륙거리를 짧게 하는 조건이 아닌 것은?

① 양력계수를 증가 시킨다.
② 표면 마찰력을 증가 시킨다.
③ 익면하중을 크게 한다.
④ 플랩을 이용한다.

익면하중이 크면 항공기 무게가 크다는 것이므로 착륙거리가 늘어난다.

**15** 선회 비행 시 외측으로 외활(Skid)하는 이유는?

① 경사각은 적고 원심력이 구심력보다 클 때
② 경사각은 크고 원심력이 구심력보다 클 때
③ 경사각은 적고 원심력 보다 구심력이 클 때
④ 경사각은 크고 원심력보다 구심력이 클 때

**스키드** : 선회하는 항공기에서 발생하는 원심력이 내부로 향하는 양력에 의해서 상쇄되지 못하고 미끄러지는 것

**16** 다음 중 지면효과(Ground Effect)와 관계가 먼 것은?

① 이륙 시 정상속도 보다 적은 속도로 이륙이 가능하나, 그 효과를 벗어나면 실속이나 침하가 된다.

② Ground Effect의 고도는 날개길이(Span)의 이하이다.

③ Down Wash와 Up Wash의 감소로 인하여 유도항력이 감소한다.

④ 착륙 시 활주거리가 짧아진다.

착륙 시 지면효과로 유도항력이 감소하여 양력 효율이 증가한다.

**17** 실속(Stall)이 일어나는 가장 큰 원인은 무엇인가?

① 속도가 없어지므로

② 받음각(AOA)이 너무 커져서

③ 엔진의 출력이 부족해서

④ 불안정한 대기 때문에

실속은 받음각과 큰 연관성이 있다.

**18** 항공기의 방향 안정성을 위한 것은?

① 수직 안정판

② 수평 안정판

③ 주날개의 상반각

④ 주날개의 받음각(AOA)

**수직 안정판** : 동체 뒤쪽에 수직으로 붙어 있는 수직꼬리날개의 고정부분이다.

**19** 다음 중 주 조종면이 아닌 것은?

① 보조익(Aileron)

② 트림 탭(Trim Tab)

③ 승강타(Elevator)

④ 방향타(Rudder)

• **주 조종면** : 비행기를 세 개의 축에 대해 운동하도록 관여하는 조종면이다.
• 트림 탭은 조종면에 붙어 있는 작은 조종면이다.

**20** 비행 중 토크현상을 발생시키는 원인 중 나선형 후류에 의한 힘의 설명은?

① 회전하고 있는 물체에 외부의 힘을 가했을 때 그 힘이 90°를 지나서 뚜렷해지는 현상

② 프로펠러에 의한 비대칭 하중 때문에 발생하는 힘

③ 프로펠러에 의한 후류로 인해 발생하는 힘

④ 프로펠러가 시계방향으로 회전할 때 동체는 이에 반작용을 일으켜 좌측으로 횡요 또는 경사지려는 경향

프로펠러가 회전할 때 나선형으로 동체를 감싸는 후류

**21** 오늘날 항공기의 Weight & Balance를 고려하는 가장 중요한 이유는 무엇인가?

① 비행 시의 효율성 때문에

② 소음을 줄이기 위해서

③ 안전을 위해서

④ payload를 늘이기 위해

항공기의 중량과 균형은 사고예방에 중요하다.

**22** 항공기의 중심위치를 계산할 때 쓰는 Moment는 다음 중 어느 것을 말하는가?

① 길이 × 무게

② 길이 ÷ 무게

③ 무게 ÷ 길이

④ 무게 × 길이 ÷ 2

모멘트 = 힘 × 회전축에서 힘의 작용선에 긋는 수직선의 길이

**23** 계기의 색표지에서 황색 호선(Yellow Arc)은 무엇을 나타내는가?

① 위험지역

② 최저 운용한계

③ 최대 운용한계

④ 주위 범위

노란색은 경고 범위이다.

**24** 정압을 이용하는 계기가 아닌 것은?

① 속도계
② 고도계
③ 선회계
④ 승강계

선회계는 자이로를 이용한다.


**25** 다음 중 정압만을 필요로 하는 계기는?

① 고도계
② 속도계
③ 선회계
④ 자이로 계기

**고도계와 승강계** : 정압공에서 측정된 공기의 정압을 이용한다.


**26** 정압공에 결빙이 생기면 정상적인 작동을 하지 않는 계기는 어느 것인가?

① 고도계
② 속도계
③ 승강계
④ 모두 작동하지 못한다.

정압공에 결빙이 생기면 모든 계기가 영향을 받아 작동하지 않는다.


**27** 동압(Dynamic Pressure)에 대한 설명으로 옳은 것은?

① 자이로의 원리를 이용하여 측정할 수 있다.
② 전압(Total Pressure)에서 정압(Static Pressure)을 뺀 나머지 압력이다.
③ 비행중인 기체의 주변 대기압이다.
④ 대기압과 맞바람이 더해진 압력이다.

동압은 피토관을 이용하여 측정할 수 있다. 정면을 향한 구멍에서 전압을 측정하고 측면의 구멍으로 정압을 측정하여 빼면 순수하게 맞바람에 의해 만들어진 동압을 구할 수 있다.


**28** 다음 속도계에 관한 설명 중 옳은 것은?

① 고도에 따르는 기압차를 이용한 것이다.
② 전압과 정압의 차를 이용한 것이다.
③ 동압과 정압의 차를 이용한 것이다.
④ 전압만을 이용한 것이다.

전압과 정압의 차인 동압을 이용한다.


**29** 항공기에 작용하는 4가지 요소를 설명한 것 중 틀린 것은?

① 양력(Lift)이란 공기의 흐름이 기체표면을 따라 흐를 때 위로 작용하는 힘을 말한다.
② 항력(Drag)이란 풍판(Airfoil)이 상대풍과 반대 방향으로 작용하는 항공 역학적인 힘을 말하며 항공기 전방이동 방향의 반대방향으로 작용하는 힘을 말한다.
③ 추력(Thrust)이란 프로펠러 또는 터보제트엔진 등에 의하여 생성되는 항공 역학적인 힘을 말한다.
④ 중력(Weight)이란 항공기의 무게를 말하며 항공기가 부양할 수 있는 힘을 제공한다.

항공기가 부양할 수 있는 힘은 양력이다.


**30** 프로펠러 항공기의 토크(Torque)를 발생시키는 네 가지 요소로 맞는 것은?

① 자이로스코프(세차) 운동, 프로펠러에 작용하는 비대칭 부하, 프로펠러 후류에 의한 힘, 토크 반작용
② 자이로스코프(세차) 운동, 무게중심 하중, 프로펠러 후류에 의한 힘, 토크 반작용
③ 자이로스코프(세차) 운동, 프로펠러에 작용하는 비대칭 부하, 프로펠러 각도에 의한 힘, 토크 반작용
④ 엔진출력, 프로펠러에 작용하는 비대칭 부하, 프로펠러 후류에 의한 힘, 토크 반작용

**31** 비행기의 방향타(Rudder)의 사용목적은?

① 편요(Yawing) 조종
② 과도한 기울임의 조종
③ 선회 시 경사를 주기 위해
④ 선회 시 하강을 막기 위해

---

수직축으로 요를 조종한다.

**32** 비행 중 토크현상을 발생시키는 토크반작용의 설명은?

① 회전하고 있는 물체에 외부의 힘을 가했을 때 그 힘이 90°를 지나서 뚜렷해지는 현상
② 프로펠러에 의한 비대칭 하중 때문에 발생하는 힘
③ 프로펠러에 의한 후류로 인해 발생하는 힘
④ 프로펠러가 시계방향으로 회전할 때 동체는 이에 반작용을 일으켜 좌측으로 횡요 또는 경사지려는 경향

**33** 비행기 무게중심이 전방에 위치해 있을 때 일어나는 현상이 아닌 것은?

① 실속(Stall) 속도 증가
② 순항 속도 증가
③ 종적 안정 증가
④ 실속(Stall) 회복이 쉽다.

---

순항속도는 무게중심이 중간에 위치할 때 증가한다.

**34** 비행기에 화물을 적재할 때 무게중심의 후방한계보다 뒤쪽에 놓게 하였다면 어떤 비행특성이 예상 되는가?

① 이륙 활주거리가 보다 길어질 것이다.
② 실속(Stall)상태에서는 회복하기가 힘들어 질 것이다.
③ 보통 비행속도 보다 빨라지면 실속(Stall)이 일어날 것이다.
④ 착륙 시 플레어(Flare)가 불가능 할 것이다.

---

무게중심이 후방에 위치하면 실속상태에서 회복 어렵다.

**35** 속도계의 작동 원리는?

① 전압과 정압의 압력차를 측정하는 일종의 동압계
② 공기밀도를 측정하는 밀도계
③ 대기압을 측정하는 압력계
④ 고도를 측정하는 고도계

---

주변 공기의 압력과 항공기의 비행으로 발생하는 움직이는 공기의 압력의 차이를 이용한다.

**36** 양력중심(Center of Lift)이 무게중심(Center of Gravity)의 뒤에 있는 이유는?

① 꼭 같은 위치에 있을 수 없기 때문에
② 항공기의 전방이 조금 무거운 경향을 주기 위해서
③ 항공기의 후방이 조금 무거운 경향을 주기 위해서
④ 더 좋은 수직안정을 갖게 하기 위하여

---

통상적으로 무게중심이 양력중심보다 앞에 있어야 안정적이다.

**37** 다음 중 유해항력이 아닌 것은?

① 형상항력
② 유도항력
③ 표면 마찰항력
④ 간섭항력

---

• 유도항력 : 날개에서 발생하는 양력에 의해 발생하는 항력이다.
• 유해항력 : 항공기 기체 표면에 공기의 마찰력이 발생하여 생기는 항력이다.

**38** 비행기의 수직 안정판이 앞 쪽으로 뻗은 것은 Keel Effect(지느러미 효과)를 얻기 위해서이다. 이것은 다음 어느 것을 좋게 하기 위한 것인가?

① 횡축선상의 안정성
② 종축선상의 안정성
③ 방향 안정성
④ 수직 안정성

---

**방향 안정성** : 회전하는 요잉에 대한 안정성

**39** 비행기의 3축 운동과 조종면과의 관계가 바르게 연결된 것은?

① 보조날개와 Yawing
② 방향타와 Pitching
③ 보조날개와 Rolling
④ 승강타와 Rolling

- 보조날개 – Rolling
- 방향타 – Yawing
- 승강타 – Pitching

**40** 일반적으로 무게중심이 후방으로 이동하면 자세를 변화시키기 위한 조타력은 어떻게 변하는가?

① 가볍게 된다.
② 무겁게 된다.
③ 떨림이 온다.
④ 항력이 많아져 순항속도가 느려진다.

무게중심이 후방으로 가면 조타력이 가볍게 된다.

**41** 항공기가 일정고도에서 등속수평비행을 하고 있다. 맞는 조건은?

① 양력=항력, 추력=중력
② 양력=중력, 추력=항력
③ 추력>항력, 양력>중력
④ 추력=항력, 양력<중력

**42** 항공기를 공기 중에 부양시키는 항공 역학적인 힘은 다음 중 어떤 힘인가?

① 중력
② 항력
③ 양력
④ 추력

**양력** : 유체 속을 수평으로 운동하는 물체가 받는, 진행방향의 수직인 위쪽을 향하는 힘이다.

**43** 상대풍(Relative Wind)에 관련된 설명 중 맞는 것은?

① 항공기의 진행방향과 평행하게 반대방향으로 흐르는 공기 흐름이다.
② 프로펠러 후류에 의해 형성되는 공기 흐름을 말한다.
③ 항공기가 진행할 때 날개 끝의 압력차에 의해 형성되는 공기 흐름을 말한다.
④ 항공기가 진행할 때 옆으로 흐르게 하는 옆바람을 말한다.

**상대풍** : 물체의 운동 방향에 반대로 작용하는 바람이다.

**44** 앞전(Leading Edge)과 뒷전(Trailing Edge)을 연결하는 직선은 무엇이라고 하는가?

① 캠버(Camber)
② 에어포일(Airfoil)
③ 시위선(Chord Line)
④ 받음각(AOA)

시위선에 대한 설명이다.

**45** 항력(Drag)에 대한 설명 중 틀린 것은?

① 유도항력은 항공기 속도가 증가할수록 증가한다.
② 유해항력은 항공기 속도가 증가할수록 증가한다.
③ 전체항력이 최소일 때의 속도로 비행하면 항공기는 가장 멀리 날아갈 수 있다.
④ 받음각(AOA)이 증가하면 유도항력도 증가한다.

유도항력은 속도가 증가할수록 감소한다.

**46** 세로안정성(Longitudinal Stability)과 관계있는 운동은?

① Rolling
② Yawing
③ Pitching
④ Rolling and Yawing

세로안정성 : 항공기 가로축을 중심으로 회전하는 피칭에 대한 안정성

**47** 계기 표지판에서 녹색의 의미는?

① 최소, 최대 운전범위 또는 운용한계
② 계속 운전 범위 또는 순항 범위
③ 경고 및 경계 범위
④ 플랩 작동속도 범위

**48** 비행 중 토크현상을 발생시키는 회전운동의 세차에 관한 설명 중 맞는 것은?

① 회전하고 있는 물체에 외부의 힘을 가했을 때 그 힘이 90°를 지나서 뚜렷해지는 현상
② 프로펠러에 의한 비대칭 하중 때문에 발생하는 힘
③ 프로펠러에 의한 후류로 인해 발생하는 힘
④ 프로펠러가 시계방향으로 회전할 때 동체는 이에 반작용을 일으켜 좌측으로 횡요 또는 경사 지려는 경향

프로펠러 세차현상(Propeller Precession) : 회전하는 원판의 어느 테두리에 힘을 가했을 때 나타나는 결과는 어느 한지점이 아니라 회전 방향으로 90도를 지난 지점에서 나타난다.

**49** 피토 정압 계통에 의해서 작동되는 계기가 아닌 것은?

① 속도계(ASI)
② 고도계(ALT)
③ 승강계(VSI)
④ 자세계(AI)

자세계는 자이로의 원리로 작동한다.

**50** 비행기의 Rolling과 관련 있는 조종면은?

① 랜딩기어
② 방향타
③ 보조익
④ 승강타

보조날개(에일러론)는 롤링과 관련 있다.

**51** 다음 중 올바르게 설명된 것은?

① 고도계(Altimeter)는 피토 압력(Pitot Pressure)에 의하여 작동된다.
② 속도계는 피토와 정압에 의하여 작동된다.
③ 수직속도계는 피토 압력에 의하여 작동된다.
④ 고도계는 정압과 동압에 의하여 작동된다.

**52** 단순 Pitot관은 주로 무엇을 측정하기 위해 만들어 졌는가?

① 정압(Static Pressure)
② 동압(Dynamic Pressure)
③ 전압(Total Pressure)
④ 온도(Temperature)

동압 : 전압에서 정압을 뺀 나머지 압력이다.

**53** 항공기는 무엇으로 구성되는가?

① 날개, 착륙장치, 동체, 꼬리날개부, 방향장치
② 동체, 날개, 동력장치, 장비장치
③ 주날개, 동체, 착륙장치, 각종 장비장치
④ 주날개, 동체, 꼬리날개부, 착륙장치, 엔진 장착부

동체, 주날개, 꼬리날개, 착륙장치, 엔진 장착부로 구성된다.

**54** 비행 중 토크를 발생시키는 요인이 아닌 것은?

① 회전 운동의 세차(Gyroscopic Precession)
② 역편요(Adverse Yawing)
③ 나선형후류(Spiraling Slipstream)
④ 토크반작용(Torque Reaction)

Adverse Yaw : 선회를 위해 에일러론을 조작했을 때 비행기의 기수가 비행하려는 반대 방향으로 향하도록 요잉 모멘트가 작용하는 현상

**55** 다음 중 꼬리날개(Empennage)는 무엇으로 구성되어있나?

① 보조익, 승강타, 수직 안정판, 플랩
② 방향타, 수직 안정판, 승강타, 수평 안정판
③ 플랩, 방향타, 수평 안정판, 수직 안정판
④ 보조날개, 플랩, 방향타, 수평 안정판

꼬리날개 : 수평 안정판, 수직 안정판, 방향타, 승강타

**56** 다음 중 항공기의 방향 안정성을 확보해주는 것은?

① Aileron(방향타)
② Elevator(승강타)
③ Vertical Stabilizer(수직 안정판)
④ Horizontal Stabilizer(수평 안정판)

수직 안정판 : 동체 뒤쪽에 수직으로 붙어 있는 수직꼬리날개의 고정부분이다.

**57** 항공기의 수직축을 중심으로 진행방향에 대한 좌우 회전운동을 무엇이라 하는가?

① 횡요(Rolling)
② 종요(Pitching)
③ 편요(Yawing)
④ 내활(Side Slip)

Yawing : 기체의 머리를 왼쪽이나 오른쪽으로 흔드는 운동

**58** 비행기의 무게중심을 지나는 기체의 전후를 연결하는 축은 무엇이라 하는가?

① 세로축(종축)
② 가로축(횡축)
③ 수직축
④ 평형축

기체의 전후를 연결하는 종축은 롤링과 연관 있다.

**59** 프로펠러 직경을 결정하는 가장 중요한 요소는?

① 엔진속도(Engine Speed)
② 익단속도(Blade Tip Speed)
③ 프로펠러 무게(Propeller Weight)
④ 공회전수(Idle RPM)

익단속도 : 프로펠러 끝이 회전하는 속도

**60** 조종간을 앞으로 밀면 나타나는 현상은?

① 비행기 기수는 상승하고 속도는 감소한다.
② 비행기 기수는 낮아지고 속도는 증가한다.
③ 비행기가 우측으로 선회한다.
④ 비행기가 좌측으로 선회한다.

조종간을 앞으로 밀면 기수가 하강하면서 속도가 증가한다.

**61** 프로펠러에 대한 설명 중 틀린 것은?

① 프로펠러의 익근과 익단의 꼬임각이 서로 다른 것은 양력의 불균형을 해소하기 위해서다.
② 익근의 꼬임각이 익단의 꼬임각보다 크게 한다.
③ 프로펠러의 길이에 따라 익근의 속도는 느리고 익단의 속도는 빠르게 회전한다.
④ 익근의 꼬임각이 익단의 꼬임각보다 작게 한다.

축을 중심으로 회전하는 프로펠러는 익근에서 익단까지 길이에 따른 속도차에 의해서 양력의 불균형이 생기는데 이를 해소하기 위해 회전축에 가까울수록 꼬임각을 크게 한다.

**62** 고정피치 프로펠러(Fixed Pitch Propeller) 설계 시 최대 효율 기준은?

① 이륙 시
② 상승 시
③ 순항 시
④ 최대출력 사용 시

피치각이 바뀌지 않는 프로펠러로 순항속도에 최적화된 상태로 제작된다.

**63** 고정 피치 프로펠러의 엔진출력 판정방법 중 옳은 것은?

① 쓰로틀(Throttle)을 전개하여 규정의 RPM이 나오면 된다.
② 상승 시 6500rpm이 나오면 된다.
③ RPM이 순조롭게 상승하고 가속이 양호하면 된다.
④ 흡기 압력계가 장치된 항공기에 한하여 판정할 수 있다.

고정피치 프로펠러를 달고 엔진RPM을 측정한다.

**64** 다음 설명 중 맞는 것은 어느 것인가?

① 유체속도가 빠르면 압력은 낮아진다.
② 유체속도는 압력에 비례를 한다.
③ 유체압력은 속도와 비례를 한다.
④ 유체속도는 압력과 무관하다.

속도가 빠르면 압력이 낮다.

**65** 받음각(AOA)이 증가하여 흐름의 떨어짐 현상이 발생하면 양력과 항력의 변화는?

① 양력과 항력이 모두 증가한다.
② 양력과 항력이 모두 감소한다.
③ 양력은 증가하고 항력은 감소한다.
④ 양력은 감소하고 항력은 증가한다.

흐름의 떨어짐 현상은 실속으로 이어질 수 있다.

**66** 비행기의 가로 안정성에 대하여 관계가 없는 것은?

① 날개의 상반각
② 날개의 후퇴각
③ 수직 안정판
④ 수평 안정판

수평 안정판은 세로안정성에 관여한다.

**67** 이륙성능을 향상시키는 방법 중에 틀린 것은?

① 양력을 크게 한다.
② 기체의 항력을 작게 한다.
③ 날개하중을 크게 한다.
④ 정지추력을 크게 한다.

하중이 커지면 이륙성능이 낮아진다.

**68** 비행기가 선회비행에서 외활(Skidding)하는 경우, 다음의 설명 중 맞는 것은?

① 선회율이 경사각에 비해서 너무 느리기 때문이다.
② 추력과 항력이 불균형하기 때문이다.
③ 경사각에 대하여 방향타가 너무 크게 작동하였기 때문이다.
④ 경사각에 대하여 방향타가 너무 적게 작동하였기 때문이다.

**외활(Skid)** : 선회율이 경사각에 비해서 너무 빨라 과도한 원심력으로 밖으로 밀려나면서 선회하는 현상

**69** 양력이 커짐에 따라 커지는 값은?

① 항력
② 추력
③ 동력
④ 중력

양력이 커지면 항력도 커진다.

**70** 다음 중 틀린 설명은?

① 항력보다 추력이 크면 가속비행 중이다.
② 항력보다 추력이 작으면 감속비행 중이다.
③ 양력보다 비행기 무게가 크면 상승 중이다.
④ 수평비행 시에는 양력과 비행기 무게가 같다.

양력이 무게보다 커야 상승한다.

**71** 다음 중 틀린 설명은?

① 양력은 비행기 속도와 반비례한다.
② 양력은 비행기 속도의 제곱에 비례한다.
③ 양력은 날개면적에 비례한다.
④ 양력은 공기밀도에 비례한다.

**72** 비행기 에어포일에 대한 설명이 아닌 것은?

① 비행기 날개 단면 모양을 말한다.
② 모양에 따라서 양력의 크기가 달라진다.
③ 베르누이의 원리와 큰 연관성이 있다.
④ 날개 윗면의 공기가 아랫면의 공기보다 느리게 흘러가게 만든다.

날개 윗면의 공기가 더 빠르게 흘러가게 하여 압력을 낮추어 양력을 발생시킨다.

**73** 플랩의 역할이 아닌 것은?

① 양력을 증가시킨다.
② 항력을 증가시킨다.
③ 이착륙 거리를 짧게 한다.
④ 연료소모율을 감소시킨다.

플랩은 날개의 형상을 변형시켜 양력과 항력에 변화를 준다.

**74** 풍판(Airfoil)의 설명 중 틀린 것은?

① 평균캠버선이란 날개꼴의 이등분선이다.
② 최대캠버란 평균캠버선과 시위선의 두께 중 최대값을 의미한다.
③ 시위선이란 앞전과 뒷전을 연결한 직선이다.
④ 초경량 비행기는 에어포일과는 상관없이 설계된다.

에어포일의 설계는 양력의 발생과 중요한 연관이 있다.

**75** 비행기의 축에서 가로축(횡축)을 중심으로 하는 운동과 관계되는 것은?

① 보조익과 요잉
② 승강타와 피칭
③ 방향타와 피칭
④ 승강타와 요잉

횡축(Lateral Axis)과 관련한 움직임은 피칭(Pitching)이며 승강타로 조종한다.

**76** 직경이 일정하지 않은 관을 통과하는 유체(공기)의 속도, 동압, 정압의 관계를 설명한 것이다. 바르게 설명한 것은 무엇인가?

① 직경이 작은 부분의 공기흐름은 속도가 빨라지고 동압은 커지고 정압은 작아진다.
② 직경이 넓은 부분의 공기흐름은 속도는 빨라지고 동압은 커지고 정압은 작아진다.
③ 관의 직경과 관계없이 흐름의 속도가 같고 동압과 정압의 변화는 일정하다.
④ 직경이 작은 부분의 공기흐름은 속도가 느려지고 동압은 커지고 정압은 작아진다.

• 정압과 동압의 합한 값은 그 흐름 속도가 변하더라도 언제나 일정하다.
• 직경이 작은 부분의 공기흐름은 속도가 빨라지고 동압은 커지고 정압은 작아진다.
• 유체의 속도가 증가하면 정압은 감소한다.

**77** 수평비행상태에서 날개 윗면과 아랫면을 흐르는 공기의 흐름을 설명한 것이다. 맞는 것은 어느 것인가?

① 날개 아랫면보다 윗면의 흐름 속도가 크고 정압이 크다.

② 날개 아랫면보다 윗면의 흐름 속도가 크고 동압이 작다.

③ 날개 아랫면보다 윗면의 흐름 속도가 크고 전압이 크다.

④ 날개 아랫면보다 윗면의 흐름 속도가 크고 정압이 작다.

속도가 빠르면 압력이 작아지며, 압력이 큰 곳에서 작은 곳으로 양력이 생긴다.

**78** 비행기에 작용하는 4가지 힘으로 맞는 것은 어느 것인가?

① 추력, 양력, 항력, 무게

② 추력, 양력, 무게, 하중

③ 추력, 모멘트, 항력, 중력

④ 비틀림력, 양력, 항력, 중력

**79** 선회를 할 때 반드시 변하는 계기는?

① 속도계

② 고도계

③ 방향지시계

④ 승강계

선회 : 항공기의 방향을 변화시켜 진로를 바꾸는 것

**80** 주익에 장착된 플랩(Flap)의 효과는?

① 더 낮은 속도로 착륙접근 가능

② 양력의 증가로 고속비행가능

③ 실속(Stall)의 방지

④ 기체의 좌우 쏠림 방지

플랩은 양력을 증대시키는 고양력장치이다.

**81** 비행 시 계기 상에 나타나는 속도를 무엇이라고 하는가?

① 지시대기 속도

② 진대기 속도

③ 수정 속도

④ 최대상승각 속도

지시대기 속도(Indicated Air Speed) : 고도에 따른 밀도변화를 무시한, 속도계의 바늘이 지시하는 속도

**82** 헬리콥터나 드론이 제자리 비행을 하다가 이동시키면 계속 정지상태를 유지하려는 것은 뉴턴의 운동법칙 중 무슨 법칙인가?

① 가속도의 법칙

② 관성의 법칙

③ 작용반작용의 법칙

④ 등가속도의 법칙

관성의 법칙 : 외부에서 힘이 가해지지 않는 한 모든 물체는 자기의 상태를 유지하려고 한다.

**83** 헬리콥터나 드론이 제자리 비행을 하다가 전진비행을 계속하면 속도가 증가되어 이륙하게 되는데 이것은 뉴턴의 운동법칙 중 무슨 법칙인가?

① 가속도의 법칙

② 관성의 법칙

③ 작용반작용의 법칙

④ 등가속도의 법칙

가속도의 법칙 : F=ma 물체의 가속도는 힘의 크기에 비례하고 질량에는 반비례한다.

**84** 수평비행을 하다가 상승비행으로 전환 시 받음각(영각)이 증가하면 양력은 어떻게 변화하는가?

① 순간적으로 감소한다.

② 순간적으로 증가한다.

③ 변화가 없다.

④ 지속적으로 감소한다.

양력이 증가하여 상승한다.

**85** 비행장치가 경사각을 가지고 동고도로 선회할 때 총 하중계수는 어떻게 되는가?

① 경사각이 커지면 하중계수는 작아진다.
② 경사각에 상관없이 하중계수는 1이다.
③ 경사각이 커지면 하중계수도 커진다.
④ 경사각을 가지고 선회할 때 하중계수는 0이다.

하중계수=1/cosθ (θ는 경사각)

**86** 실속에 대한 설명 중 틀린 것은?

① 실속의 직접적인 원인은 과도한 받음각이다.
② 실속속도가 높을수록 비행유지 상태가 좋다.
③ 임계 받음각을 초과할 수 있는 경우는 고속비행, 저속비행, 깊은 선회비행 등이다.
④ 선회비행 시 원심력과 무게의 조화에 의해 부과된 하중들이 상호 균형을 이루기 위한 추가적인 양력이 필요하다.

실속속도는 실속이 발생할 수 있는 속도로 낮을수록 유리하다.

**87** 회전익비행장치중 테일로터의 역할은?

① 고속회전으로 기체를 부양시킨다.
② 기체의 토크를 억제시킨다.
③ 고속으로 전진시킨다.
④ 기체 좌우로 이동한다.

주 회전익이 돌면서 몸체가 돌려고 하는 토크가 생기는데 테일로터가 이를 상쇄한다. 테일로터를 반토크 로터라고도 한다.

**88** 헬리콥터의 스워시판(Swash Plate)의 역할로 옳은 것은?

① 와류발생을 감소시킨다.
② 에어포일의 형태를 변형시킨다.
③ 꼬리날개의 방향을 조종한다.
④ 메인로터의 회전 각도를 조종한다.

**89** 회전익 비행장치 외부에 작용하는 힘이 아닌 것은?

① 추력
② 양력
③ 항력
④ 장력

장력은 줄에 걸리는 힘을 의미하므로 비행장치와 상관이 없다.

**90** 항공기의 지면효과에 대한 설명으로 옳은 것은?

① 지면에 거리가 가까워진 상태에서 양력이 증가하는 것
② 전진하면서 지면 가까운 고도에서 속도가 빨라지는 것
③ 지면 가까운 고도에서 조종자의 의도대로 조종하지 못하는 것
④ 이륙을 위한 활주거리가 길어지는 것

지면효과란 항공기가 지면에 가까워질 때 날개와 지면 사이에 공기가 채워지면서 하강하는 힘을 감소시키는 효과이다.

**91** 회전익의 양력불균형이 증가할 때의 현상으로 옳은 것은?

① 기체의 진동이 증가한다.
② 기체의 진동이 감소한다.
③ 양력이 증가한다.
④ 조종성이 좋아진다.

**92** 진고도(True Altitude)란 무엇을 말하는가?

① 항공기와 지표면의 실측 높이이며 'AGL' 단위를 사용한다.
② 고도계 수정치를 표준 대기압(29.92"Hg)에 맞춘 상태에서 고도계가 지시하는 고도
③ 평균 해수면으로부터 항공기까지의 실제 높이
④ 고도계를 해당지역이나 인근 공항의 고도계 수정치 값에 수정했을 때 고도계가 지시하는 고도

진고도 : 평균 해면 고도 위의 실제 높이

**93** 해발 150m의 비행장 상공에 있는 비행기 진고도가 500m라면 이 비행기의 절대고도는 얼마인가?

① 650m
② 350m
③ 500m
④ 150m

............................................................

**절대고도** : 비행 중인 항공기에서 바로 밑의 지표(수면)로부터의 수직거리

**94** 절대고도의 설명으로 맞는 것은?

① 고도계가 지시하는 고도
② 지표면으로부터의 고도
③ 표준기준면에서의 고도
④ 계기오차를 보정한 고도

**95** 마그네틱 컴퍼스가 지시하는 북쪽은?

① 진북
② 도북
③ 자북
④ 북극

**96** 진북과 자북의 사잇각을 무엇이라 하는가?

① 복각
② 수평분력
③ 편각
④ 자차

............................................................

**편각** : 자석이 나타내는 방향과 자오선이 이루는 각, 지구자기의 극은 지구의 북극과 정확하게 일치하지 않는다.

**알파벳 퍼즐 안에서 아래의 단어들을 찾아보세요!**

```
C X G Y K J M Q U Q C H Y P
R N V A P P L E H K U E P E
I O C P F I Z Y A U K I P A
S V F G Z W J X F R T I L Z
P E Z S E E W B U A C A Y T
V M V R L M A T O A O R D H
Z B C A J M H C J G X A A C
W E X O K C N C T L C I K X
E R S F Z I F S T E E N H B
A E K Z A Y E Q B A G M I G
T W T R C V V M J V L G Q S
H G S W R P H A V E K I D E
E K Y A K L G P B S R U Z Y
R P H Y U J Z L U O O U R Z
P U M P K I N E G L V J Z B
C W R E W M K U C H J T H A
V U W J B F A L L K A R P S
E Q N U T S J M Z E X V T V
```

| | | | |
|---|---|---|---|
| FALL | WEATHER | COZY | NOVEMBER |
| CRISP | APPLE | RAIN | CLOUDS |
| TURKEY | LEAVES | QUILT | HARVEST |
| RAINCOAT | MAPLE | NUTS | PUMPKIN |

**짜격끙은 이기쩍**

PART

# 03

# 항공 기상

 차례

# 대기의 기온과 습도

빈출 태그 대류 · 이류 · 복사 · 온도 · 해륙풍 · 역전층 · 단열변화 · 공기밀도 · 안정도 · 습도

## 01 대기의 열운동

### 1) 전도(Conduction)

분자운동을 통한 에너지 전달 방법으로서, 물질의 이동 없이 열이 물체의 고온부에서 저온부로 이동하는 현상을 가리킨다.

### 2) 대류(Convection)

유체의 운동에 의한 에너지 전달 방법으로서, 자유대류와 강제대류로 나눌 수 있다.

① 자유대류는 유체의 부력에 의해 발생되는 대류이다.

• 유체 일부분의 가열 또는 냉각으로 인하여 수평방향의 밀도 차가 생기게 되면 밀도가 작은 부분은 상승하고 밀도가 큰 부분은 하강하게 되는데, 이러한 현상이 자유대류이다.

② 강제대류는 유체에 기계적인 힘이 작용하여 발생하는 대류를 가리킨다.

• 전선면 상의 따뜻한 공기 상승, 산의 사면을 따라 올라가는 상승류 등이 강제대류에 해당한다.

### 3) 이류(Advection)

① 연직방향으로의 유체 운동에 의한 수송이 우세한 경우를 대류라 하고, 수평방향으로의 유체 운동에 의한 수송이 우세한 경우를 이류라고 한다.

② 공간적으로 널리 퍼져 있는 대기는 가지고 있는 온도, 운동량, 미량성분 등의 물리량 분포가 일정하지 않다. 어떤 지점에서의 특정 물리량의 시간적 변화에는 다른 장소로부터 유체가 이동되어 오는 데 따른 변화가 포함되어 있는데 이와 같은 수평적 이동 현상을 이류라고 한다.

### 4) 복사(Radiation)

① 물체로부터 방출되는 전자파를 총칭하여 복사라고 한다.

② 전자기파에 의한 에너지 전달 방법으로써, 전도, 대류 및 이류와는 달리 에너지가 이동하는데 매체를 필요로 하지 않는다.

③ 우주공간을 지나오는 태양에너지 이동은 주로 복사 형태로 이루어진다.

## 02 기온

온도는 물체의 차고 더운 정도를 수량적으로 표시한 것이다. 즉, 공기의 차고 더운 정도를 수량으로 나타낸 것이 기온이다.

## 1) 섭씨온도(Celsius, ℃)

1기압에서 물의 어는점을 0℃, 끓는점을 100℃로 하여 그 사이를 100등분한 온도이며, 단위 기호는 ℃이다.

## 2) 화씨온도(Fahrenheit, ℉)

가장 낮은 온도를 0℉(≒−18℃)로 정의하고, 물의 어는점을 32℉, 끓는점을 212℉로 하여 그 사이를 180등분 한 것이다.

## 3) 절대온도(Kelvin, K)

열역학 제 2법칙에 따라 정해진 온도로서, 이론상 생각할 수 있는 최저 온도를 기준으로 하는 온도단위이다. 즉, 그 기준점인 0K는 이상기체의 부피가 0이 되는 극한온도 −273.15℃와 일치한다.

> ⏱ **기적의 3초컷**
>
> **온도 환산법**
> - 섭씨온도와 화씨온도의 관계
>   ℉ = 1.8 * ℃ + 32, 33.8℉ = 1℃
> - 절대온도와 섭씨온도의 관계
>   0K = −273.15℃

## 03 기온의 일변화

기온은 일출, 일몰 현상과 함께 주기적인 변화를 한다.

### 1) 일사량과 열복사

① 지면은 태양열을 받아 가열되며, 한편으로는 열을 공중으로 복사 방출한다. 대기가 데워지는 것은 지면에서의 복사열에 의하므로, 일출과 더불어 지면의 온도가 상승함에 따라 기온도 상승한다.

② 지면이 태양으로부터 받는 일사량은 일출과 더불어 차츰 증가되다가 일몰 때는 0이 된다.

- 일사량은 정오에 최대가 되나 지구 복사량은 이보다 약간 늦은 정오를 넘는 시간에 최대가 되므로, 일 최고 기온은 오후 1~3시 사이에 나타난다.

③ 일몰 후 일사량은 없어지지만 이후에도 지면 복사의 방출은 계속되기 때문에 최저 기온은 일출 전이 되어야 나타난다.

### 2) 해풍과 육풍

① 해안 지역에서 낮과 밤에 풍향이 변하는 현상도 기온의 일변화 영향이다.

② 육지와 바다의 비열차이로 밤낮의 해상과 육상의 기온경도가 바뀌게 되어, 밤에는 육풍, 낮에는 해풍이 부는 해륙풍이 불게 된다.

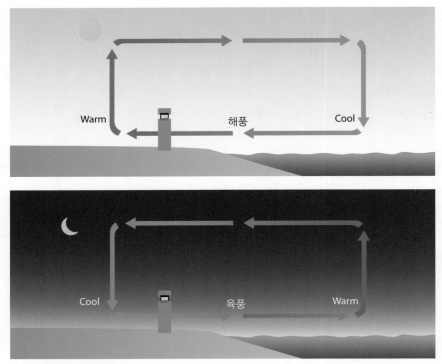

▲ 위: 해풍(낮) / 아래: 육풍(밤)

### 3) 역전층

① 비열이 작은 육지는 조그마한 열 차이로 쉽게 뜨거워지고, 쉽게 식는다. 이러한 특징 때문에 고도에 따라 온도가 상승하는 역전층이 지표 가까이에 생성되게 된다.

• 일 최고 기온에 도달한 후, 일사량이 감소하기 시작하면 지상기온도 감소하기 시작하는데, 비열이 작은 지표는 대기보다 더 빨리 온도가 떨어지게 된다. 따라서 지표 가까이에 있는 곳의 기온이 지표에서 어느 정도 떨어져 있는 상층보다 더 낮아지게 된다.

② 상층으로 올라갈수록 기온이 높아지는 역전층이 발생되는 날은 안개가 발생할 확률이 높다.

③ 역전층은 구름이나 기타 에어로졸이 없는 맑은 날 더 잘 발생된다.

### 04 단열변화(Adiabatic Change)

기체가 외부로부터 열을 얻거나 빼앗기지 않고 온도가 변하는 현상을 단열변화라고 한다. 대기의 덩어리는 상당히 큰 반면 열의 출입은 표면에서만 일어나므로 공기덩어리의 온도 변화는 단열변화라고 가정할 수 있다.

## 1) 단열 팽창, 단열 압축

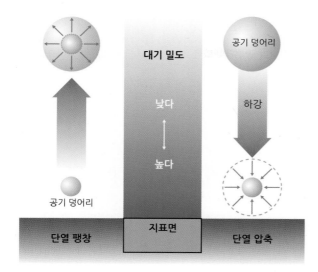

① 단열팽창

• 공기가 상승하면 주위의 기압이 낮아지면서 공기 덩어리가 점점 팽창한다.

② 단열압축

• 공기의 하강으로 인해 주위의 기압이 높아지면 공기 덩어리가 점점 압축한다.

## 2) 포화공기

① 공기 중에 포함된 수증기량은 공기 온도에 따라 공기 중에 포함될 수 있는 한계가 있는데, 최대 한도의 수증기를 포함한 공기를 포화공기라 한다.

② 공기의 온도가 상승하면 포화압력도 상승하여 공기는 보다 많은 수증기를 함유할 수 있게 되며, 온도가 내려가면 공기가 함유할 수 있는 수증기의 한도는 작아져 포화압력은 내려간다.

• 포화공기를 가열하면 불포화 공기가 되고, 냉각하면 과포화 공기가 된다.

## 3) 불포화공기

① 상대습도가 100% 이하인 포화점에 도달하지 못한 공기를 말한다.

• 실제 공기는 대부분의 경우 불포화 공기이다.

② 불포화공기가 바다나 호수 위를 지나며 수증기를 공급받거나, 수증기량을 유지한 채 산을 타는 경우 온도가 낮아지며 포화공기로 변화할 수 있다.

## 4) 건조단열변화

① 포화되지 않은 공기가 상승 또는 하강하면서 주위의 기압 변화에 따라 온도가 단열적으로 변화하는 것이다.

② 1km 상승할 때마다 약 10℃ 정도의 온도가 감소하는데, 이를 건조단열감률(10℃/km)이라 한다.

### 5) 습윤단열변화

① 수증기로 포화된 공기가 상승 또는 하강하면서 주위의 기압 변화에 따라 온도가 단열적으로 변화하는 것이다.

② 공기덩어리가 1km 상승할 때마다 약 5℃정도의 온도가 감소하게 되는데 이를 습윤단열감률(5℃/km)이라 한다.

## 05 공기밀도(Air Density)

1) 단위 부피당 공기의 질량을 말하는 것으로 공기에 포함된 기체 분자들이 얼마나 조밀하게 모여 있는가를 나타내는 지표이다.

2) 공기밀도는 압력에 비례, 온도에 반비례한다.

① 정확한 비례관계가 아니어서 엄밀히 말해서는 표준대기표 또는 표준대기 공식으로 구해야 한다.

3) 공기밀도는 이륙 거리, 상승률, 최대적재하중, 속도에 영향을 준다.

> **기적의 3초컷**
>
> **표준대기**
>
> | 고 도 | 기 온 | 공기밀도 |
> |---|---|---|
> | 0 ft | +15℃ | 1,000 |
> | 3,000ft(1km) | +9.1℃ | 0.915 |
> | 36,000ft(11km) | −56.3℃ | 0.296 |

## 06 대기의 안정도

단열적으로 상승 또는 하강하는 공기와 주위 공기의 온도 사이에는 차이가 있다. 이러한 온도의 차이는 공기 덩어리의 연직 운동을 결정하는 중요한 척도가 된다.

> **기적의 3초컷**
>
> **기온 감률**
>
> 고도 상승에 따른 온도 변화율, 대기권 내에서 지구로부터 멀어질수록 기온이 떨어지는 비율
> – 대류권 내의 기온 감률은 대략 1,000피트 당 섭씨 2도씩 감소

## 1) 대기 안정

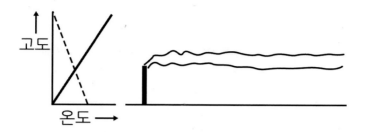

① 기온감률 〈 건조 단열 감률
② 어떤 원인에 의해 상승 또는 하강하게 된 공기가 원래의 위치로 돌아간다.
③ 수평 방향으로 넓게 퍼진 층운형 구름이 생긴다.

## 2) 대기 불안정

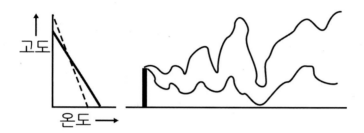

① 기온감률 〉 건조 단열 감률
② 어떤 원인에 의해 상승 또는 하강하게 된 공기가 계속 상승하거나 계속 하강한다.
③ 수직으로 발달한 적운형의 구름이 생긴다.

## 3) 대기 중립

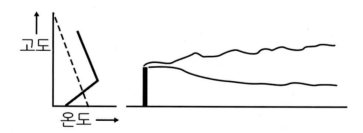

① 기온감률 = 건조 단열 감률
② 공기 덩어리가 그 위치에 머문다.

## 4) 절대 안정

① 기온감률 〈 습윤단열감률 〈 건조단열감률
② 어떤 원인에 의해 상승 또는 하강하게 된 공기가 원래의 위치로 돌아간다.

## 07 습도(Wetness)

습도는 공기 중에 수증기(물이 증발하여 생긴 기체, 또는 기체 상태로 되어 있는 물)가 포함되어 있는 정도 또는 그 양을 나타내는 것이다.

### 1) 수증기량

  ① 혼합비
- 건조공기 1kg에 대응하는 수증기의 g수를 말한다.
- 습윤공기를 수증기가 전혀 포함되지 않은 건조공기와 수증기와의 혼합물이라고 가정했을 때, 건조공기 1kg에 대응하는 수증기의 양을 g으로 나타낸 것이다(g/kg).

  ② 비습
- 단위부피인 공기 중에 함유된 수증기의 질량을 수증기를 포함한 공기의 질량으로 나눈 값이다.
- 자연 공기의 비습은 대개 40g/kg 이내이다.

### 2) 수증기압

  ① 혼합기체중 한 기체에 관련된 압력을 부분압력이라 하며, 이 중 수증기의 부분압력을 수증기압이라 한다.
  ② 단위는 hPa 또는 mb이고, 기호 e(Evaporation)로 표시한다.
  ③ 자유수면을 통하여 출입하는 수증기의 수가 같을 때를 포화라고 하며, 이때의 수증기압을 포화 수증기압이라 한다.
- 포화 수증기압은 온도가 증가할수록 커진다. 등온변화일 때 수증기압은 일정하다.

### 3) 절대 습도

  ① 1㎥ 공기 중에 포함되어 있는 수증기의 g수이다.
  ② 공기 덩어리에 수증기량의 변화가 없어도 기온이 변하면 공기가 팽창 또는 수축하여 절대습도가 변한다.

### 4) 이슬점 온도

  ① 일정한 기압에서 수분의 증감 없이 공기가 포화되어 응결이 일어날 때의 온도이다.
  ② 이슬점 온도는 상대습도가 100% 될 때의 온도이다.

### 5) 상대습도(RH, Relative Humidity)

  ① 현재 공기 속에 있는 수증기의 양과 그 온도에서의 포화 수증기량과의 비를 백분율로 표현한 것이다(상대습도=현재 수증기량/포화 수증기량×100%).
- 포화 수증기압에 대한 현재 수증기압의 비를 나타내기도 한다.

  ② 보통 습도라고 하면 이 상대 습도를 가리키며, 상대 습도는 건습구 습도계나 모발 습도계 등으로 측정한다.
  ③ 상대습도는 수증기량 외에도 온도의 영향을 받는다.
- 상대습도의 일변화는 기온의 일변화에 따라 달라지며 일반적으로 기온이 높을 때 습도가 낮고 기온이 낮으면 습도가 높다.

# 기압

**빈출 태그** 표준기압 · 기압경도 · 등압선 · 고기압 · 저기압 · 일기도

## 01 기압(Atmospheric Pressure)

대기의 압력을 기압이라 한다. 유체 내의 어떤 점의 압력은 모든 방향으로 균일하게 작용하지만, 어떤 점의 기압이란 그 점을 중심으로 한 단위면적 위에서 연직으로 취한 공기 기둥 안의 공기 무게를 말한다.

### 1) 기압의 측정단위

① 공식적인 기압의 단위는 hPa이며, 소수 첫째자리까지 측정한다.

② 수은주 760mm의 높이에 해당하는 기압을 표준기압이라 하고, 이것을 1기압(atm)이라고 하며 큰 압력을 측정하는 단위로 사용한다.

③ 국제단위계(SI)의 압력단위 1파스칼(Pa)은 $1m^3$당 1N의 힘으로 정의되어 있다.

• 1mb=1hPa, 1표준기압(atm)=760mmHg=1,013.25hPa의 정의식으로 환산한다.

---

> ⏱ **기적의 3초컷**
>
> **기압**
>
> 1hPa = 1mb = $10^{-3}$bar = $10^3$dyne/$cm^2$ = 0.750062mmHg = 0.0295300inHg
>
> 1기압 = 1,013.25hPa = 1,013.25mb = 760mmHg = 29.92inHg

---

※ 기압은 지표면에서 가장 높고, 고도가 올라감에 따라 감소된다. 이 원리를 기초로 계산되는 주어진 기압에 해당하는 고도를 **기압고도**라고 한다.

---

### 2) 해면기압

① 평균해수면 높이에서의 기압이다.

② 높이가 다른 여러 관측소의 기압을 해면에서 측정한 값으로 환산한 값이다.

③ 일기도에는 해면기압을 기록한다.

### 3) 기압경도

① 기압의 거리에 대한 변화비율을 말한다.

• 벡터이므로 방향과 크기를 가진다.

② 기압경도는 편의상 경도선 1도에 대한 기압의 변화비로 나타낸다.

• 이론적으로는 100km에 대한 기압의 비로 표현하고 있다.

③ 바람은 기압경도에 직각에 가까운 각도로 불고, 그 속도는 기압경도의 크기에 비례한다.

• 일기도 상에서 등압선 또는 등고선이 밀집되어 있는 곳은 기압경도가 큰 곳으로서 바람이 강하다.

## 02 지상일기도

지상일기도는 해면기압의 분포, 지상기온, 풍향 및 풍속, 날씨, 구름의 종류와 높이 등의 기상상태를 분석하는 일기도를 말한다.

> • 지상일기도는 날씨분석을 위한 기본 일기도로 사용되고 있으며 일정한 시간간격으로 작성하여 날씨의 분포를 파악하고 앞으로의 변화를 예측하는데 사용하고 있다.
> • 지상일기도는 등압선, 등온선, 구름 자료를 분석하고 등압선은 1000hPa을 기준으로 하여 4hPa 간격으로 그린다.

### 1) 등압선
① 기압이 같은 지점을 연결해 놓은 선이다.
② 지표면의 여러 관측소에서 측정한 기압 값을 해면기압 값으로 보정하여 지도상의 각 관측소의 위치에 기입하고, 기압이 같은 지점을 연결하여 작성한다.
③ 1000hPa을 기준으로 하여 4hPa 간격으로 그리며, 선 간격이 넓은 곳에서는 2hPa의 점선을 표시하기도 한다.
④ 등압선은 도중에 없어지거나 서로 교차하지 않으며, 등압선의 간격이 좁을수록 기압의 차가 크므로 바람의 세기가 강함을 알 수 있다.

### 2) 고기압
① 고기압권 내의 바람은 북반구에서는 고기압 중심 주위를 시계방향으로 회전하고 남반구에서는 반시계 방향으로 회전하면서 불어 나간다.
  • 이로 인해 고기압권 내에서는 전선이 형성되기 어렵다.
② 기압경도는 중심일수록 작으므로 풍속도 중심일수록 약하다.
③ 고기압권 내의 일기는 상공에서 수렴된 공기가 하강기류가 되어 지표부근으로 내려오기 때문에 구름이 있어도 소멸되어 일반적으로 날씨가 좋다.
  • 쇠약단계의 고기압 또는 고기압 후면에서 하층가열이 있을 때에는 대기가 불안정하여 대류성 구름이 발생할 수 있고 심하면 소나기, 뇌우를 동반하기도 한다.

### 3) 저기압
① 저기압 내에서는 주위보다 기압이 낮으므로 사방으로부터 바람이 불어 들어오는데, 지구의 자전으로 지상에서의 저기압의 바람은 북반구에서는 저기압 중심을 향하여 반시계 방향으로, 남반구에서는 시계방향으로 분다.
② 저기압 중심부근의 상승기류에서는 단열냉각에 의해 구름이 만들어지고 비가 내리므로 일반적으로 저기압 내에서는 날씨가 나쁘고 비바람이 강하다.

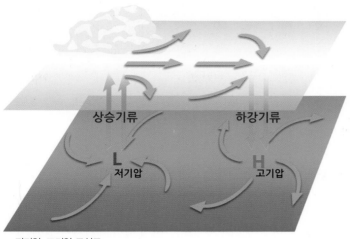

▲ 저기압, 고기압 모식도

### 4) 기압골

① 고기압과 고기압 사이의 기압이 낮은 골짜기를 말한다.

② 일기도에서는 등압선이 가늘고 길게 뻗어 있다.

③ 일반적으로 기압골은 전선을 수반하는 경우가 많고 서쪽으로부터 다가오며 날씨가 나빠진다.

### 5) 기압마루

① 기압골과 반대되는 개념으로, 상층일기도에서 주변보다 기압이 높은 부분을 길게 연결한 곳을 말한다.

② 약 3km 이상의 상층에서는 편서풍 파동에 따라 기압골과 교대로 나타난다.

### 6) 기압능

① 대기 중의 같은 고도면에서 주위보다 기압이 상대적으로 높은 영역이다.

② 일기도에서 고기압의 중심으로부터 길게 「V」자 또는 「∩」자 모양으로 뻗어 있다.

③ 날씨가 맑다.

## 03 항공기 이륙 시 기압의 영향

1) 항공기는 공기의 양력을 크게 받아야 쉽게 이륙할 수 있다. 따라서 공기의 밀도가 큰 고기압일 때 이륙이 훨씬 용이하다.

2) 저기압일 때에는 공기 밀도가 낮아서 항공기를 받쳐줄 공기의 양력이 약하게 되고 활주거리가 길어질 수 있다.

/ CHAPTER /

# 03 바람

출제빈도
상 중 하

**빈출 태그** 풍속 · 윈드시어 · 기압경도력 · 전향력 · 구심력 · 지상풍 · 돌풍 · 스콜 · 국지풍 · 푄
지균풍 · 제트류

## 01 바람(Wind)

바람은 온도나 기압 등의 차이 때문에 공기가 이동하는 현상을 일컫는다.

### 1) 바람의 형성

① 태양의 복사 에너지로 지표면이 뜨거워지면 온도차가 형성되고 이에 따라 기압차가 발생한다.
기압은 항상 높은 곳에서 낮은 곳으로 이동해 평형을 이루려는 성질을 갖고 있어 이것을 바람
이라 한다.

② 바람은 수증기, 안개, 구름 등을 만들며 끊임없이 기상변화를 유발해 항공기의 이착륙에 많은
영향을 끼치는 기상현상이다.

> ※ 국제 표준 풍속은 매 관측시간 10분간의 평균치를 말하며 풍속의 단위는 **노트(knot)** 또는 m/s(Meter Per Second)를
> 사용한다.

### 2) 풍향

① 풍향은 바람이 불어오는 방향을 말하며, 보통 일정 시간 내의 평균풍향을 뜻한다.

② 풍속이 0.5m/sec 이하일 때에는 '무풍'이라 하여 풍향을 취하지 않는다.

③ 16방위 또는 8방위나 32방위, 36방위로 나타내며, 그 어느 것이나 지리학상의 진북을 기준으
로 관측한다.

④ 활주로방향, 관제탑 등이 모두 자북기준 방위를 사용하기 때문에 항공관제 시에는 진북으로 관
측한 풍향을 자북으로 변경하여 사용한다.

• 풍향은 자북기준 10도 단위로 반올림한 3단위 숫자로 표시한다.

### 3) 풍속

① 풍속은 공기가 이동한 거리와 이에 소요된 시간의 비로써, 일정 시간을 취한 경우를 평균풍속
이라 한다.

• 순간적인 값을 순간풍속이라고 표현하고, 단지 풍속이라고 할 때에는 평균풍속을 의미한다.

② 풍속의 단위는 일반적으로 m/s를 이용하나, km/hr, mile/hr, knot를 이용할 때도 있다.

• 기상정보에서는 노트(knot)가 주로 이용되는데 m/s의 2배를 하면 대략 노트 값과 일치한다.

③ 풍속이 0.5m/s(1knot) 이하일 때를 정온(Calm)이라 하며, 바람이 약해서 풍향을 확실하게
결정할 수 없는 경우이다. 따라서 풍향이 없는 것으로 하여 기록할 때에는 '00'으로 표기한다.

▲ Wind Sock

| Wind Sock 각도 | 풍속(KT) |
|---|---|
| 0도 | 0m/sec |
| 15~20도 | 약 1m/sec |
| 30~40도 | 약 2m/sec |
| 50~60도 | 약 3m/sec |
| 70~80도 | 약 4m/sec |
| 90도 | 약 5m/sec |

> ※ 윈드삭(wind sock, 바람자루)
> 바람의 방향과 상대적인 속도를 측정하기 위해 사용되는
> 기상측기로 크기에 따라 달라질 수 있다.

⏱ 기적의 3초컷

**보퍼트 풍력계급(Beaufort Wind Scale)**
영국의 해군 제독 보퍼트가 만든 풍력계급으로 고요한 상태인 0에서 극심한 폭풍의 12까지 13개 등급으로 구분한다. 해상의 풍량 상태로부터 분류되었으나 후에 육상에서도 사용할 수 있도록 만들어져 오늘날 기상 통보 따위에 널리 쓰이고 있다.

## 4) 윈드시어(Wind Shear, 전단풍)

① 바람 진행방향에 대해 수직 또는 수평 방향의 풍속 변화로서, 풍속, 풍향이 갑자기 바뀌는 돌풍현상을 가리킨다.

② 수평으로 윈드시어가 발생하면 순압불안정이 생겨서 소용돌이가 형성되고, 수직으로 윈드시어가 발생되면 기류가 흩어져서 청천난류 등이 발생한다.

## 5) 순전(順轉)과 반전(反轉)

저기압이나 불연속면이 통과할 때 어느 장소의 풍향이 남동→남→남서와 같이 시계방향으로 변하는 것을 풍향의 순전이라 하고, 그 반대방향의 변화를 풍향의 역전 또는 반전이라고 한다.

## 02 바람을 일으키는 힘

### 1) 기압경도력

① 두 지점 사이에 압력이 다르면 압력이 큰 쪽에서 작은 쪽으로 힘이 작용하게 되는데, 이를 기압
경도력이라 한다.
② 기압경도력은 두 지점간의 기압차에 비례하고 거리에 반비례한다.

> ⏱ **기적의 3초컷**
>
> **기압경도력**
> 바람은 기압이 높은 쪽에서 낮은 쪽으로 힘이 작용하고 등압선의 간격이 좁으면 좁을수록 바람이 더욱 세다.

### 2) 전향력(코리올리 힘)

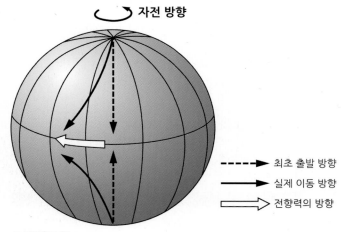

▲ 코리올리 힘

① 지구 자전에 의해 지구 표면을 따라 운동하는 질량을 가진 물체는 각 운동량 보존을 위해 힘을
받게 되는데 이를 전향력이라 한다.
② 전향력은 매우 작은 힘이므로 큰 규모의 운동에서만 그 효과를 볼 수 있으며, 실제 존재하는 힘
이 아니고 지구의 자전 때문에 작용하는 것처럼 보이는 것에 불과하다.
③ 지구상에서 운동하는 모든 물체는 북반구에서는 오른쪽으로 편향되고, 남반구에서는 왼쪽으로
편향되며 고위도로 갈수록 크게 작용한다.

### 3) 구심력

① 원 운동을 하는 물체에서 원심력의 반대방향인 원의 중심을 향하는 힘이다.
• 대기의 운동에서 등압선이 곡선일 때 나타나는 힘이다.
② 물체가 원운동을 계속하기 위해서는 구심력이 존재해야 한다.
③ 구심력은 속도의 방향만 바꾸어 줄 뿐 크기는 변화시키지 못한다.

## 4) 지표마찰

① 대기의 분자는 서로 충돌하면서 마찰을 일으키고 지면과도 마찰을 일으킨다.

② 발생하는 마찰열은 대부분 열에너지로 전환되며 대기의 운동을 복잡하게 만드는 원인이 된다.

## 03 지상마찰에 의한 바람

### 1) 지상풍

① 1km 이하의 지상에서 부는 바람으로 마찰의 영향을 받는다.

② 등압선이 직선인 경우 : 전향력과 마찰력의 합력이 기압경도력과 평형을 이루어 등압선과 각($\theta$)을 이루며 저기압 쪽으로 분다.

- 등압선과 이루는 각($\theta$)은 마찰력에 비례하고 고도에 반비례한다.
- 해양은 대륙보다 마찰력이 작아 등압선과 이루는 각($\theta$)이 작다.
  - 등압선과 이루는 각이 대륙은 15°, 해양은 45°이다.
- 전향력의 영향으로 북반구는 오른쪽(남반구는 왼쪽)으로 치우쳐 분다.

③ 등압선이 원형인 경우 : 바람에 작용하는 모든 힘, 즉 기압경도력, 전향력, 원심력, 마찰력의 합력이 균형을 이루어 분다.

- 중심이 고기압인 경우 : 북반구(남반구)에서 시계 방향(반시계 방향)으로 불어 나간다.
- 중심이 저기압인 경우 : 북반구(남반구)에서 반시계 방향(시계 방향)으로 불어 들어간다.
- 일상생활에 쓰이는 지상 일기도에 적용된다.

④ 이착륙할 때의 지상풍 영향

- 일반적으로 바람은 불어오는 방향에 따라 이름이 붙는다. 그러나 항공기에서는 항공기를 중심으로 방향을 구분한다.

---

> **⏱ 기적의 3초컷**
>
> **항공기 기준 바람**
> - **정풍(Head Wind)** : 항공기 전면에서 뒤쪽으로 부는 바람
> - **배풍(Tail Wind)** : 항공기 뒤쪽에서 앞으로 부는 바람
> - **측풍(Cross Wind)** : 측면에서 부는 바람
> - **상승기류(Up-Draft)** : 지상에서 하늘 쪽으로 부는 상승풍
> - **하강기류(Down-Draft)** : 하늘에서 지상 쪽으로 부는 하강풍

---

- 항공기는 특별한 상황이 아닌 한 바람을 안고(맞바람) 이착륙해야 한다.
  - 이륙 시에는 가급적 빨리 부양력을 얻고, 착륙 시에는 조종사의 의도대로 항공기를 원하는 활주로 부분에 정확하게 착지시킬 수 있어야 하기 때문이다.

### 2) 거스트(Gust, 돌풍)

① 일정시간 내(보통 10분간)에 평균풍속보다 10knot 이상의 차이가 있으며, 순간 최대 풍속이 17knot 이상의 강풍일 경우 지속시간이 초 단위 일 때를 말한다.

② 돌풍이 불 때는 풍향도 급변한다.

- 천둥을 동반하기도 하며 짧게는 수분에서 길게는 1시간 정도 계속되기도 한다.

③ 일기도상으로는 보통 발달하기 시작한 저기압에 따르는 한랭전선에 동반되며, 돌풍이 커지느냐의 여부는 기온의 수직감률과 풍속의 차이에 의해서 정해진다.

## 3) 스콜(Squall)

① 갑자기 불기 시작하여 몇 분 동안 계속된 후 갑자기 멈추는 바람을 말한다.

- 풍향은 급변할 때가 많다. 흔히 강수와 뇌우 등의 변화도 가리키는데, 이 경우에도 바람의 돌연한 변화를 동반하는 경우에 해당한다.

② 세계기상기구에서 채택한 스콜의 기상학적 정의는 '풍속의 증가가 매초 8m 이상, 풍속이 매초 11m 이상에 달하고 적어도 1분 이상 그 상태가 지속되는 경우'이다.

③ 스콜은 특징 있는 모양의 구름이 나타나지만, 구름이 전혀 나타나지 않을 때도 있다.

④ 스콜선이란 광범위하게 이동하는 선에 따라 나타나는 가상의 선을 말한다.

- 한랭전선 부근이나 적도무역풍대에서 발생하기 쉬우며, 우리나라 한여름에 내리는 소나기도 스콜이다. 일반적으로는 한낮에 강한 일사로 인한 대류활동이 왕성하여 증발량이 많은 열대지방에서 자주 내린다.

## 04 국지풍

### 1) 해륙풍과 산곡풍

① 해륙풍

- 낮에는 육지가 바다보다 빨리 가열되어 육지에 상승기류와 함께 저기압이 발생한다.
- 밤에는 육지가 바다보다 빨리 냉각되어 육지에 하강기류와 함께 고기압이 발생한다.

---
- **낮** : 바다 → 육지로 공기이동 (해풍)
- **밤** : 육지 → 바다로 공기이동 (육풍)
---

② 산곡풍

- 낮에는 산 정상이 계곡보다 더 가열이 되어 정상에서 공기가 발산된다.
- 밤에는 산 정상이 계곡보다 더 냉각이 되어 주변에서 공기가 수렴하여 침강한다.

---
- **낮** : 골짜기 → 산 정상으로 공기 이동(곡풍)
- **밤** : 산 정상 → 산 아래로 공기 이동(산풍)
---

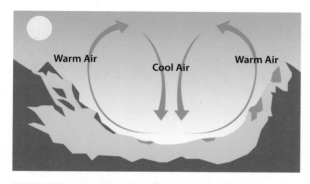

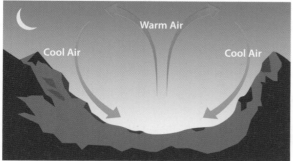

▲ 산곡풍

## 2) 푄, 치누크(Foehn, Chinook)

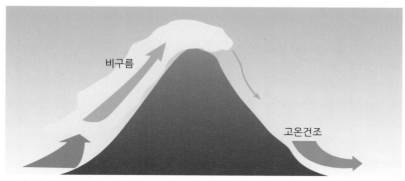

▲ 푄, 치누크

① 산의 경사면을 따라 하강하는 고온건조한 바람이다.

• 다양한 지역 이름들로 불리어 록키산맥의 동쪽 경사면을 따라 흐르는 것을 치누크(Chinook), 독일에서는 푄(Fohn), 캘리포니아 남부에서는 산타아나(Santa Ana)라 한다.

② 따뜻하고 건조하기 때문에 공기밀도가 낮아서 자연적으로 가라앉지 않으며 푄은 대규모 바람과 기압분포에 의해 아래 방향으로 힘을 받는다.

• 이러한 강제는 고기압과 관련된 강한 지역 바람이 산맥을 넘을 때 공기가 상승하여 상층의 공기를 압축시키고 이 압력에 의해 바람의 아래쪽으로 불려 나갈 때 생긴다.

## 05 상층에서의 바람 형태

### 1) 지균풍

① 기압경도력(기압차에 의해 발생하는 힘)과 전향력이 평형을 이루고 있을 때 부는 바람이다.

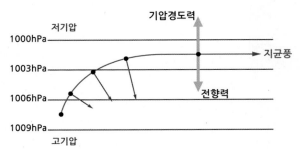

▲ 지균풍

- 기압차에 의한 기압경도력이 작용하면 고기압에서 저기압으로 공기가 움직이기 시작하면서 점차 속력이 증가한다.
- 바람에 자전에 의한 전향력이 작용하여 북반구(남반구)에서 오른쪽(왼쪽)으로 휘게 된다.
- 풍속이 증가하면 전향력도 커지므로 기압경도력과 전향력이 평형을 이루면 바람은 일정한 속도로 등압선과 나란하게 바람이 불게 되는데 이를 지균풍이라 한다.

② 지균풍은 등압선이 직선일 때 지상으로부터 1km 이상에서 마찰력이 작용하지 않는 경우의 바람이다.

### 2) 경도풍

① 등압선이 원형일 때 지상으로부터 1km 이상에서 기압경도력, 전향력, 원심력의 세 힘이 균형을 이루어 부는 바람이다.

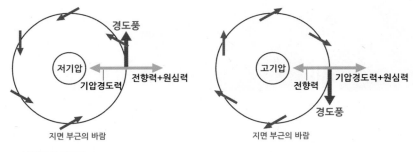

▲ 북반구의 경도풍

② 북반구(남반구) 저기압 주변 : 전향력과 원심력의 합력이 기압경도력과 평형을 이루어 반시계(시계)방향으로 등압선과 나란하게 분다.

③ 북반구(남반구) 고기압 주변 : 기압경도력과 원심력의 합력이 전향력과 평형을 이루어 시계(반시계)방향으로 등압선과 나란하게 분다.

## 3) 온도풍

① 기온의 수평분포에 의해서 생기는 바람으로 지균풍이 불고 있는 두 개의 등압면이 있을 때, 그 사이에 낀 기층의 평균기온의 수평경도와 비례하는 두 면의 지균풍 차이를 말한다.

② 풍향은 두 기층간의 등온선 방향에 평행이 되며, 풍속은 등온선의 간격에 반비례한다.

## 4) 제트류(제트기류, Jet Stream)

① 대류권 상층의 편서풍 파동 내에서 최대 속도를 나타내는 부분이다.

② 세계기상기구(WMO)에서는 '제트류는 상부 대류권 또는 성층권에서 거의 수평축에 따라 집중적으로 부는 좁은 강한 기류이며, 수직 또는 양측 방향으로 강한 바람의 풍속차(Shear)를 가지고, 하나 또는 둘 이상의 풍속 극대가 있는 것'이라고 정의한다.

③ 발생원인

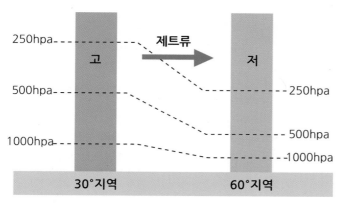

▲ 제트기류의 발생

- 30°지역 상공은 온도차에 의해 같은 높이의 60°지역보다 기압이 높다. 따라서 30°지역 상공 대류권계면 부근에서 60°지역과 기압차가 크게 발생하여 빠른 흐름이 발생한다.
- 제트류는 남북간의 온도차가 큰 겨울철에 특히 빠르며 에너지 수송을 담당한다.

④ 길이는 2000~3000km, 폭은 수백km, 두께는 수km의 강한 바람이다.

- 풍속차는 수직방향으로 1km마다 5~10m/s 정도, 수평방향으로 100km에 5~10m/s 정도로 겨울에는 최대풍속이 100m/s에 달하기도 한다.

⑤ 북반구에서는 겨울이 여름보다 강하고 남북의 기온 경도가 여름과 겨울이 크게 다르기 때문에 위치가 남으로 내려간다.

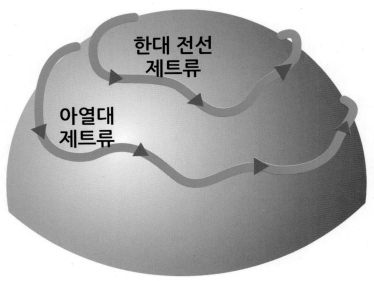

▲ 한대 전선 제트류와 아열대 제트류

- **한대 전선 제트류** : 중위도 지방, 고도 8~9km, 평균 풍속이 40m/s
- **아열대 제트류** : 위도 약 30°부근의 고도 12~13km
- 권계면은 적도에서 극까지 연속된 하나의 면으로 나타나지 않고 대개 세개의 층으로 분리되어 불연속적으로 출현하여 위도에 따라 열대 권계면, 중위도 권계면, 극 권계면으로 분류된다. 이 불연속적인 고도에서 풍속의 극대인 제트류가 출현한다.

⏱ **기적의 3초컷**

**권계면**
대류권과 성층권의 경계면으로 대류권의 윗면을 말한다.

⑥ 제트류 내의 거대한 저기압성 굴곡은 순환하고 에너지를 공급함으로써, 거대한 중위도 저기압을 일으킨다.

⑦ 고도 1~4km에서의 불규칙한 하층 제트류는 헬기의 운항에 위험 요소가 되기도 한다.

⑧ 고도 약 9km의 상층 제트류는 대략 여객기의 순항고도에 해당하며 100km/h 전후의 크기로 불기 때문에 여객기의 속도에도 많은 영향을 주어서 한국에서 미국으로 갈 때와 미국에서 한국으로 올 때의 비행시간에도 많은 차이를 준다.

## 5) 관성풍(Inertial Wind)

① 마찰이 없는 상태에서 기압장이 수평적으로 균일하여 기압경도력이 없는 경우에 일어나는 바람을 관성풍이라 한다.

② 해양에서는 내부의 수압경도력보다도 해면을 가로질러 부는 바람으로 인하여 해류의 흐름이 종종 형성되기 때문에 관성풍이 형성되는 경우가 있지만, 대기에서는 어느 정도의 기압경도력이 항상 존재하여 기압분포가 균일한 형태를 갖추기가 어려워서 발생하기 어렵다.

# 중규모 대류계

**빈출 태그** 기단 · 장마 · 태풍 · 전선 · 전선대

## 01 기단

주어진 고도에서, 온도와 습도 등 수평적으로 그 성질이 비슷한 큰 공기덩어리를 기단이라 한다.

### 1) 기단의 분류

① 기단은 발원지의 위도에 따른 온도분포로 크게 열대(T), 한대(P), 극(A)으로 분류한다.

- 습도조건에 따라, 대륙에서 발생한 건조한 것을 c, 해상에서 발생한 습한 것은 m으로 세분한다.

② 기단이 발생된 때 기온의 변질을 고려하여, 지표보다 그 상층의 기단이 저온일 경우에는 k, 온난한 경우에는 w라는 기호를 붙인다.

- 대기의 성층이 안정할 경우에는 s, 불안정할 경우에는 u의 기호를 붙여 한층 더 세분하기도 한다.

③ 기단을 개략적으로 분류하는 방법 외에, 적도기단은 E, 계절풍기단은 M, 상층기단은 S로 더 세부적으로 분류하는 방법도 있다.

### 2) 기단 성질의 분류

① 열대해양성(mT, maritime Tropical)
② 열대대륙성(cT, continental Tropical)
③ 한대해양성(mP, maritime Polar)
④ 한대대륙성(cP, continental Polar)
⑤ 극해양성(mA, maritime Arctic)
⑥ 극대륙성(cA, continental Arctic)

### 3) 우리나라 주변 기단의 특성

① 초여름 장마기에는 해양성 한대기단(mP)인 오호츠크해 기단의 영향을 받는데, 이 기단은 그 자체로 영향을 미치기보다 북태평양기단과 만나 불연속선의 장마전선을 이루어 영향을 준다.

② 장마가 지나면서 북태평양에서 발달한 고온다습한 해양성 열대기단(mT), 즉 북태평양 기단의 영향으로, 본격적으로 더운 날씨가 시작된다. 이 시기에는 남풍 내지 남서풍이 주로 분다.

③ 시베리아 기단은 한랭건조한 성질의 대륙성 기단으로 한반도에 북서계절풍을 가져온다. 발원해서 삼일 정도 경과하면 서서히 세력이 약해지는데 이때는 겨울에도 따뜻한 날씨가 유지되어 겨울 날씨의 특징인 삼한사온 현상이 나타난다.

▲ 한반도 주위의 기단

## 02 고기압

기압이 주변보다 높은 곳을 말한다.

### 1) 고기압의 특성

① 고기압권 내의 바람은 북반구에서는 고기압 중심 주위를 시계방향으로 회전하고, 남반구에서는 반시계방향으로 회전하면서 불어나간다.
② 하강기류로 인해 날씨가 맑고 전선이 형성되기 어렵다.
③ 등압선과 풍향이 이루는 각은 해상에서는 약 15°이고, 육상에서는 지형이나 풍속에 의해 약 25~35°로 해상보다 크게 나타난다.
④ 닫힌 등압선의 가장 바깥쪽 직경이 1000km보다 작은 것은 드물며, 기압경도가 중심으로 갈수록 작아지므로 풍속도 중심으로 갈수록 약하다.

### 2) 온난고기압

① 온난고기압은 대기대순환에 의해 역학적으로 생기는 고기압으로 키가 크며 중심이 주위보다 온난하여 상공으로 갈수록 더욱 고기압이 현저하며 거의 이동하지 않는다.
② 상층에서 기압능이 발달하면 저지 현상을 일으키기도 한다. 공기의 침강으로 온난건조하여 날씨가 좋은 특징이 있다. 북태평양 고기압, 아조레스 고기압 등 아열대 고기압들이 이에 속한다.

> 🕐 기적의 3초컷
>
> **저지 현상(블로킹 현상)**
> 중위도 지역의 대류권에 우세한 고기압이 장기간 정체하여 동쪽으로 움직이는 저기압의 진행이 저지되거나 역행되는 현상

### 3) 한랭고기압

① 겨울철 고위도 지방의 대륙에서 지표의 복사냉각에 의해 공기의 밀도가 커짐으로써 발생하는 고기압으로, 매우 한랭하여 한랭 고기압이라고 한다.
② 3km 정도의 상공부터 고기압 성질이 없어질 정도로 키가 작아서 키 작은 고기압이라고도 한다.
③ 이 고기압은 온난고기압과 달리 상층에 저기압이 있기 때문에 일기가 좋지 않다.
④ 시베리아 고기압, 이동성 고기압, 오호츠크해 고기압 등이 이에 속한다.

### 4) 기압능(Ridge)

① 대기 중의 같은 고도면에서 주위보다 기압이 상대적으로 높은 영역을 말한다.
② 일기도 상에서는 고기압의 중심을 향해 열린 대체로 U자형의 거의 평행한 등압선이나 등고선으로 나타내어진다.

### 5) 안장부(Saddle Point, Col)

① 2개의 저기압을 연결하는 골과 2개의 고기압을 연결하는 기압능이 十자형으로 서로 교차하는 중심 부분이다.
② 기압이 일정한 지역이며 말의 안장과 비슷하게 생겼다 하여 안장부라고 부른다.

## 03 저기압

일기도 상에서 폐곡선으로 둘러싸인, 주위보다 기압이 낮은 곳을 말한다.

### 1) 저기압의 특성

① 지상에서의 바람은 북반구에서 저기압 중심을 향하여 반시계 방향으로 분다.
• 저기압에 동반된 한랭전선은 저기압 중심에서 남서쪽으로, 온난전선은 저기압 중심에서 남동쪽으로 뻗어 있다.
② 대부분 저기압에서는 한랭전선이 동반되지만, 온난전선은 가끔 동반되지 않는 경우도 있다.
• 저기압의 동쪽 지역과 남동쪽 지역 사이에서 온도와 습도 차이가 미약하게 나타나 전선을 넣기 어렵기 때문이다.
③ 강수는 공기의 상승과 관련되어 나타나는데 공기가 수렴하는 저기압 중심 부근과 따뜻한 공기가 차고 밀도가 큰 공기를 타고 상승하는 전선을 따라 발생한다.

### 2) 저기압의 분류

① 저기압은 전선의 유무에 따라 전선 저기압과, 비전선성 저기압, 구조에 따라 한랭저기압과 온난저기압으로 분류된다. 또한, 발생 지역에 따라 온대저기압과 열대저기압으로 분류할 수 있다.
② 전선 저기압은 전선을 동반한 저기압을 말하는데, 기압경도가 큰 온대와 한대의 경계에서 주로 발생하며 온대저기압의 대부분은 전선저기압이다.
③ 비전선성 저기압은 전선을 동반하지 않는 저기압을 말하며, 종류로는 열대저기압, 지형저기압, 열저기압 등이 있다.

④ 한랭저기압(Cold Low)
- 동일한 고도에서 저기압 중심 부근의 기온이 주위보다 한랭하고 기온감률이 급하여 상층으로 갈수록 저기압성 순환이 증가하고 서서히 이동하는 저기압이다.
- 온난저기압에 비해 키가 크고 저기압 주변의 대기안정도는 일반적으로 불안정하다. 극지방에서 발생한 저기압, 폐색저기압, 분리저기압 등이 이에 속한다.

⑤ 온난저기압(Warm Low)
- 동일한 고도에서 저기압 중심 부근의 기온이 주위보다 온난하다.
- 기온감률이 완만하여 상층으로 갈수록 저기압성 순환이 약화, 소멸되어 오히려 고기압성 순환이 생기며, 키가 작고 이동 속도도 빠르다.
- 초기의 온대저기압, 열저기압 등이 이에 속한다.

| 성질 | 온대저기압 | 열대저기압(태풍) |
|---|---|---|
| 발생장소 | 온대지방(편서풍대) | 열대해양 |
| 발생원인 | 찬 기단과 따뜻한 기단이 만나 발생 | 열대수렴대의 더운 공기 상승 |
| 전선 | 있음 | 없음 |
| 등압선 | 타원형 | 동심원 |
| 등압선간격 | 넓음 | 좁음 |
| 이동방향 | 편서풍에 의해 서쪽에서 동쪽으로 이동 | 북상하다 동쪽으로 편향 |
| 에너지원 | 기층의 위치에너지 | 수증기의 숨은열 |

## 3) 저기압의 바람 구조

① 저기압에서의 기류는 저기압 주변의 공기가 저기압 중심을 향해 반시계 방향으로 회전하면서 수렴하여 생기는 상승기류이다.
② 공기의 수평수렴은 지표면 근처에서 일어나고, 상층대기에서는 수평발산에 의한 공기의 유출이 일어난다. 이와 같은 저기압 구조는 지표면에서의 수평수렴, 상층에서의 수평발산, 상승기류로 이루어진다.

## 04 전선

## 1) 전선의 형성

① 찬 기단과 더운 기단의 밀도 차이 때문에, 찬 기단은 더운 기단 아래로 쐐기 모양으로 파고 들어가게 되고, 더운 기단은 찬 기단 위로 올라가게 되어 안정한 상태로 몰고 가게 된다.
- 이러한 상태에서는 위치에너지가 최소가 되기 때문에 처음보다 위치에너지가 감소된다. 이 위치에너지의 감소부분은 운동에너지로 바뀌어 바람이 불게 된다.
- 더운 기단의 상승에 의한 단열냉각으로 수증기가 응결되어 강수현상이 나타나며, 이때 방출된 잠열로 상승한 공기는 부력을 얻어 상승이 촉진되고 방출된 열의 일부는 운동에너지, 즉 바람으로 변환된다.

② 기상 요소가 어떠한 면을 경계로 하여 급격히 변화하고 있을 때, 이러한 면을 불연속면 또는 전선면이라고 한다. 그리고 이 면이 지면과 만나는 선을 불연속선 혹은 전선이라고 한다.

③ 보통 전선을 형성하는 두 기단은 기온차로 구분한다.

## 2) 온난전선(Warm Front)

① 온대 저기압의 남동쪽에 있으며, 온난한 공기가 한랭한 공기 쪽으로 이동해가는 전선을 말한다.

- 더운 공기가 찬 공기 위를 타고 오르기 때문에, 이동속도가 느리고 기울기가 작다.
- 넓은 지역에 걸쳐 강수가 나타나며 강수강도가 약하다.
- 전선면이 도달하는 높이는 한·난 양 기단의 높이에 따라 다른데, 고위도 지방으로 갈수록 낮아진다.
- 보통 6km 정도의 상공에서 쉽게 판별되며, 이동속도는 약 25km/h이다.

② 온난전선의 구조

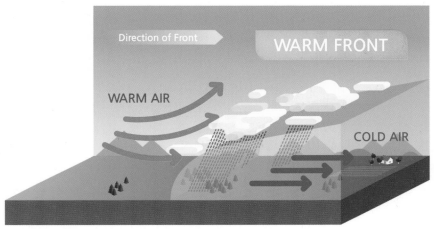

▲ 온난전선

③ 온난전선 이동에 따른 지상 일기의 변화

| 요소 | 통과 전 | 통과 시 | 통과 후 |
|------|---------|---------|---------|
| 기압 | 점차 하강 | 하강 멈춤 | 약간 상승 후 하강 |
| 풍향 | 남풍 또는 남동풍 | 계속 변함 | 남풍 또는 남서풍 |
| 풍속 | 증가 | 감소 | 거의 일정 |
| 온도 | 서늘하다가 서서히 따뜻해짐 | 서서히 상승 | 따뜻하게 된 후 일정 |
| 노점온도 | 일정(강수 중 증가) | 증가 | 일정 |
| 구름 | 권운, 권층운, 고층운, 난층운, 층운 순으로 나타남 | 낮은 난층운, 층운 | 맑으나 가끔 층적운 또는 적란운(여름) |
| 날씨 | 계속적 비 또는 눈 | 이슬비 | 보통 강수 없음 |
| 시정 | 좋음(강수 중 악화) | 나쁨(실안개, 안개) | 대체로 나쁨(실안개, 안개) |

④ 온난전선에서 나타나는 항공기 운항에 위험한 기상

- 온난전선 전면의 광범위한 강수대는 자주 하층에 층운이나 안개를 발생시킨다.
- 강수는 한랭공기에 수증기를 공급하여 포화상태에 이르게 하므로, 수천km²의 넓은 지역에 걸쳐 낮은 구름대를 만들어 악시정을 일으키기도 한다.
- 만일 한랭공기의 온도가 어는 점 이하일 때, 강수는 어는 비(Freezing Rain)나 얼음싸라기(Ice Pellets)의 형태로 나타난다.
- 온난전선이 통과할 때, 하절기에는 뇌우, 동절기에는 심한 착빙 등 매우 위험한 기상을 초래하기도 한다.
- 하층 전단풍은 온난전선의 전방에서 6시간 이상 지속되기도 하므로 매우 심각한 문제를 일으킬 수도 있다.

## 3) 한랭전선(Cold Front)

① 인접한 두 기단 중 한랭기단의 찬 공기가 온난기단의 따뜻한 공기 쪽으로 파고들 때 형성되는 전선을 말한다.
- 찬 공기가 따뜻한 공기 속을 쐐기모양으로 파고들기 때문에 따뜻한 공기는 찬 공기 위를 차고 오르게 된다.
- 전선 부근의 좁은 지역에서 소나기나 뇌우·우박 등 궂은 날씨를 동반하는 경우가 많다.

② 이동 속도가 35km/h 정도로 빠르고 경사가 1/50~1/100 정도로 온난전선보다 기울기도 크다.
- 마찰의 영향으로 지면 부근의 풍속이 작아져서 지면부근보다 자유대기 중에서 전선이 빨리 진행하는 경향 때문이다.

③ 한랭전선의 구조

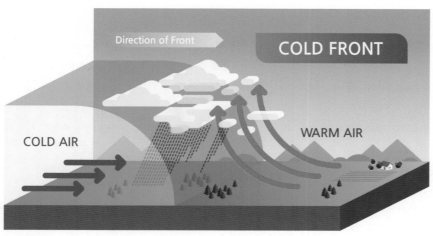

▲ 한랭전선

④ 한랭전선 이동에 따른 지상 일기의 변화

| 요소 | 통과 전 | 통과 시 | 통과 후 |
|---|---|---|---|
| 기압 | 서서히 하강 | 갑자기 상승 | 서서히 계속 상승 |
| 풍향 | 남풍 또는 남서풍 | 돌풍 | 서풍 또는 북서풍 |
| 풍속 | 증가, 돌풍화 | 돌풍화 | 돌풍 후 일정 |
| 온도 | 온난(일정) | 갑자기 하강 | 낮은 상태로 거의 일정 |
| 노점온도 | 거의 일정 | 갑자기 하강 | 낮은 상태로 거의 일정 |
| 구름 | 권운, 권층운 증가 후 층적운, 고적운, 고층운 → 적란운 | 적란운 또는 낮은 난층운 | 소나기 강도 약화 후 곧 갬 |
| 날씨 | 소나기(가끔 뇌우) | 호우(가끔 뇌우, 우박) | 단기간 호우 후 갬 |
| 시정 | 중~악화(안개) | 일시적으로 나빠지나 곧 회복 | 좋음 |

⑤ 한랭전선에서 나타나는 항공기 운항에 위험한 기상
- 조종사가 한랭전선 부근을 비행할 때, 만나는 위험한 기상현상은 전선 앞 스콜선(Squall Line) 이나 전선을 따라 나타나는 적운형 구름이다.
  – 이러한 위험 기상현상은 전단풍, 뇌우, 번개, 소나기, 우박, 착빙, 토네이도 등을 동반한다.
- 다른 위험 기상현상은 뇌우 주위나 뇌우 하부와 지표면 부근에서 나타나는 강하고 변화가 심한 돌풍이다.

### 4) 폐색전선(Occluded Front)
① 온대성 저기압이 발달하는 과정의 마지막 단계로 저기압에 동반된 한랭전선과 온난전선이 합쳐져 폐색상태가 된 전선을 말한다.
- 한랭전선 후면의 찬 공기가 온난전선 전면의 찬 공기보다 찰 때에는 한랭형 폐색전선이, 반대일 경우에는 온난형 폐색전선이 발생한다.
- 우리나라 부근(대륙의 동안과 해양)에서는 겨울철에는 한랭형, 여름철에는 중립형이나 온난형 폐색전선이 많이 발생한다.

② 한랭형 폐색전선
- 한랭전선의 이동 속도가 온난전선의 이동속도보다 빨라 온난전선을 따라 붙으면서 찬 공기는 위로 올라가고 한랭전선 후면의 더 찬 공기가 온난전선 전면의 찬 공기와 만나서 형성되는 전선을 말한다.
- 주로 대륙 동안에서 발생하며, 폐색 초기에는 구름·강수 및 폭풍우의 범위가 넓다.

③ 온난형 폐색전선
- 한랭형 폐색전선과 반대로, 한랭전선 후면의 찬 공기보다 온난전선의 찬 공기가 더 차가울 때 발생한다.

④ 폐색전선에서 나타나는 항공기 운항에 위험한 기상
- 광범위하게 한랭전선과 온난전선의 기상현상이 혼합되어 나타난다.
- 한랭전선의 특징인 스콜선, 뇌우와 온난전선의 특징인 낮은 구름대가 겹쳐서 나타난다. 게다가, 폐색전선의 북쪽 끝에 있는 강한 저기압 주위에서 강한 바람이 나타난다.
- 조종사는 폐색전선에서 기상상태가 급격히 변하고, 폐색전선의 발달 초기에 가장 악화된다는 사실에 유의해야 한다.

### 5) 정체전선(Stationary Front)
① 움직이지 않거나 움직여도 매우 느리게(10km/hr 미만) 움직이는 전선을 말한다.
② 상공의 풍향과 전선이 뻗쳐 있는 방향이 평행을 이루고 있을 때 형성된다.
③ 정체전선에서 나타나는 항공기 운항에 위험한 기상
- 일반적으로 정체전선에 동반된 날씨는 온난전선과 비슷하여 한랭기단 쪽이 나쁘고 대체로 그 강도는 약하다.
- 정체전선에 동반된 기상현상 중 가장 뚜렷한 점은 그 기상이 지속적이므로 비행에 위험한 기상 조건이 한 지역 내에서 여러 날 동안 계속된다는 것이다.
- 정체전선 상에는 약한 저기압이 여러 개 연결되어 있는 일이 많다.

## 05 전선대(Frontal Zone)
밀도가 다른 두 개의 기단 경계층이 지표면과 교차되어 생긴 대상의 영역을 말한다.

### 1) 전선대의 형성
① 기후학적으로 전선이 존재하여 저기압의 통로가 되기 쉬운 지대를 말한다.
- 이 구역에서 밀도는 한쪽으로부터 다른 쪽으로 급히 변하고 있다.
- 실제 현상에서는 100km 전후의 폭 안에 등온선이 밀집상태가 되는 일이 많은데, 이러한 경우 전선은 전선대의 따뜻한 공기 쪽의 경계점으로 한다.
② 여름과 겨울의 주요 전선대
- 아시아주변에는 태평양 연안을 따라 우세하게 나타나는 태평양 한대전선대(North Pacific Polar Front)가 있다.
- 대서양에서 겨울에 가장 현저히 나타나는 전선대로 북미의 대륙성 한대기단과 대서양의 해양성 열대기단과의 온도차로 인한 대서양 한대전선대(Atlantic Polar Front)가 있다.
- 양반구의 아열대 고압대 사이에 있는 적도저압대는 동서로 길게 뻗어 있는 기압골로 되어 있어 양반구의 무역풍이 수렴하고 있다. 이를 열대전선 또는 적도전선이라고 하지만, 양쪽 기단의 온도차가 없으므로 열대수렴대(ITCZ, Inter-Tropical Convergence Zone)라고 부르는 경우가 더 많다.

# / CHAPTER /
# 05
## 구름 형성과 강수

**빈출 태그** 숨은열 · 냉각 · 상승 · 상층운 · 중층운 · 하층운 · 수직운 · 빙정 · 노탐 · 안개

### 01 대기중의 물과 숨은열

물은 상온에서 쉽게 기체, 액체, 고체의 상태로 변화할 수 있으며, 상태가 변할 때는 열을 흡수하거나 방출하게 된다. 이 과정에서 온도는 변화시키지 않고 상태만 변화시키는데 사용된 열을 숨은열이라고 한다.

> **기적의 3초컷**
>
> **숨은열(잠열)**
> 증발과 응결에 의해 발생하는 열로 물이 증발할 때 열에너지가 수증기 속으로 들어가는 현상으로 나타난다.

### 02 구름의 형성

하늘에 떠 있는 구름은 대기 중의 수증기가 응결하거나 빙결해서 형성되는 수적 또는 빙정의 집합체라고 할 수 있다.

**1) 구름의 구성 요소**

① 구름은 어는점보다 높은 온도를 가진 물방울, 어는점보다 낮은 온도를 가진 물방울(과냉각 물방울), 빙정들로 이루어져 있다.
② 과냉각 물방울은 어는점보다 높은 온도에서 수증기에서 물방울로 응결된 후, 구름 속의 더 차가운 구역으로 운반될 경우 만들어진다.
③ 빙정은 기온이 어는점보다 낮을 때 수증기의 승화과정을 통해 형성된다.
④ 대류권 상층에서 형성된 구름은 대기가 거의 어는점 아래에 있으므로, 대부분 빙정으로 구성되어 있다.

**2) 공기의 냉각**

① 대기 중에서는 공기가 냉각되면 쉽게 포화에 이르게 된다.

• 비교적 따뜻한 공기가 차가운 지면 또는 수면 위에 머무르게 되면, 접촉에 의하여 접촉면 위의 공기가 냉각된다. 이 때 포화상태에 이르게 되면 안개 또는 층운이 발생되기도 한다.
• 따뜻한 공기와 찬 공기가 혼합하여 이슬점 이하로 되면 포화상태에 이르게 되어 응결이 일어나게 된다.

② 주위와 열 교환 없이 공기가 상승하게 되면 단열팽창 되어 외부에 일을 하게 됨에 따라 상승공기는 냉각되게 된다.

③ 공기가 냉각되는 방법 중 대기 중에서 쉽게, 흔하게 일어나는 것은 상승에 의한 냉각이라고 할 수 있다.
• 구름은 공기가 상승하여 단열냉각에 의해 포화에 이르러 수증기가 응결 또는 빙결됨에 따라 형성된다.

## 3) 공기의 상승

공기를 상승시키는 원인은 다음의 네 가지로 볼 수 있다.

### ① 대류상승
• 지표면이 국지적으로 가열되면 대류가 일어나 공기가 상승하게 된다.
• 대류에 의하여 지표면에서 상승한 공기가 상승응결고도에 이르게 되면 응결이 시작되어 구름이 발생한다.
• 상승응결고도 아래에서 상승 중인 공기덩이를 열기포(Thermal)라고 하는데, 열기포가 부력을 받아 계속 상승하게 되어 응결고도에 도달되면 비로소 구름의 모습이 나타나기 시작한다.
　　– 이렇게 해서 형성된 구름을 대류운이라고 한다.

### ② 지형적인 상승
• 풍상측(Windward Side)에서 온난 다습한 공기가 산의 경사면을 따라 상승하면서 단열팽창 냉각되어 응결고도에 이르게 되면 구름이 나타나기 시작한다.
　　– 산의 정상부에 비를 뿌리고 계속 상승하여 산의 정상을 지나 풍하측(Lee Side)으로 이동하면 비는 거의 내리지 않게 되어 풍하측에 강수량이 적은 비그늘(Rain Shadow)이 형성된다.

### ⏱ 기적의 3초컷

**비그늘**
산맥에서 바람이 불어오는 방향의 반대편 사면에 비가 내리지 않는 건조한 지역

### ③ 전선에 의한 상승
• 밀도가 서로 다른 두 개의 공기덩이(기단)가 만나게 되면 경계면(전선)이 생기게 된다.
　　– 따뜻하고 습윤한 공기가 상대적으로 찬 공기 위를 올라갈 때 생기는 전선을 온난전선, 상대적으로 찬 공기가 따뜻한 공기 밑으로 쐐기모양으로 파고들어 따뜻한 공기가 상승하게 되어 형성되는 전선을 한랭전선이라고 부른다.
• 온난전선 상에서의 공기의 상승이 자발적이라면 한랭전선 상에서의 상승은 강제상승이라고 볼 수 있다.
　　– 이렇게 상승한 공기가 응결고도에 이르게 되면 응결이 시작되어 구름이 발생하게 된다.

### ④ 공기의 수렴에 의한 상승
• 지표면 부근에서 공기가 수렴하게 됨에 따라 공기가 상승하여 구름이 형성된다.

# 03 구름의 분류

구름입자의 상(Phase)과 수직 발달 정도에 따라 여러 가지 형태로 나타나는데, 수적으로 된 구름과 빙정으로 된 구름은 형성고도가 다르며 모양이나 색깔도 다르다. 또한 구름의 수직 발달 정도는 기층의 안정도에 따라 다른데, 불안정한 기층에서는 구름의 두께가 수직으로 두꺼운 적운형, 안정한 기층에서는 수직발달이 제한되어 비교적 얇은 층운형의 구름이 발달한다.

| 구름고도 | 이름 | 기호 |
|---|---|---|
| 상층운<br>6~15km | 권운(Cirrus) | Ci |
| | 권적운(Cirrocumulus) | Cc |
| | 권층운(Cirrostratus) | Cs |
| 중층운<br>2~6km | 고적운(Altocumulus) | Ac |
| | 고층운(Altostratus) | As |
| 하층운<br>2km 미만 | 층운(Stratus) | St |
| | 난층운(Nimbostratus) | Ns |
| | 층적운(Stratocumulus) | Sc |
| 수직운<br>3km 이내 | 적운(Cumulus) | Cu |
| | 적란운(Cumulonimbus) | Cb |

## 1) 상층운(High-Level Clouds)

상층운은 운저고도가 보통 6km 이상이어서 주위의 온도가 매우 낮고 건조하다. 이 때문에 상층운은 거의 빙정으로 이루어져 있으며, 그 두께도 아주 얇다. 상층운에는 권운, 권적운, 권층운이 있다.

### ① 권운(Cirrus, Ci)

- 흰색의 가느다란 선이나 흰색의 반점 좁은 띠 모양의 흩어져 있는 구름으로 미세한 얼음으로 구성되어 있으며 새털구름이라고도 불린다.
- 권적운이나 고적운의 꼬리를 늘려서 형성 되었거나 적란운 꼭대기 부근에서 생성된 구름으로 풍향이나 풍속에 따라 모양이 다양하게 바뀐다.

② 권적운(Cirrocumulus, Cc)

- 조약돌을 배열하여 놓은 것 같은 구름조각들이 모인 것으로 가느다란 물결과 같은 모양과 얇고 흰 구름 모양이다.
- 미세한 얼음으로 되어 있고 얼음 입자가 태양 빛을 반사하여 하얗고 그림자가 나타나지 않는다.
- 고공에서 기층이 서서히 상승할 때 발생하거나 권운, 권적운의 구름이 합쳐져 어우러진 것도 있으며 적란운의 Anvil(모루구름) 부근에 형성되는 경우도 있다.

③ 권층운(Cirrostratus, Cs)

- 면사포 같은 모양의 허여스름한 얇은 구름으로 미세한 얼음으로 되어 있으며 햇무리, 달무리 현상이 일어나는 구름이다.
- 권층운만으로 비를 내리는 일은 드물지만 권층운이 두꺼워지며 점차 고층운, 적란운으로 모양이 바뀌어 비를 내리기도 한다.

## 2) 중층운(Medium-Level Clouds)

중층운은 중위도지방에서는 구름 저면의 높이가 2~6km이어서 수적으로 되어있는 경우가 많지만 기온이 충분히 낮아지면 그 일부는 빙정이 되기도 한다. 중층운에는 고적운, 고층운이 있다.

① 고적운(Altocumulus, Ac)

- 엷은 렌즈모양이나 둥그스름한 덩어리 구름 조각들이 모여서 된 백색이나 회색 구름으로 보통 음영이 나타난다.
- 모양과 두께가 다양하고 빗방울로 되어 있으나 저온일 때 일부는 미세한 얼음으로 형성되어 있으며 대기권 중층에서 난기류나 대류현상으로 발생한다.
- 고적운의 엷은 부분에는 코로나 또는 채운현상이 나타나기도 한다.

⏱ 기적의 3초컷

**채운현상**
태양과 가까운 각도에 있는 구름이 무지개처럼 적색과 청녹색이 번갈아 색을 띤 것처럼 보이는 현상

② 고층운(Altostratus, As)

- 무리를 이루지 않고 하늘 전체를 고루 덮는 구름이다.
- 무늬가 있거나 줄무늬로 된 회색 또는 엷은 검정색의 모양으로 물방울 또는 미세한 얼음으로 되어 있으며 빗방울 또는 눈송이로 형성된 경우도 있다.

- 고층운은 광범위하게 퍼져 있으며 두께도 두껍다.
- 강수 현상을 동반하지만 중간에서 증발되는 경우가 많다.

## 3) 하층운(Low-Level Clouds)

하층운은 중위도 지방에서는 운저고도가 2km 이하이며, 거의 수적으로 되어 있으나 추운 날씨에는 빙편과 눈을 포함하기도 한다. 하층운에는 층운, 난층운, 층적운이 있다.

① 층운(Stratus, St)

- 가장 낮게 떠 있는 회색의 구름으로 통상 물방울로 되어 있으며 아주 저온일 때는 미세한 얼음 가루눈이 내재되어 있다.
- 지면이 가열되거나 풍속이 증가하여 안개 층이 서서히 상승되면서 형성된다.
- 산악 지방에서는 매일 아침 발생하기도 하며 태양이 떠오르면서 증발되어 금방 사라진다.

② 난층운(Nimbostratus, Ns)

- 짙은 회색의 구름층으로 되어 있으며 연속적인 비 또는 눈을 내리게 한다.
- 저기압의 전면 중심 부근에서 나타나며 매우 두터워 태양 빛을 완전히 차단한다.
- 난층운은 물방울, 빗방울, 미세한 얼음 눈송이가 혼합되어 형성되어 있다.

③ 층적운(Stratocumulus, Sc)

- 엷은 판 모양의 둥글둥글한 구름조각들이 모여서 형성된 구름이다.
- 회색과 엷은 검정색을 띤 구름이 보통이며 물방울로 대부분 형성되어 있으나 가끔 빗방울 싸락눈 또는 미세한 얼음 눈송이까지도 형성되어 있다.
- 층적운에도 코로나 또는 무지개 현상이 생긴다.

## 4) 수직운(Convective Clouds)

수직운은 보통 하층운의 고도로부터 상층운의 고도까지 확장하는 수직으로 발달하는 구름이며, 불안정한 공기와 아주 밀접하게 관련되어 있다. 수직운에는 적운, 적란운이 있다.

① 적운(Cumulus, Cu)

- 뭉게구름이라고도 불리는 적운은 윤곽이 뚜렷하고 농밀한 구름이 수직으로 솟아올라 둥근 산봉우리나 탑 모양 또는 지붕 모양을 이루는 형태이다.
- 주로 맑고 푸른 하늘에 나타나며 물방울로 되어 있고 기온이 낮은 곳은 미세한 얼음으로 형성되어 있다.
- 대기 하층 부근에 기온 체감률이 격심할 때 공기의 대류 현상으로 발생한다.

② 적란운(Cumulonimbus, Cb)

- 수직방향으로 크게 발달한 짙은 회색구름으로 거대한 탑 모양이나 산봉우리 모양으로 형성되어 있고 꼭대기 부근에는 Anvil(모루구름) 형태나 큰새 날개모양처럼 퍼져 있는 경우도 있다.
- 맑은 날 오후 대기 불안정이 심하고 공기습도가 높을 때 주로 발생하며 전선이나 저기압에서 발달한 적란운은 싸락눈, 뇌우, 뇌전, 소나기, 우박, 돌풍 등을 동반한다.

### 5) 구름 분류법(옥타)

구름의 양을 나타내는 용어로서 하늘을 8등분하여 옥타(Octa)분류법이라고도 하는데 다음과 같이 구분한다.

| 용어 | 구름의 양 |
| --- | --- |
| (Sky) Clear | 0/8 |
| Few | 1/8 ~ 2/8 |
| Scattered | 3/8 ~ 4/8 |
| Broken | 5/8 ~ 7/8 |
| Overcast | 8/8 |

### 04 강수(Precipitation)

대기 중의 수증기가 물 또는 얼음으로 변하여 지상에 떨어지는 현상을 강수라고 한다. 비, 눈, 우박, 안개 등의 여러 형태로 구별되어 불린다.

## 1) 강수의 형성

대기 중에서 수증기의 응결과정으로만 구름입자에서 강수입자로 성장하는 것은 구름의 지속시간 이내에 거의 불가능하며, 수적간의 충돌에 의해 성장한다는 것이 알려졌다. 또한 구름입자 사이의 충돌은 입자의 크기에 따른 낙하속도의 차이에 의한 것으로, 이는 강수입자의 형성과정에서 아주 중요한 물리과정이다.

### ① 충돌 · 병합 과정

- 열대 지방이나 여름철 중위도 지방에서 형성되는 구름은 구름의 최상부의 온도가 0℃ 이상이다. 이러한 구름을 따뜻한 구름이라고 하며, 구름전체가 수적으로만 되어 있다.
- 강수 입자는 구름 내부의 수적간의 충돌 · 병합에 의해 형성된다. 이런 과정을 통해 형성된 비를 따뜻한 비(Warm Rain)라고 하며, 따뜻한 비의 발달과정에 관한 이론이 병합설이다.

### ② 빙정 과정

- 이 과정은 0℃ 이하의 구름 속에 수적과 빙정이 함께 공존해야 하기 때문에 중위도와 고위도 지방에서의 강수를 설명하는데 아주 중요하다.
- 중위도와 고위도 지방에서 형성되는 적란운은 상부에는 빙정, 하부에는 수적, 중앙에는 빙정과 수적이 함께 존재한다.
- 구름 전층의 온도가 0℃보다 낮은 구름을 찬 구름(한랭구름, Cold Cloud)이라고 하며, 찬 구름에서의 강수발달과정은 구름 내부에서의 빙정의 성장과정에 따라 좌우된다.
- 찬 구름에서의 빙정의 성장은 빙정 주위의 수증기가 빙정면에 침적되는 것이며 이 단계에서 빙정은 아름다운 눈의 결정이 된다.
  - 침적에 의하여 어느 정도 커지면 다른 빙정 또는 과냉각 수적과 충돌하여 빨리 성장하게 되는데 이를 부착이라고 한다.
- 찬 구름에서 빙정의 성장 모델은 침적, 부착 이외에도 과냉각 수적과 빙정이 공존하면서 수적과 빙정에 작용하는 평형증기압의 차이에 의해 빙정이 성장 한다는 빙정설이 있다.

## 2) 강수의 형태

① 강수과정은 따뜻한 구름에서 응결핵으로 시작되어 용질효과에 의해 성장하고, 다음으로 병합과정에 의해 더욱 커진 물방울은 여러 개의 작은 물방울들로 쪼개진다. 쪼개진 작은 물방울들은 병합과정에 의해 계속 성장한다.

② 찬 구름에서는 빙정이 성장할 때 빙정핵이 이용된다. 이것은 하층의 따뜻한 대기에서 녹아 더 큰 빗방울로 성장할 수 있고, 지표에 도달할 때는 다양한 강수형태를 가진다.

③ 충돌 · 병합과정에 의한 강수는 항상 비의 형태로 나타나지만, 빙정과정에 의한 강수는 그때의 기상상태에 따라 달라진다.

- 겨울철에 지표근처의 기온은 영하이지만 역전층이 있을 경우 역전층 상부는 영상일 때가 있다. 이런 경우 찬 구름에서 눈의 형태로 내리던 강수입자는 낙하 도중 역전층 상부에서 눈이 녹아 비로 되었다가 지표 근처에서 다시 얼어 진눈깨비나 얼음입자로 된다.
- 기상관측에 의하면 지표 부근의 기온이 4℃인 경우에 지상에서 눈이 관측된 경우도 있다. 강수 유형은 지표 부근의 기온과 상대습도에 따라 결정된다고 밝혀져 있다.

## 3) 항공기 운항에 미치는 영향

### ① 최저기상조건

- 공항 또는 공항 주변의 구름상태는 항공기 이착륙 최저기상조건을 결정하는 중요한 기상요소이다.
- 각 공항에는 이착륙 유도시설의 기능에 따라 구름 높이에 관한 최저기상조건이 규정되어 있다.
- 항공기상관측에서 구름높이의 결정은 관측시각 현재의 구름의 분포가 항공기운항에 필요한 최저기상조건 값에 해당하고 있는지를 확인하는 절차이다.

### ② 운항계획

- 착륙공항의 구름 상태가 최저기상조건에 미달하는 경우에는 착륙이 불가능하므로 교체공항을 이용하여야 한다. 따라서 기장 또는 운항관리자가 운항계획을 작성할 때에는 출발공항과 목적지공항 그리고 교체공항뿐만 아니라 경로상의 구름상태에 대해서도 실황과 예보를 통해 수시로 확인해야한다.

### ③ 활주로 표면의 강수의 영향

- 비, 어는 강수, 눈(질퍽눈 포함)등은 항공기 착빙의 발생 가능성이 있다.

### ④ 활주로 표면상태에 대한 정보

- SNOWTAM : 항공기의 이동지역이 눈, 얼음, 쌀알눈이 녹아 질퍽질퍽한 상태 등으로 위험이 있을 경우, 이의 제거를 일정 양식에 의하여 통보하는 특정의 노탐이다.
- 활주로 상태 군을 METAR/SPECI를 통해 보고한다.

---

### ⏱ 기적의 3초컷

**노탐(NOTAM, Notice to Airmen)**

항공 고시보라고 하며, 항공시설, 업무절차 또는 위험요소의 신설, 운영상태 및 그 변경에 관한 정보를 수록하여 전기통신 수단으로 항공 종사자들에게 배포하는 공고문
—최대 유효기간은 3개월이다.

**METAR(정시관측보고)**

항공기상청에서 제공하는 현재 시간의 공항, 혹은 근처의 날씨정보
— 풍향, 풍속, 시정, 가시거리, 구름, 기온, 기압, 보충 정보, 경향 예보 등의 정보를 담고 있다.

**SPECI**

정시관측 외 기상 변화가 심할 경우 실시되는 특별관측

## 05 안개(Fog)

대기 중의 수증기가 응결핵을 중심으로 응결해서 성장하게 되면 구름이나 안개가 되는데, 구름과 안개의 차이는 그것이 지면에 접해 있는지 아니면 하늘에 떠 있는지에 따라 결정되며 지형에 따라 관측자의 위치가 변함에 따라 구름이 되기도 하고 안개가 되기도 한다. 일반적으로 구성입자가 수적으로 되어 있으면서 시정이 1km 이하일 때를 안개라고 한다.

### 1) 냉각에 의해 형성된 안개

지면과 접해 있는 공기층의 온도가 이슬점 이하가 되면 안개가 발생한다. 이렇게 형성된 안개에는 복사안개, 이류안개, 활승안개가 있다.

① 복사안개(Radiation Fog)

• 육상에서 관측되는 안개의 대부분은 야간의 지표면 복사냉각으로 인하여 발생한다.
• 맑은 날 밤 바람이 약한 경우 공기의 복사냉각은 지표면 근처에서 가장 심하며 때로는 기온 역전층이 형성된다.
  − 지면에 접한 공기가 이슬점에 도달하면 수증기가 지상의 물체 위에 응결하여 이슬이나 서리가 되고 지면 근처 얇은 기층에 안개가 형성된다. 이렇게 형성된 안개를 복사안개라고 하며 또는 땅안개(Ground Fog)라고도 한다.

② 이류안개(Advection Fog)

• 온난 다습한 공기가 찬 지면으로 이동하여 발생한 안개를 말하며, 해상에서 형성된 안개는 대부분 이류안개이다. 이를 해무라고 부른다.
• 해무는 복사안개보다 두께가 두꺼우며 발생하는 범위가 아주 넓다. 또한 지속성이 커서 한번 발생되면 수일 또는 한 달 동안 지속되기도 한다.

③ 활승안개(Upslope Fog)

• 습윤한 공기가 완만한 경사면을 따라 올라갈 때 단열팽창 냉각됨에 따라 형성된다.
• 산안개(Mountain Fog)는 대부분이 활승안개이며 바람이 강해도 형성된다.

### 2) 증발에 의해 형성된 안개

① 찬 공기가 온난한 수면 위를 이동하면 기온과 수온의 차에 의해 수증기가 증발하고 안개가 발생하며, 이때 발생한 안개를 증발안개라고 한다.
② 우적에서 증발된 수증기가 찬 공기 내에서 안개를 발생시키고 온난전선 전방의 찬 공기가 안정하고 바람이 약할 경우 형성되는 전선 앞 안개와 한랭전선상과 그 후면에 놓이게 되는 강수지역에서 증발로 인해 형성되는 전선 뒤 안개, 전선이 통과하면서 일시적으로 발생하는 전선 통과 안개가 있다.

# 비행에 주의해야 할 기상 현상

**빈출 태그** 난류 · 기계적 난류 · 청천난류 · 항적난류 · 산악파 · 렌즈구름 · 뇌우 · 하강 돌풍 · 우박 · 번개 · 천둥
착빙 · 황사 · 해무

## 01 난류

### 1) 난류의 정의

① 난류(Turbulence)는 지표면의 부등가열과 기복, 수목, 건물 등에 의하여 생긴 회전기류와 바람 급변의 결과로 불규칙한 변동을 하는 대기의 흐름을 뜻한다.

② 난류는 시 · 공간적으로 여러 규모의 것이 있는데, 바람이 강한 날 운동장에서 맴도는 조그만 소용돌이부터 대기 상층의 수십km에 달하는 난류가 있으며, 시간적으로도 수 초에서 수 시간까지 분포한다.

③ 지상에는 난류가 스콜(squall)이나 돌풍(gust)등에서 나타난다.

④ 난류를 만나면 비행중인 항공기는 동요하게 된다.

### 2) 난류 발생의 요인

① 난류발생의 역학적 요인으로는 수평기류가 시간적으로 변하거나 공간적인 분포가 다를 경우, 전단풍(Wind Shear)이 유도되고 소용돌이가 발생하며, 지형이 복잡한 하층에서부터 바람시어가 큰 상층까지 발생가능성이 크다.

② 열역학적 요인으로는 공기의 열적인 성질의 변질 및 이동으로 현저한 상승하강 기류가 존재할 때 난류가 발생하며, 열적인 변동이 큰 대류권 하층에서 빈번하다.

③ 열과 수증기를 상층으로 이동시키는 역할을 하며 난류가 강하면 공기층 내에서 상하의 혼합이 잘 된다.

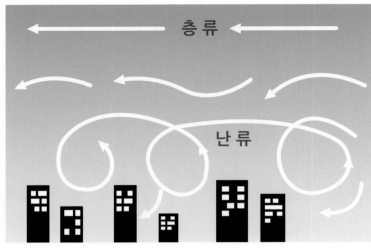

▲ 난류

## 3) 난류의 강도

① 난류의 강도는 객관적으로 결정하기는 곤란하나, 수직방향의 가속도의 정도를 중력가속도 g를 사용하여 표시한다.

② 비행기가 받는 충격은 비행기의 속도와 크기, 중량, 안정도 등의 특성에 좌우된다.

| 강도 | 가속도 (g) | 체감정도 | | 풍속의 변동폭 | 연직풍속 (ft/sec) |
|---|---|---|---|---|---|
| | | 비행체 | 물건 | | |
| 약정도 (light) | 0.1~0.3 | 약간의 동요를 느낌 | 움직임이 없음 | 15kt 이하 | 5 |
| 중중도 (moderate) | 0.4~0.8 | 상당한 동요를 느끼나 통제력을 상실하지는 않음 | 움직임이 있음 | 15~25kt | 15 |
| 심한정도 (severe) | 0.9~1.2 | 동요가 크고 고도변화가 있으며 순간적으로 통제력을 잃음 | 심하게 흔들림 | 25kt 이상 | 25 |
| 극심한정도 (extreme) | 1.2 이상 | 심하게 흔들리며 통제가 불가능해짐 | | | 30 이상 |

## 4) 난류의 분류

① 대류에 의한 난류(Convective Turbulence)

• 대류권 하층의 기온상승으로 대류가 일어나면, 더운 공기가 상승하고, 상층의 찬 공기는 보상류로서 하강하는 대기의 연직 흐름이 생겨 난류가 발생한다. 대류활동에 의한 난류는 다음과 같이 두 가지가 있다.

• 첫째, 주로 고기압 지배하에 있거나 바람이 약하고 일사가 많은 여름날 오후, 지표면 부근 대기가 가열됨으로써 불안정한 대기가 조성되어, 연직기류가 발생하고 적운형의 구름이 만들어질 경우이다.
　– 지표면은 수면, 산림, 경작지, 포장도로, 암석, 인공물 등으로 열적조건이 상이하기 때문에 대류의 정도가 달라, 그 상공에 불균등한 온도분포를 갖게 되고 대류에 의한 흐름(Convection Current)이 생겨 상하 요동을 하므로, 착륙하는 항공기에 어려움을 준다.

• 둘째, 저기압이나 전선에 관련한 뇌우에 기인하는 것으로 가장 위험한 형태이다.
　– 구름의 어느 부분에서도 생길 수 있으며 구름의 내부, 10,000~15,000ft 고도, 5000ft의 빙결고도에서 심한 난류의 가능성이 있다.
　– 뇌우를 동반하는 발달한 스콜선이나 저기압계에서는 강한 상승기류가 있은 후 하강기류가 발생하는 지역이 생긴다. 또한 전선면에서도 물리적 성질이 다른 두 기단이 만나기 때문에 난류가 생기는데, 한랭기단이 온난한 지면상으로 이동하거나 상층의 찬 공기의 이동이 있을 때에도 온도차로 인한 수직기류가 생기며, 이러한 난류는 상당한 고도까지 도달하기도 한다.

② 기계적 난류(Mechanical Turbulence)

• 대기와 불규칙한 지형 또는 장애물의 마찰 때문에, 풍향이나 풍속의 급변이 이루어져 생긴다.

• 바람이 산, 언덕, 절벽, 건물 등을 넘어서 부는 경우 생기는 일련의 소용돌이(eddy)이다.

• 난류의 강도는 풍속, 지표면 상태, 대기안정도 등에 따라 결정된다. 즉, 지표면이 거칠수록 풍속이 강할수록 난류는 강해진다. 또한 불안정한 대기일수록 더욱 규모가 큰 난류가 생긴다.

- 항공기는 건물에 의해 생기는 난류를 만나기도 한다. 풍속이 어느 정도 강할 때, 장애물이나 산악지역의 풍하측에 난류가 생길 수 있으며 하강기류(Downdraft)가 위험을 초래할 수 있다.

③ 윈드시어(Wind Shear)에 의한 난류

- 모든 난류가 사실상 윈드시어와 관계가 있지만, 직접적인 원인으로 발생하는 것으로 대표적인 것이 제트기류 주위의 바람 차이, 즉 바람경도로 인한 시어인 청천난류(CAT)가 있다.
- 청천난류는 대류권계면 고도에서 생기는 상층 전단풍(High-Level Wind Shear)인 반면, 보다 낮은 고도에서의 난류로서 하층 전단풍(Low-Level Wind Shear)이 있다.
- 전선면에서도 풍향이 다르기 때문에 난류가 생긴다.
- 지표면에 기온역전층이 생겼을 때 상층은 하층의 안정층에 비해 비교적 풍속이 크기 때문에 풍속차로 난류가 발생할 수 있다.
  - 항공기가 역전층을 통과하는 경우는 이착륙 시이므로, 비행속도가 크지 않은 상태에서 요란에 의해 항속의 요동이 생기면 실속(失速)이 발생할 수 있다.

④ 청천난류(CAT, Clear Air Turbulence)

- CAT는 맑은 하늘에서 수평 또는 수직 전단풍으로 인해 발생하는 난류이다. 즉, 대류성 구름이나 열적인 요인과 무관하다.

---

※ 과거에는 비행기의 운항고도가 낮아서 저층 지물의 영향, 산악파, 뇌운 등이 난류의 주원인이었다. 그러므로 사람들은 고공을 비행하게 되면 난류는 없는 것으로 생각하였다. 그런데 항공기의 순항고도가 높아짐에 따라 고공을 비행하게 되면서 구름 없는 고공에서도 난류가 있는 것을 알고 이를 **청천난류**라고 하였다.

---

- 청천난류는 강한 기류가 산맥을 넘을 때 그 산맥의 바람 아래쪽에 강한 회오리바람이 생기기 때문에 발생하고, 권계면 고도에서 관측되는 것은 강한 제트 기류(Jet Stream)에 의해 주변공기가 교란될 때 발생한다.
- 수직적으로 본 CAT의 강도는 차가운 쪽인 북쪽으로 갈수록 강하며, 평균적으로 CAT는 15,000ft 이상에서 발견된다.
- 제트류와 관련한 CAT는 두께가 얇다는 것이 특징이다. 또한, 한대 제트류와 아열대 제트류가 매우 근접할 때 발생빈도가 높아진다.
- CAT는 반드시 제트류와 관련되어 있지는 않다. 수직 혹은 수평 전단풍이 존재할 때, 또는 수직적으로 기온감률이 크게 변해 상하층간의 공기의 온도나 밀도차가 존재할 때 발생할 수 있다.
- 갑작스런 난기류는 순간적으로 항공기가 요동치나, 약 3초 이내로 난기류를 통과하면 별 문제 없다. 그 이상으로 계속되면 불쾌감을 느낀다.

⑤ 항적에 의한 난류(Vortex Wake Turbulence)

- 비행중인 여러 비행체의 후면에서 발생하는 소용돌이를 말하며, 인공 난류(Man-made Turbulence)라고도 한다.

▲ 항적 난류

- 대형 항공기의 이착륙 직후의 활주로에는 많은 소용돌이가 남아 있게 되며, 만일 이런 상태가 존속할 경우 이착륙하는 소형 항공기는 그 영향을 받게 된다.
- 항적에 의한 난류는 바람이 적은 날 생기기 쉽고 대체로 5분 정도 지속되나, 기온이 역전되고 대기가 안정할 때는 더욱 오래 지속되는 것으로 알려졌다. 이러한 난류는 보통 큰 건물에 의한 것과 같은 정도의 영향을 준다고 한다.

### 5) 기상조건에 따른 난류의 정도

① 약정도(Light) 난류조건

- 구름이나 산악지역에서 바람이 약할 때
- 소규모 적운 내부와 그 부근
- 국지 가열된 지면 위의 청천대류 지역
- 상층기압골, 상층 저기압, 제트류, 권계면 지역 부근에 약한 전단풍이 있을 때
- 대기 하층 5,000ft 범위 내에 15kt 정도의 바람이 불거나, 지표보다 공기가 한랭할 때

② 중정도(Moderate) 난류조건

- 산의 능선에 수직방향의 풍속성분이 25~50kt에 달하는 산악지역에서는 풍하측 150mile까지, 50kt 이상이면 300mile까지
- 고도 5,000ft 이내, 권계면, 권계면 아래의 상대적 안정층의 구역
- 탑상적운 내부 혹은 소멸기의 뇌운 내부나 부근
- 5,000ft 아래의 하층에서 지상풍속이 25kt를 넘거나, 지표의 가열이 심할 때
- 상층의 한랭 기압골
- 수직 전단풍이 6kt/1,000ft, 또는 수평 전단풍이 18kt/150mile을 초과할 때

③ 심한 정도(Severe) 난류조건

- 산의 능선에 수직방향의 풍속성분이 50kt를 초과하는 산악지역에서 풍하측 150mile까지, 25~50kt일 때는 풍하측 50mile까지

- 능선고도나 그 이하 층의 말린 구름, 회전기류 내부, 권계면, 권계면 아래의 안정층 하부에서도 종종 발생
- 발달기나 성숙기의 뇌운 내부나 부근 및 탑상적운 내부
- 제트기류, 상층전선, 상층 저기압의 중심으로부터 한역(cold)쪽으로 80~160km지역에서 연직 전단풍이 10kt/1,000ft, 또는 수평 전단풍이 50kt/90mile을 초과할 때

### 6) 항공기 운항에 난류가 미치는 영향 및 주의사항

① 항공기가 받게 되는 난류의 강도는 일반적으로 항공기 속도에 비례하며 항공기 무게에 반비례한다.
- 고정익 항공기는 항공기 날개의 넓이에 정비례하며, 회전익 항공기는 회전익의 회전 반경에 비례하며 상승속도에 반비례한다.
② 제트기류에 동반되는 CAT는 산맥의 풍하측에서 가장 강하므로 비행 시 주의를 요한다.
③ 300hPa, 200hPa 일기도 상에서 매 20kt 등풍속선의 간격이 120km 이내인 경우에는 난류가 발생할 확률이 높다. 이 지역은 일반적으로 제트축의 북쪽에 해당하나 드물게는 남쪽에 있는 경우도 있다.
④ 바람의 연직시어는 수평 기온경도에 관계되므로, 상층일기도 상에서 등온선의 간격이 조밀한 곳에서는 주의를 요한다.
⑤ 강한 난류가 보고되거나 예보되고 있는 지역을 비행할 경우, 조종사는 난류에 조우한 초기 단계에서 속도를 조절해야 한다. 이 같은 난류는 급속히 강도가 증가하는 경우가 있기 때문이다.
⑥ 제트기류에 동반되는 난류에 조우한 경우 비행속도나 비행코스를 우선 변경하여야 한다. 그 이유는 난류는 바람에 연해서 뻗어 있으며, 그 수평범위가 작고 그 위에 고도폭이 좁기 때문이다.
⑦ 깊은 기압골에 동반되는 현저한 바람변화 구역에서 난류에 조우할 때, 기압골에 평행하게 비행하는 것보다는 기압골을 횡단하는 코스를 채택하는 것이 좋다.

### 7) 항공기가 난류에 접했을 때의 대처 요령

① 안전벨트를 조인다.
② 비행고도와 적절한 추력을 유지한다.
③ 항법장치 계기와 엔진 지시계를 잘 관찰한다.
④ 기상 레이더를 관찰하고 외기 온도나 타 항공기 조언 등을 감안 난기류 지역의 폭을 분석하여 가능한 한 빨리 이 지역을 회피한다.
⑤ 필요할 경우 항로나 고도를 수정한다.

## 02 산악파(Mountain Waves)

### 1) 산악파의 정의

① 기계적 난류 중 가장 위험한 것으로 바람이 산맥을 넘을 때 산맥의 영향으로 풍하측에 파동이 생기고, 파동에서 상승·하강기류에 의해 난류가 생긴다.

② 산맥을 향해 바람이 분다고 모두 산악파가 생기거나 난류가 수반되는 것은 아니다. 불규칙한 지형 위를 부는 약한 바람은 심한 산악파를 발생시키지 못한다.

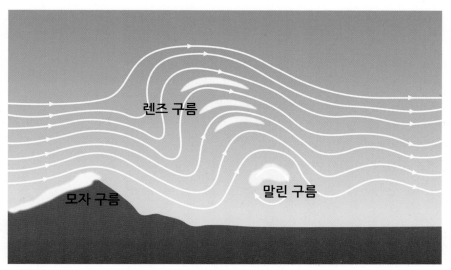

▲ 산악파

③ 대기안정도로 볼 때, 성층이 잘 이루어진 안정하거나 중립인 대기에서만 일어나는 특징을 지닌다.
- 바람이 산맥에 직각에 가까울수록, 산맥이 클수록, 풍속이 강할수록 산악파의 형성이 더 잘 이루어진다.

④ 풍속이 25kt 이상은 되어야 발생할 가능성이 있으며, 일정한 조건 하에서 연직방향으로 전파되어 대류권계면까지 도달되기도 한다.
- 때론 70,000ft까지 상승하기도 한다.

⑤ 수평거리는 산마루에서 풍속이 50kt 이상일 때, 30~150mile까지 이른다.

⑥ 산맥과 가까운 쪽의 파동일수록 난류의 강도는 심하다. 이 지역에는 여러 구름들이 나타나기 때문에, 산악파를 감지할 수 있는 좋은 척도가 된다.

## 2) 산악파의 발생 조건

① 산정을 지나는 풍속의 수직 성분이 25kt 이상이어야 한다.

② 풍향은 산맥의 축에 수직으로 45° 이내로 불어야 한다.

③ 산정의 상부에 안정층이 존재해야 한다.

## 3) 산악파와 관련된 운형

① 모자 구름(Cap Cloud)
- 산맥 바로 정상에서 형성되는 구름으로 대부분 풍상측에 몰려있다. 이는 기류가 상승하면서 응결되어 생긴다.
- 모자 구름은 산마루를 차폐하기 때문에 비행 시 피해야 하며 산맥의 풍하면은 매우 위험한 지역이다.

② 렌즈 구름(Lenticular Cloud)
- 볼록렌즈를 여러 개 합쳐 놓은 듯한 모양의 구름이다.
- 렌즈 구름을 만들어내는 산악파는 강한 난류를 동반하며 항공기 안전에 위협을 준다.

### 4) 산악파의 예측
① 산악파 발생구역 인근 200hPa 고도의 기온이 −70℃ 이하일 때
② 산맥의 풍하측의 기압이 급격히 하강할 때
③ 풍하측 최대 지상풍이 산맥과 직각 방향으로 나타날 때
④ 날린 먼지가 20,000ft 이상의 고도까지 운반될 때
⑤ 산맥 풍하측의 강한 기류와 말린 구름이 존재할 때
⑥ 높은 고도의 렌즈 구름, 특히 끝이 거칠 때


## 03 뇌우(Thunderstorm)

### 1) 뇌우의 정의
① 뇌우는 천둥과 번개를 동반하는 적란운 또는 적란운의 집합체이다. 강한 대류활동을 가진 뇌우는 폭우, 우박, 돌풍, 번개 등을 동반함으로써 짧은 시간 동안에 큰 항공 재해를 가져올 수 있는 중규모 기상 현상이다.
② 열대지방에서는 연중 뇌우가 발생하며, 우리나라와 같은 중위도 지방에서는 봄과 여름을 거쳐 가을까지 뇌우의 가능성이 존재한다.
- 한랭전선이 빠르게 통과하는 경우, 겨울에도 드물게 뇌우가 발생할 수 있다.
- 극지방에서는 여름에 매우 드물게 뇌우가 발생하기도 한다.

### 2) 뇌우의 형성조건
뇌우가 형성되기 위한 기본적인 조건은 아래의 3가지 조건을 모두 만족할 때 뇌우가 형성된다.
① 불안정 대기
- 잠재 불안정한 공기가 주위보다 따뜻해지는 고도까지 상승되면, 그때부터 자유롭게 상승하게 된다. 이러한 고도까지 공기를 상승시켜 주기 위해서는 대기가 불안정한 상태, 즉 조건부 불안정이나 대류 불안정이 요구된다.
② 상승운동
- 상승작용이 일어나야 지표 부근의 따뜻한 공기가 자유롭게 상승하는 고도(자유대류고도, LFC, Level of Free Convection)에 도달할 수 있다. 상승작용은 대류에 의한 일사, 지형에 의한 강제상승, 전선상에서 온난공기의 상승, 저기압성 수렴, 상층 냉각에 의한 대기 불안정으로 상승, 이류 등의 여러 요인이 있다.
③ 높은 습도
- 따뜻한 공기가 상승한다고 해서 자유로운 대류가 일어나는 것은 아니다. 공기가 상승해 수증기가 응결하면서 구름이 형성되는데, 자유대류고도까지 도달하지 못하면 구름이 크게 성장하지 못한다.

- 공기덩이는 대기 중의 수증기량이 많을수록 더 쉽게 자유대류고도에 도달할 수 있다. 왜냐하면 많은 수증기의 존재는 열역학적인 불안정을 유발하기 때문이다. 즉, 수증기가 물방울이 되어 구름이 형성되면 잠열이 방출되기 때문에, 공기는 더욱 불안정해져 상승작용이 촉진된다.

### 3) 뇌우의 발달 조건

① 뇌우가 발달하기 위한 기본적인 조건은 대기의 불안정과 초기 상승작용이다.

- 뇌우가 발달하기 위해서는 하층 대기가 고온 다습하여 대류에 의해 상당한 높이로 상승하면, 동일한 고도의 주위 대기보다 기온이 높아 상향 부력을 받고 가속되어 대류권계면까지 강하게 상승할 수 있어야 한다. 이러한 하층 대기 조건은 조건부 불안정 대기에서 충분히 제공한다.

② 초기 상승 작용은 불안정한 공기가 자유 상승을 시작하고 수증기 응결에 의한 숨은열을 방출할 수 있도록 최소한으로 상승시킬 수 있는 과정이 필요하다.

- 초기 상승 작용은 지표가열, 산악 지형, 전선, 저고도 수렴 등에 의해서 발생한다.

③ 거대 세포 뇌우와 같은 악성 뇌우는 위의 두 가지 조건 이외에 수직 전단풍이라는 대기 조건을 필요로 한다.

### 4) 뇌우와 하강 돌풍(Downburst)

① 뇌우 발달 과정은 세포 내에 오직 상승 기류만 있는 적운 단계, 상승기류와 하강 기류가 공존하는 성숙 단계, 그리고 하강 기류가 우세하고 결국에는 약해져서 사라지는 소멸 단계로 구성되어 있다.

② 성숙 단계의 하강 기류는 지표면에 도달하자마자 빠르게 퍼져 유출 기류를 만들며, 유출 기류의 직경은 유출된 후에 경과된 시간에 따라 거의 선형적으로 증가하여 10~15분 안에 최대로 유출되고 발산된다.

▲ 뇌우 아래의 돌풍

③ 뇌우에서 발생한 하강 기류는 항공기의 안전 운항에 큰 영향을 준다. 하강 기류 중에서 위험을 초래할 수 있는 하강 기류를 명확하게 경고하기 위하여 Fujita(1976)에 의해 하강 돌풍(Downburst)이라는 용어가 제시되었다.

④ 하강 돌풍과 같은 하강 속도를 가지며 수평 규모가 2.2mile 이하인 하강 돌풍을 마이크로버스트(Microburst)으로 정의하였다.

- 마이크로버스트는 기단성 뇌우나 단세포, 다세포 및 거대세포 뇌우에서 발생하여 대류운의 아래에서 차고 밀도가 큰 하강 기류를 가지며, 하강 기류가 지상에 도달하면 바깥으로 퍼져 위쪽으로 감싸는 소용돌이 고리(Vortex Ring)가 형성된다.

▲ 마이크로버스트

- 전형적으로 마이크로버스트는 대류운 아래에서 지상까지 곧바로 하강하여 지상에 도달한다.
  - 지상 부근에서는 소규모 돌풍을 가로지르는 수평 바람 시어가 나타나며, 풍속은 강하고 풍향은 마이크로버스트의 중심선을 횡단하면서 180° 급변한다.
- 강력한 하강 기류에 의한 하강 돌풍 중심의 폭우는 상승력을 감소시킨다. 이러한 현상은 지상 근처에서 매우 짧은 시간 동안에 발생하고 자주 낮은 운고와 낮은 시정을 동반한다.
- 일단 마이크로버스트가 지상에 도달하면 5분에서 30분 정도 지속되며, 대부분의 마이크로버스트는 보통 수 분 내에 약화된다.

## 04 우박(Hail)

적운과 적란운 속에 강한 상승 운동에 의해 빙정 입자가 직경 2cm 이상의 강수 입자로 성장하여 떨어지는 얼음 덩어리가 우박이다.

### 1) 우박의 형성

① 빙정 과정으로 형성된 작은 빙정 입자는 적란운 속의 강한 상승 기류에 의해 더 높은 고도로 수송된다.

② 수송되는 과정에서 얼음 입자가 과냉각 수적과 충돌하면서 얼게 되는데 이러한 흡착 과정으로 빙정 입자는 성장한다.

③ 만약 상승 기류가 충분히 강하다면 우박은 다시 적란운을 통하여 위쪽으로 옮겨지며, 지상으로 떨어질 정도로 충분히 커질 때까지 계속해서 성장한다.

④ 우박은 맹렬한 상승 기류가 있는 적란운의 정상 부근에서 적란운 밖으로 떨어질 수 있다.

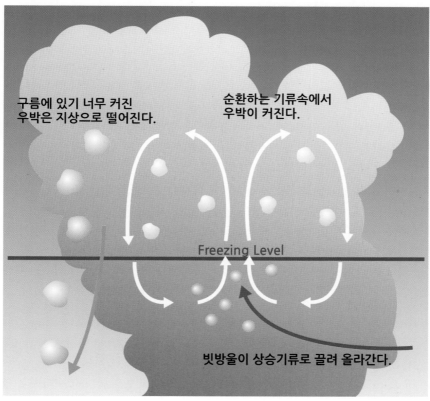

▲ 우박의 성장

## 05 번개와 천둥

뇌우는 천둥(Thunder)이 동반된 폭풍우 현상이다. 천둥은 번개(Lightning)에 의해 만들어지기 때문에 두 개의 현상은 같이 발생한다.

### 1) 번개의 정의

① 번개는 적란운이 발달하면서 구름 내부에 축적된 음전하와 양전하 사이에서 또는 구름 하부의 음전하와 지면의 양전하 사이에서 발생하는 불꽃 방전이다.

② 번개는 구름 내부, 구름과 구름사이, 구름과 주위 공기 사이, 구름과 지면 사이의 방전을 포함하여 다양한 형태로 발생한다.

### 2) 번개의 발생

① 관측에 의하면 적란운 상부에는 양전하가, 하부에는 음전하가 축적되며, 지면에는 양전하가 유도된다.

② 적란운 속의 전하 분리에 의해 구름 하부에 음전하가 모이면 이 음전하의 척력과 인력에 의해 지면에 양전하가 모이게 된다.

③ 지면의 양전하와 구름 하부의 음전하 사이에 전하차가 증가하면 구름 하부와 지면 사이에서 전기 방전, 즉 낙뢰 또는 벼락이 발생한다.

### 3) 번개의 방전

① 구름 하부에서 방출된 음전하는 전기력이 가장 큰 경로를 따라 조금씩 이동하면서 이온화된 통로, 계단 선도를 만든다.

• 계단 선도가 지표의 돌출부에 있는 양전하와 만나 불꽃방전을 발생시킨다.

• 계단 선도에 의해 만들어진 구불구불한 도전로를 따라 지면의 양전하가 위로 올라가면서 방전이 일어나고 이로 인하여 밝은 빛과 격렬한 소리가 발생한다.

② 번개 방전은 지표면까지 최소 저항의 통로를 선호하기 때문에 산 정상, 높은 빌딩, 나무꼭대기, 안테나 및 뾰족탑 등과 같이 높은 지점이 특히 번개에 맞기 쉽다.

③ 양으로 전리된 물체에 가까우면 가까울수록 구름으로부터 벼락을 맞기 더욱 쉬우며, 물체가 양전하의 구름에 가까우면 가까울수록 벼락은 맞기가 쉬워진다.

④ 일반적인 뇌우는 분당 3~4회의 번개 섬광을 일으킨다. 구름과 지표 사이의 낙뢰 회수는 다를 수 있지만 모든 낙뢰의 10~25%만이 구름과 지표사이에서 발생한다는 것을 유의해야 한다.

### 4) 천둥

① 번개가 지나가는 경로를 따라 발생된 방전은 수 cm에 해당하는 방전 통로의 공기를 순식간에 15,000~20,000℃까지 가열시킨다. 이러한 갑작스러운 가열로 공기는 폭발적으로 팽창되고, 이 팽창에 의해 만들어진 충격파가 그 중심에서 멀리 퍼져 나가면서 도중에 음파로 바뀌어 우리에게 천둥으로 들려온다.

② 번개는 발생순간 우리가 보게 되나 음파의 속도는 빛의 속도보다 느리기 때문에 번개가 친 후 얼마 지나서 듣게 된다.

③ 번개 치는 곳의 위치는 번개를 관측한 후 천둥소리가 들릴 때까지의 시간을 측정함으로써 대략적으로 알아낼 수 있다(소리의 속도는 약 340m/s).

## 06 윈드시어(전단풍, Wind Shear)

① 윈드시어는 항공기의 이착륙 과정에서 매우 큰 영향을 준다.

• 일반적으로 조종사는 비행경로를 따라 정풍 또는 배풍이 얼마나 변할 것인가와 바람 경도로 바람이 얼마나 변할 것인가에 관심을 갖는다.

• 항공기가 이착륙할 때 활주로 근처에서 윈드시어는 정풍이나 배풍의 급격한 증가 또는 감소를 초래하여 항공기의 실속이나 비정상적인 고도 상승, 측풍에 의해 활주로 이탈을 유발한다.

② 최종 접근로나 이륙로 또는 초기 이륙 직후의 고도 급상승로를 따라 발생하는 지상 2,000ft 이하의 윈드시어를 저층 윈드시어(Low Level Wind Shear)라고 한다. 보통 저층 윈드시어의 강도는 연직 윈드시어의 강도로 나타낸다.

| 저층 윈드시어 강도 | 연직 윈드시어 강도 (kt/100ft) |
|---|---|
| 약함 | 〈 4.0 |
| 보통 | 4.0 ～ 7.9 |
| 강함 | 8.0 ～ 11.9 |
| 아주 강함 | 12.0 ≤ |

## 07 마이크로버스트(Microburst)

① 마이크로버스트는 대류활동에 연관되어 나타나는 특수한 전단풍이다.
- 이것은 비교적 단순한 형태의 요란으로 뇌우뿐만 아니라, 여름철에 천둥과 번개를 동반하지 않는 소규모의 대류운과 관련되어 나타나는 강한 하강기류(Downdraft)이다.
- 이 하강기류는 일반적으로 가시적인 강수를 동반하지만, 때로는 지표에 도달하기 전에 강수가 증발되어 하강기류가 눈에 보이지 않게 되는 경우가 있기 때문에, 위험이 없어 보이는 지역에서 큰 항공기 사고를 유발하기도 한다.

② 하강기류는 지표에 도달하면서 수평적으로 바깥쪽으로 퍼지게 된다.
- 마이크로버스트는 하강기류가 지상에 처음 도달한 후 5분 내외의 시간에 강화된다. 그 수평적 규모는 1~3km 정도이고 지속시간은 5~15분 정도인데, 2~4분 정도에 강한 윈드시어가 나타난다.

③ 마이크로버스트를 탐지하고 경보하는 데에는 도플러 레이더가 가장 효과적인 것으로 알려져 있다.

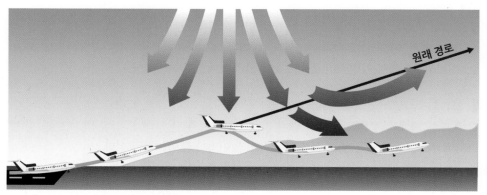

▲ 마이크로버스트가 이륙하는 항공기에 미치는 영향

## 08 착빙(Icing)

### 1) 착빙의 발생

① 빙결온도 이하의 상태에서 대기에 노출된 물체에 과냉각 물방울(과냉각 수적) 혹은 구름 입자가 충돌하여 얼음의 피막을 형성하는 것을 착빙현상이라고 하며, 항공기에 발생하는 착빙은 비행안전에 있어서의 중요한 장애요소 중 하나이다.

② 착빙 형성 조건의 첫째로 항공기가 비 또는 구름 속을 비행해야 하는데 대기 중에 과냉각물방울이 존재해야 하며, 두 번째 조건은 항공기 표면의 자유대기온도가 0℃ 미만이어야 발생한다.

• 청명한 대기 속에서는 심한 착빙이 생기지 않으나, 상대습도가 높고 영하의 기온일 때는 프로펠러나 날개 위를 통과하는 공기의 팽창으로 약간의 수분이 응결하여 착빙이 생기기도 한다.

• 과냉각물방울은 −20~0℃에서 가장 자주 관측되므로, 이 온도 범위 내에 있는 구름은 착빙의 가능성이 있다고 보아야 하며, 심한 착빙은 보통 −10~0℃에서 발생한다.

• 드물게 −40℃인 저온에서도 착빙이 나타날 수 있다. 그러나 운중 온도가 −20℃ 미만이 되면 실제로 착빙은 잘 일어나지 않는다. 왜냐하면 물방울은 이미 결정형태로 빙결되어 있기 때문이다.

③ 착빙 강도는 물체의 단위면적에 부착된 얼음의 실제량과 물체가 대기 중에 노출되었던 시간과의 비로 표시하기도 한다.

④ 일정한 대기 환경에서 착빙 가능성은 항공기의 형태와 속도에 영향을 받는다.

• 보통 제트 항공기에서 착빙 형성이 가장 적다. 이것은 제트 항공기가 강한 추력으로 착빙의 임계 온도 영역을 벗어나는 높은 고도를 빠르게 비행하기 때문이다.

• 반면에, 작은 왕복 기관의 항공기에서 착빙 형성이 가장 많다. 이것은 착빙 방지 장치가 없거나 주로 습하고 낮은 고도를 비행하기 때문이다.

⑤ 헬리콥터에서는 추력과 양력을 동시에 발생시키는 회전 날개에서 착빙 가능성이 가장 높다.

### 2) 착빙의 형태

얼음이 형성되기 위해서는 물이나 습한 공기가 있어야하며 대기가 찬 표면과 접촉, 단열 팽창, 증발 등으로 영하 이하로 냉각되어야 한다. 이러한 조건에서 만들어지는 착빙은 구조 착빙(Structural Icing)과 흡입 착빙(Induction Icing)의 형태로 나누어진다.

### 3) 구조 착빙

① 구조 착빙 또는 기체 착빙은 항공기의 날개 끝, 프로펠러, 무선 안테나, 앞유리, 피토관 및 방향타(Static Port) 등과 같은 기체 표면에 얼음이 쌓이거나 덮이는 착빙이다.

• 이 착빙은 주로 항공기의 공기 역학적인 흐름에 영향을 주어 운항 효율을 감소시키거나 항공기 실속을 유발한다.

• 구조 착빙의 주요 원인은 항공기가 구름을 통과할 때 기체 표면에 수적이 결빙되는 것이다.
　－ 이러한 결빙은 항공기 표면이 0℃ 이하로 냉각되어 있는 항공기가 과냉각 수적을 포함한 구름 속을 비행하여 수적과 충돌할 때 발생한다.

- 구조 착빙의 강도는 아래와 같이 분류된다. 착빙이 형성되기 시작하면 조종사는 신속한 비행 방향이나 고도의 변경이 필요하다.

| 강도 | 얼음의 침적 정도 |
|---|---|
| 미약함 | 착빙이 형성되기 시작하며, 얼음 침적율이 승화에 의한 얼음 감소율보다 큼 |
| 약함 | 한 시간 이상 비행할 경우에 얼음의 누적에 의한 문제가 발생할 수 있음 |
| 보통 | 얼음 침적율이 크지 않더라도 잠재적으로 위험에 직면할 수 있음 |
| 심함 | 방빙 또는 제빙 장치를 가동해도 계속해서 얼음의 누적이 발생함 |

- 구조 착빙은 구름 속의 수적 크기, 개수 및 온도에 따라 맑은 착빙(Clear Icing), 거친 착빙(Rime Icing), 혼합 착빙(Mixed Icing)이 형성된다.

② 맑은 착빙(Clear Icing)

- 수적이 크고 주위 기온이 0~10℃인 경우에 항공기 표면을 따라 고르게 흩어지면서 천천히 결빙된다.
- 맑은 착빙에 의한 얼음은 그 표면에서 윤이 나며 투명 또는 반투명하다.
- 맑은 착빙은 무겁고 단단하며 항공기 표면에 단단하게 붙어 있어 항공기 날개의 형태를 크게 변형시키므로 구조 착빙 중에서 가장 위험한 형태이다.

③ 거친 착빙(Rime Icing)

- 수적이 작고 주위 기온이 −20~−10℃인 경우에 작은 수적이 공기를 포함한 상태로 신속히 결빙하여 부서지기 쉬운 거친 착빙이 형성된다.
- 거친 착빙은 항공기의 주 날개 가장자리나 버팀목 부분에서 발생하며, 구멍이 많고 불투명하고 우윳빛 색을 띤다.
- 거친 착빙도 항공기 날개의 공기 역학에 심각한 영향을 줄 수 있으나, 맑은 착빙보다 덜 위험하고 제빙 장치로 쉽게 제거할 수 있다.

④ 혼합 착빙(Mixed Icing)

- 맑은 착빙과 거친 착빙의 결합으로서, 눈 또는 얼음입자가 맑은 착빙 속에 묻혀서 울퉁불퉁하게 쌓여 형성된다.

## 4) 흡입 착빙

① 흡입 착빙은 항공기 엔진으로 공기가 유입되는 흡기구와 기화기에서 생기는 착빙으로서, 흡기구 착빙과 기화기 착빙으로 나누어진다.

- 흡기구 착빙은 주로 엔진으로 들어가는 공기를 차단시켜 동력을 감소시키며, 구조 착빙의 발생 조건과 같은 조건에서 흡기구에서 얼음이 누적되어 발생한다.
- 기화기 착빙은 외부 온도에 관계없이 기화기 안으로 유입된 습윤 공기가 단열 팽창과 연료의 기화로 인하여 영하의 온도로 냉각되어 발생한다.
  − 이 착빙은 −10~22℃의 넓은 기온 영역에서 관측된다.
  − 기화기 안의 얼음은 공기와 연료혼합의 흐름을 부분적으로 또는 완전히 차단하여 엔진을 완전히 정지시킬 수도 있다.

② 제트 항공기가 활주로에서 이동하고 이륙·상승하는 동안 압축 흡기구의 압력은 낮아지며 흡기구를 통과하는 공기는 단열 팽창되어 냉각된다.
- 이런 경우 착빙은 엔진 유형에 따라 외부 공기의 상대 습도가 높고 기온이 0℃ 이상일 때 발생할 수 있다.

### 5) 착빙의 예측

착빙의 발생 가능성과 유형은 다음의 기상 유형에 따라 예측할 수 있다.

① 언 강수
- 보통 겨울철 온난 전선에서 자주 발생한다.
- 지표 부근에 0℃ 이하의 찬 대기층이, 그 위에 0℃ 이상의 따뜻한 층이, 그리고 따뜻한 층위에 다시 찬 대기층이 형성되어 있을 때 발생한다.
  - 찬 대기층의 구름에서 만들어진 눈은 낙하하면서 따뜻한 대기층을 통과할 때 액체 상태로 변한다. 따뜻한 층에서 액체 상태로 내려온 강수는 지표 부근의 찬 대기층이 충분히 두꺼운 경우에는 다시 얼어서 얼음싸라기(Ice Pellet)로 떨어지며, 지표 부근의 찬 대기층이 얇은 경우에는 충분히 얼지 못하고 영하의 지표면에 떨어져 언 비 또는 어는 이슬비를 만든다.
- 영하인 항공기 표면에 언 비가 떨어질 때 발생한다. 언 비에 의한 착빙은 빠르게 진행된다.
  - 언 비에 의한 착빙을 만났을 경우에는 신속하게 고도를 상승시켜야 한다.
- 상승 중에 항공기 속도가 느리면 항공기 날개의 높은 상승각으로 날개의 아래 부분에 많은 착빙을 발생시키고, 이로 인하여 항력이 증가하여 항공기의 실속을 초래할 수 있다.

② 전선
- 전선 부근에는 강한 연직 운동으로 강한 구름과 강수가 발생하며, 겨울철 온난 전선에서는 강한 언 비가 내릴 수 있다.
  - 거의 모든 전선에서는 착빙이 발생할 수 있으며, 보고된 착빙의 85%가 전선 부근에서 발생하였다.
- 한랭 전선에서는 수평으로 후방 100mile까지 착빙이 발생하며, 온난전선에서는 수평으로 전방 300mile까지 착빙이 발생한다.
- 전선에 의해 상승된 공기가 불안정한 경우에는 적운형 구름의 경우와 같이 수평보다는 수직적으로 확장된 착빙 분포를 보인다. 반면에 전선에 의해 상승된 대기가 안정한 경우에는 층운형 구름의 경우와 같이 수직적으로 제한되나 수평적으로는 넓게 확장된 착빙 분포를 보인다.
- 보통 아래에 차갑고 얇은 공기층을 가지고 있는 전선대 또는 전선은, 심한 착빙을 발생시킬 수 있는 언 비와 보통 정도의 착빙을 발생시킬 수 있는 언 이슬비가 내릴 수 있다.
  - 겨울철 한랭 전선이나 한랭 전선의 하부를 통과할 때는 보통 이상의 착빙을 예상해야 한다.

③ 산악 지역
- 착빙은 다른 지형보다 산악지역에서 더욱 심하다.
- 산악은 풍상측(바람이 불어오는 쪽)에 상승 기류를 유발해서 큰 물방울을 만들어준다.
- 전선이 산악지역을 지나 이동할 경우 전선에서의 상승과 지형적 상승효과가 어우러지면 매우 위험한 착빙지역을 만든다.
- 착빙구역은 산정에서 5,000ft 이상까지 뻗어 있으며, 적운이 발달하는 경우 더 높이 확장된다.

## 09 태풍(Typhoon)

### 1) 태풍(열대성 저기압)

① 열대성 저기압 중심부의 최대 풍속이 17m/s 이상이고 강한 폭풍우를 동반하는 현상을 말한다.
② 발생 지역에 따라 명칭이 다르다. 북태평양 남서부인 필리핀 부근 해역에서 발생하여 동북아시아를 내습하는 태풍(Typhoon), 서인도 제도에서 발생하여 플로리다를 포함한 미국 동남부를 피해를 주는 허리케인(Hurricane), 인도양에서 발생하여 그 주변을 습격하는 사이클론(Cyclone) 등은 대표적인 열대성 저기압이다.

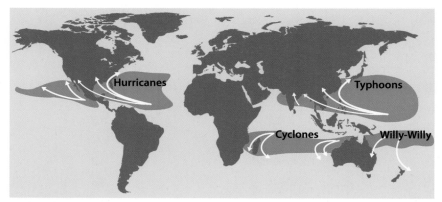

▲ 태풍의 발생지역

🕐 기적의 3초컷

**윌리윌리(willy—willy)**
오스트레일리아 북부 해상에서 여름부터 가을까지 발생하는 열대 저기압이다. 발생횟수는 연간 4회 정도로 적고 규모도 작은 편이다. 현재는 윌리윌리라는 명칭보다 사이클론으로 통합하여 부른다.

## 2) 태풍의 눈

① 태풍의 중심부를 말한다.

② 중심 부근에서는 기압경도력과 원심력이 커지므로 전향력과 마찰력도 따라서 커지게 되어 5m/s 이하의 미풍이 불게 되고 부분적으로 비도 내리지 않는 맑은 날씨를 보이게 된다.

## 3) 태풍의 발생범위

① 태풍은 대체로 동경 120~170도 북위 5~20도 구역의 적도 부근에서 해수면 온도가 27℃ 이상일 때 발생하는 열대성 저기압이다.

• 태풍의 에너지원이 될 수 있는 따뜻한 수분(잠열)과 회전력을 뒷받침 할 수 있는 기압경도력이 존재하는 범위 내에서 발생한다.

② 지구상에서 연간 80개 정도 발생하고 있으며 우리나라에 영향을 미치는 태풍은 대부분 7~10월 사이에 발생한 태풍이 2~3개 정도 영향을 미친다.

## 4) 태풍의 구분(ICAO 비교)

세계 기상기구(WMO, World Meteorological Organization)에서는 중심 부근의 최대 풍속에 따라 4등급으로 분류하며 열대성 폭풍(TS, Tropical Storm)부터 태풍의 이름을 붙인다.

① 풍속, 세기분류

| 중심부근 최대풍속 | 세계기상기구(WMO) 명칭 | 한국 명칭 |
|---|---|---|
| 34KTS 미만<br>(17m/s 미만) | 열대성 저기압<br>TD : Tropical Depression | 열대성 저기압 |
| 34KTS ~47KTS<br>(17~24m/s 미만) | 열대성 폭풍<br>TS : Tropical Storm | 태풍(Typhoon) |
| 48KTS ~63KTS<br>(25~32m/s 미만) | 강한 열대성 폭풍<br>STS : Severe Tropical Storm | |
| 64KTS 이상<br>(33m/s 미만) | 태풍<br>TY : Typhoon | |

② 중심기압별 등급 분류

| 중심기압 | 최대풍속 | 등급 |
|---|---|---|
| 900hPa 이하 | 55m/s 이상 | 초A급 |
| 900~929hPa | 45~54m/s | A급 |
| 930~959hPa | 35~44m/s | B급 |
| 960~989hPa | 25~34m/s | C급 |
| 990hPa 이하 | 25m/s 이하 | D급 |

## 🔟 그 밖의 현상

### 1) 황사(Yellow Dust)

① 황사는 바람에 의해 높은 고도까지 불어 올라간 미세한 모래가 대기 중에 퍼져서 하늘을 뒤덮는 현상을 말한다.
② 중국 고비사막과 몽골사막에 발생하여 강한 편서풍을 타고 수십 미터 상공까지 올라가 수백 킬로 평방미터 지역까지 그 영향을 미치고 있다.
③ 우리나라에는 2~4월에 자주 나타나며 시정장애를 가져온다.

### 2) 해무(Sea Fog)

① 해무는 초여름부터 중순까지 제주도를 포함 해안지역에서 자주 발생한다.
② 해무는 다음과 같은 기상조건일 때 주로 발생한다.

- 광범위한 고기압권에 위치할 때
- 저기압이나 전선 영향이 없을 때
- 해수면의 온도가 20℃보다 낮을 때
- 온도와 노점온도차가 0~2℃ 정도일 때
- 해수면 온도와 노점온도차가 0~1℃일 때
- 바람이 거의 없을 때
- 지상역전층 현상이 관찰될 때
- 4,000~5,000ft 대기에서 역전층 현상이 관찰될 때

**01** 대류권 내에서 기온은 1000ft 마다 몇 도(℃)씩 감소하는가?

① 1 ℃
② 2 ℃
③ 3 ℃
④ 4 ℃

1000ft(약 305m)마다 2도 감소한다.

**02** 기온은 직사광선을 피해서 측정을 하게 되는데 몇 m의 높이에서 측정하는가?

① 3m
② 5m
③ 2m
④ 1.5m

지상의 기온은 지면에서 1.5m 높이의 온도를 말한다.

**03** 다음 중 풍속의 단위가 아닌 것은?

① m/s
② kph
③ knot
④ yd

yd(야드)는 거리의 단위이다.

**04** 다음 중 대기현상이 아닌 것은?

① 비
② 바다선풍
③ 일출
④ 안개

일출 : 수평선 위로 태양이 뜨는 것

**05** 겨울에는 대륙에서 해양으로, 여름에는 해양에서 대륙으로 부는 바람을 무엇이라고 하는가?

① 편서풍
② 계절풍
③ 해풍
④ 대륙풍

계절풍 : 여름과 겨울에 대륙과 해양의 온도차로 인해 풍향이 바뀌는 바람이다.

**06** 산악지방에서 밤에 산 정상이 빠르게 냉각되어 골짜기로 내려가는 바람을 무엇이라 하는가?

① 산풍
② 곡풍
③ 육풍
④ 푄현상

산풍 : 밤의 산 정상 부근은 빠르게 기온이 떨어져 무거워진 공기가 하강한다.

**07** 비행성능에 영향을 주는 요소들로써 틀리게 설명한 것은?

① 공기밀도가 낮아지면 엔진 출력이 나빠지고 프로펠러 효율도 떨어진다.
② 습도가 높으면 공기밀도가 낮아져 양력발생이 감소된다.
③ 공기밀도는 온도가 높아짐에 따라 팽창돼 밀도도 높아진다.
④ 무게가 증가하면 이착륙 시 활주거리가 길어진다.

온도가 높아지면 공기가 팽창되어 공기밀도는 낮아진다.

**08** 대기권 중 기상 변화가 일어나는 층으로 상승 할수록 온도가 내려가는 층은 다음 어느 것인가?

① 성층권
② 중간권
③ 열권
④ 대류권

---

**대류권** : 하부는 지표면의 일사로 데워지고, 상부는 복사냉각으로 차가워져 공기의 활발한 대류로 기상현상이 발생한다.

**09** 다음 중 비행과 뇌우에 관한 것 중 옳은 것은?

① 뇌우를 만나면 통과할 때까지 직진으로 빨리 빠져 나가야만 한다.
② 뇌우 속에서는 엔진 출력을 최대로 하고 수평 자세를 끝까지 유지해야 한다.
③ 뇌우는 반드시 회피해야 한다.
④ 뇌우는 큰 소나기구름 이므로 옆을 살짝 피해 가면 된다.

---

뇌우는 비행에 악영향을 주로 회피해야 한다.

**10** 다음 중 윈드시어(Wind Shear)에 관한 설명 중 틀린 것은?

① Wind Shear는 동일지역 내에 바람의 방향이 급변하는 것으로 풍속의 변화는 없다.
② Wind Shear는 어느 고도에서나 발생하며 수평, 수직적으로 일어날 수 있다.
③ 저고도 기온 역전층 부근에서 Wind Shear가 발생하기도 한다.
④ 착륙 시 양쪽 활주로 끝 모두가 배풍을 지시하면 저고도 Wind Shear로 인식하고 복행을 해야 한다.

---

**윈드시어** : 바람의 방향이나 세기가 갑자기 바뀌는 현상

**11** 평균 풍속보다 10kts 이상의 차이가 있으며 순간 최대 풍속이 17knot 이상의 강풍이며 지속시간이 초단위로 순간적 급변하는 바람을 무엇이라고 하는가?

① 돌풍(Gust)
② 스콜(Squall)
③ Wind Shear
④ Micro Air

---

**돌풍** : 일시적으로 갑자기 큰 풍속으로 부는 바람

**12** 기압고도(Pressure Altitude)란 무엇을 말하는가?

① 항공기와 지표면의 실측 높이이며 'AGL' 단위를 사용한다.
② 고도계 수정치를 표준 대기압(29.92"Hg)에 맞춘 상태에서 고도계가 지시하는 고도
③ 기압고도에서 비표준온도와 기압을 수정해서 얻은 고도이다.
④ 고도계를 해당지역이나 인근 공항의 고도계 수정치 값에 수정했을 때 고도계가 지시하는 고도

---

**기압고도** : 주어진 기압에 해당하는 고도

**13** 고도계를 수정하지 않고 온도가 낮은 지역을 비행할 때 실제고도보다 기압 고도계의 지침의 상태는?

① 낮게 지시한다.
② 높게 지시한다.
③ 변화가 없다.
④ 온도와 무관하다.

---

따뜻한 대기의 위치에서 비행하고 있는 비행기는 고도계에서 표시된 고도보다 실제로는 더 높은 고도에서 비행하게 된다. 반면 차가운 대기의 위치에서 비행하고 있는 비행기는 고도계에 표시된 고도보다 실제로는 낮은 고도에서 비행하게 된다.

**14** 기압고도계를 장비한 비행기가 일정한 계기고도를 유지하면서 기압이 낮은 곳에서 높은 곳으로 비행할 때 기압고도계의 지침의 상태는?

① 실제고도보다 높게 지시한다.
② 실제고도와 일치한다.
③ 실제고도보다 낮게 지시한다.
④ 실제고도보다 낮게 지시한 후에 서서히 일치한다.

기압과 온도는 반비례한다. 기압이 낮은 곳은 따뜻한 곳이며, 기온이 높은 곳에서 기온이 낮은 곳으로 이동하게 되면 기압고도계는 실제고도보다 낮게 지시한다.

**15** 기압고도의 설명으로 맞는 것은?

① 고도계가 지시하는 고도
② 표준대기압에 맞춘 상태에서 고도계가 지시하는 고도
③ 진고도와 절대고도를 합한 고도
④ 비표준기압을 보정한 고도

• 표준기압 : 기압의 표준값, 보통 1013.25hPa
• 기압고도 : 기압고도의 원점을 1013.25hPa에 맞추었을 때 그 고도계에 지시되는 고도

**16** 1HP의 의미로 맞는 것은?

① 75kgf · m/s
② 79kgf · m/s
③ 85kgf · m/s
④ 95kgf · m/s

1HP=75kg의 물체를 지구의 중력 가속도를 거슬러 1m/s의 속도로 들어올리고 있을 때 물체에 대한 일률이다.

**17** 다음 중 1atm의 단위와 다른 것은?

① 1bar
② 1kgf/cm²
③ 14.7psi
④ 1013Pa

1기압(atm)=1013.25hPa

**18** 80HP란?

① 6000kgf · m/s
② 5925kgf · m/s
③ 6375kgf · m/s
④ 7125kgf · m/s

80×75kgf · m/s=6000kgf · m/s

**19** 공기밀도는 습도와 기압이 변화하면 어떻게 되는가?

① 공기밀도는 기압에 비례하며 습도에 반비례한다.
② 공기밀도는 기압과 습도에 비례하며 온도에 반비례한다.
③ 공기밀도는 온도에 비례하고 기압에 반비례한다.
④ 온도와 기압의 변화는 공기밀도와는 무관하다.

공기의 밀도는 기압에 비례하고 습도에 반비례한다.

**20** 공기의 온도가 증가하면 기압이 낮아지는 이유는?

① 가열된 공기는 가볍기 때문이다.
② 가열된 공기는 무겁기 때문이다.
③ 가열된 공기는 유동성이 있기 때문이다.
④ 가열된 공기는 유동성이 없기 때문이다.

공기의 온도가 올라가면 분자의 운동이 활발해지며, 따뜻해진 공기가 상승하면서 지표면의 대기는 저기압으로 내려간다.

**21** 평균 해면에서의 온도가 20℃일 때 1000ft에서의 온도는 얼마인가?

① 40℃
② 18℃
③ 22℃
④ 0℃

1000ft(약 305m)마다 2도 감소한다.

**22** 따뜻한 해면위를 덮고 있던 기단이 차가운 해면으로 이동했을 때 발생하는 안개는?

① 방사안개
② 활승안개
③ 증기안개
④ 바다안개

**바다안개** : 해무라고 부르기도 하며 따뜻한 해면의 공기가 찬 해면으로 이동하면서 냉각되어 생기는 안개

**23** 일정기압의 온도를 하강 시켰을 때, 대기는 포화되어 수증기가 작은 물방울로 변하기 시작할 때의 온도를 무엇이라 하는가?

① 포화온도
② 노점온도
③ 대기온도
④ 상대온도

**노점온도** : 일정한 압력에서 공기의 온도를 낮추어 갈 때 공기 중의 수증기가 응축하여 이슬이 맺히는 온도

**24** 한랭전선의 특징이 아닌 것은?

① 적운형 구름이다.
② 따뜻한 기단 위에 형성된다.
③ 좁은 지역에 소나기나 우박이 내린다.
④ 온난전선에 비해 이동 속도가 빠르다.

무거운 찬 공기가 가벼운 더운 공기를 밀며 아래를 파고 들 때 생긴다.

**25** 찬 기단이 따뜻한 기단 쪽으로 이동할 때 생기는 전선은?

① 온난전선
② 한랭전선
③ 정체전선
④ 폐쇄전선

**26** 지표면의 바람이 일기도상의 등압선과 일치하지 않는 것은 지표면 지형의 형태에 따라 마찰력이 작용하여 심하게 굴곡되기 때문이다. 마찰층의 범위는 몇 feet 인가?

① 1000ft 이내
② 2000ft 이내
③ 5000ft 이내
④ 7000ft 이내

**마찰층** : 지표면에서의 마찰에 의해 대기의 운동이 뚜렷하게 영향을 받는 층으로 약 600m(1m=약 3.28ft)이내의 대기층을 가리킨다.

**27** 습윤한 공기로 덮여 있는 지표면이 방사 방열한 결과로 하층부터 냉각되어 포화상태에 도달하여 발생하는 안개는?

① 증기안개
② 복사안개
③ 활승안개
④ 계절풍 안개

**복사안개** : 야간에 복사냉각이 일어나 지면 근처에 있는 공기가 이슬점 이하로 냉각되면서 발생하는 안개

**28** 다음은 안개에 관한 설명이다. 틀린 것은?

① 공중에 떠돌아다니는 작은 물방울의 집단으로 지표면 가까이에서 발생한다.
② 수평가시거리가 3km 이하가 되었을 때 안개라고 한다.
③ 공기가 냉각되고 포화상태에 도달하고 응결하기 위한 핵이 필요하다.
④ 적당한 바람이 있으면 높은 층으로 발달한다.

가시거리가 1km 이하일 때이다.

**29** 태풍에 관한 설명으로 옳지 않은 것은?

① 열대지방을 발원지로하고 폭풍우를 동반한 저기압을 총칭해서 열대성 저기압이라고 한다.

② 미국을 강타하는 '사이클론'과 인도지방을 강타하는 '윌리윌리'가 있다.

③ 발생 수는 7월경부터 증가하여 8월에 가장 왕성하고 9, 10월에 서서히 줄어든다.

④ 태풍 진행방향의 오른쪽에서는 태풍기류와 편서풍이 서로 합쳐져 더욱 강한 바람을 일으킨다.

---

북미지역은 허리케인, 인도지방은 사이클론이다.

**30** 하층운에 속하는 구름은 어느 것인가?

① 층적운
② 고층운
③ 권적운
④ 권운

---

**하층운** : 고도 2000m 이하의 대기 중에 나타나는 구름. 층적운, 층운, 난층운

**31** 하늘을 덮고 있는 구름이 $\frac{5}{8} \sim \frac{7}{8}$ 일 때의 상태를 무엇이라 하는가?

① SCT(Scattered)
② BKN(Broken)
③ OVC(Overcast)
④ FEW(Few)

---

• FEW : 구름이 1/8~2/8 차지할 때, 구름 조금
• SCT : 구름이 3/8~4/8 차지할 때, 구름 조금
• BKN : 구름이 5/8~7/8 차지할 때, 구름 많음
• OVC : 전체하늘에 구름이 가득 찼을 때, 흐림

**32** 섭씨(Celsius) 0℃는 화씨(Fahrenheit) 몇 도(℉) 인가?

① 0℉
② 32℉
③ 64℉
④ 212℉

---

• 0℃=32℉
• 0℉=-17.777778℃

**33** 불안정한 공기가 존재하며 수직으로 발달한 구름이 아닌 것은?

① 권층운
② 권적운
③ 고적운
④ 층적운

---

**권층운** : 보통 5~13km 고도에서 발생하는 엷게 하늘에 퍼지는 형태의 구름

**34** 대류성 기류에 의해 형성 되는 구름은?

① 층운
② 적운
③ 권층운
④ 고층운

---

**적운** : 가열된 지표면의 열기로 생기는 상승기류에 의해 형성된다.

**35** 투명하고 단단한 얼음으로 처음 물방울이 얼어버리기 전에 다음 물방울이 붙기 때문에 전체가 하나의 덩어리가 되며 0℃일 때 잘 발생하는 착빙(Icing)은?

① 서리(Frost)
② 수빙(Rime Ice)
③ 우빙(Clear Ice)
④ 나무얼음

---

**우빙** : 비행중인 항공기에 떨어지는 빗방울이 차례로 얼어 투명한 유리모양의 얼음으로 부착된 것

**36** 바람이 고기압에서 저기압 중심부로 불어갈수록 북반구에서는 우측으로 90° 휘게 되는데 이는 무엇 때문인가?

① 편향력
② 지향력
③ 기압경도력
④ 지면 마찰력

**편향력** : 코리올리의 힘이라고도 하며 지구 자전의 영향으로 북반구에서는 오른쪽으로 작용하는 힘이다.

**37** 공기 중의 수증기의 양을 나타내는 것이 습도이다. 습도의 양은 무엇에 따라 달라지는가?

① 지표면의 물의 양
② 바람의세기
③ 기압의 상태
④ 온도

**38** 표준대기의 혼합기체의 체적비율로 맞는 것은?

① 산소 78%, 질소 21%, 기타 1%
② 산소 50%, 질소 50%, 기타 1%
③ 산소 21%, 질소 1%, 기타 78%
④ 산소 21%, 질소 78%, 기타 1%

**39** 표준대기(Standard Atmosphere)의 조건에 해당되지 않는 것은?

① 온도 15℃
② 압력 760mmHg
③ 압력 1053.2mb
④ 공기밀도 1.225kg/m³

**표준대기** : ICAO가 채택하고 있는 국제표준대기의 조건은 평균해수면 상의 기압이 1013.25hPa, 지상기온 15℃, 해면상의 공기밀도 1.225kg/m³, 중력가속도 9.8066m/s² 등의 조건이 있다.

**40** 지면과 해수면의 가열정도와 속도가 달라 바람이 형성된다. 주간에는 해수면에서 육지로 바람이 불며 야간에는 육지에서 해수면으로 부는 바람은?

① 해풍
② 계절풍
③ 해륙풍
④ 국지풍

**해륙풍** : 해안가에서 하루를 주기로 하여 지표면의 기온 차에 의해 발생하는 순환에 의한 국지풍이다.

**41** 대기권 중에서 지면에서 약 11km까지이며 대기의 최하층으로, 끊임없이 대류가 발생하여 기상현상이 나타나는 이 부분은?

① 성층권
② 대류권
③ 중간권
④ 열권

**대류권** : 대기권의 최하층으로 극지방에서는 약 8km, 적도지방에서는 약 18km까지의 대기층을 말한다.

**42** 일반적으로 한랭전선이 온난전선보다 빨리 이동하여 온난전선에 따라 붙고 이어서 난기단은 한랭전선 위를 타고 올라가게 되어 난기가 지상으로 닫혀버렸다. 즉 한랭전선이 온난전선에 따라 붙어 합쳐져 중복된 부분을 무엇이라 부르는가?

① 정체전선
② 대류성 한랭전선
③ 북태평양 고기압
④ 폐색전선

**폐색전선** : 저기압의 진행과정에서 한랭전선의 이동속도가 온난전선보다 빨라 추월하는 과정을 폐색이라 한다. 한랭전선이 온난전선 밑으로 겹쳐질 때 형성되는 전선이다.

**43** 표준대기(Standard Atmosphere)에서의 기온감률은?

① 고도 20km까지 6.5℃/km
② 고도 11km까지 6.5℃/km
③ 고도 11~22km는 6.5℃/km
④ 고도 20~32km는 6.5℃/km

- 고도 11km까지는 6.5℃/km
- 고도 11~22km는 0.0℃/km(등온층)
- 고도 20~32km는 −0.1℃/km

**44** 항공기상 용어 중 'WIND CALM'의 의미는 무엇인가?

① 바람의 세기가 무풍이거나 1kts 이하이다.
② 바람의 세기가 5kts 이상이다.
③ 바람의 세기가 10kts 이상이다.
④ 바람의 세기가 15kts 이상이다.

**45** Icing(착빙현상)에 관한 설명 중 틀린 것은?

① 양력을 감소시킨다.
② 마찰을 일으켜 항력을 증가시킨다.
③ 항공기의 이륙을 어렵게 하거나 불가능하게 할 수도 있다.
④ Icing(착빙현상)은 지표면의 기온이 추운 겨울철에만 조심하면 된다.

**46** 최대의 비행요란을 동반하는 구름 형태는?

① Towering Cumulus(적운)
② Cumulonimbus(적란운)
③ Nimbostratus(난층운)
④ Altocumulus Castellanus(고적운)

**47** 대기권을 고도에 따라 낮은 곳부터 높은 곳까지 순서대로 바르게 분류한 것은?

① 대류권-성층권-열권-중간권
② 대류권-중간권-열권-성층권
③ 대류권-중간권-성층권-열권
④ 대류권-성층권-중간권-열권

**48** 다음 비행후류(항적난류, Wake Turbulence)에 관한 것 중 잘못된 것은?

① 대형항공기가 지나간 항로는 극심한 후류에 조우될 수 있으므로 회피한다.
② 앞 비행기가 착륙한 지점보다 더 나아가서 착륙하여 피한다.
③ 앞 비행기가 이륙한 지점보다 더 나아가서 이륙하여 피한다.
④ 지상활주(Taxing) 시는 후류가 발생하지 않는다.

- **항적난류** : 항공기가 비행하는 항적을 따라 발생하는 후류에 의해서 발생하는 난기류이다.
- 항적난류가 사라질 때까지 충분히 기다리거나 이륙한 지점보다 먼저 이륙한다.

PART

# 04

# 항공 법규

 차례

# 초경량비행장치 개념

## 01 ▶ 규정과 정의

### 01 항공법규 분법 배경

국제기준 변화에 탄력적으로 대응하고, 국민이 이해하기 쉽도록 하기 위하여 1961년에 제정된 「항공법」을 「항공사업법」, 「항공안전법」 및 「공항시설법」으로 분법하고, 항공기의 등록·안전성인증, 항공종사자의 자격증명, 국토교통부장관 이외의 자가 항공교통업무를 제공하는 경우 항공교통업무증명을 받도록 하는 한편 항공운송사업자에게 운항증명을 받도록 하는 등 항공안전에 관한 내용으로 「항공안전법」이 제정(법률 제14116호, 2016.03.29 공포, 2017.03.30 시행)됨에 따라 법률 및 대통령령에서 국토교통부령으로 위임된 사항과 그 시행에 필요한 사항을 규정하고 있다.

### 02 항공법규체계 개정 취지

1) 국제 기준 변화에 탄력적 대응

2) 국민이 이해하기 쉽도록 개선

3) 운영상 나타난 미비점을 개선, 보안

### 03 초경량비행장치와 개념

초경량비행장치란 항공기와 경량항공기 외에 공기의 반작용으로 뜰 수 있는 장치로서 자체중량, 좌석 수 등 국토교통부령으로 정하는 기준에 해당하는 동력비행장치, 행글라이더, 패러글라이더, 기구류 및 무인비행장치 등을 말한다(항공안전법 제2조제3호).

1) 드론(Drone)은 대형 무인항공기와 소형 무인항공기를 다 포함하는 개념이지만 일반적으로는(특히 우리나라) 일정 무게 이하의 소형 무인항공기를 지칭하고 있는 것으로 이해되고 있다.

2) 드론이란 용어의 유래는 1930년 영국 해군에서 연습용 무인항공기에 드론이라는 용어를 붙였으며, 드론의 원래 의미는 '그다지 쓸모없고 독침도 없는 수컷 꿀벌'을 말한다.

3) 우리나라 항공법상으로는 소형 무인항공기를 무인비행장치로 분류하고 있으며 초경량비행장치에 포함시키고 있다.

## 04 초경량비행장치의 기준(항공안전법 시행규칙 제5조)

| 동력비행장치 | 동력을 이용하는 것으로서 다음 각 목의 기준을 모두 충족하는 고정익비행장치<br>• 탑승자, 연료 및 비상용 장비의 중량을 제외한 자체중량이 115kg 이하일 것<br>• 연료의 탑재량이 19리터 이하일 것<br>• 좌석이 1개일 것 |
|---|---|
| 행글라이더 | 탑승자 및 비상용 장비의 중량을 제외한 자체중량이 70kg 이하로서 체중이동, 타면조종 등의 방법으로 조종하는 비행장치 |
| 패러글라이더 | 탑승자 및 비상용 장비의 중량을 제외한 자체중량이 70kg 이하로서 날개에 부착된 줄을 이용하여 조종하는 비행장치 |
| 기구류 | 기체의 성질·온도차 등을 이용하는 다음 각 목의 비행장치<br>• 유인자유기구<br>• 무인자유기구(기구 외부에 2kg 이상의 물건을 매달고 비행하는 것만 해당)<br>• 계류식 기구 |
| 무인비행장치 | 사람이 탑승하지 아니하는 것으로서 다음 각 목의 비행장치<br>• 무인동력비행장치 : 연료의 중량을 제외한 자체중량이 150kg 이하인 무인비행기, 무인헬리콥터 또는 무인멀티콥터<br>• 무인비행선 : 연료의 중량을 제외한 자체 중량이 180kg 이하이고 길이가 20m 이하인 무인비행선 |
| 회전익비행장치 | 동력비행장치의 각 목의 요건을 갖춘 헬리콥터 또는 자이로플레인 |
| 동력패러글라이더 | 패러글라이더에 추진력을 얻는 장치를 부착한 다음 각 목의 어느 하나에 해당하는 비행장치<br>• 착륙장치가 없는 비행장치<br>• 착륙장치가 있는 것으로서 동력비행장치의 각 목의 요건을 갖춘 비행장치 |
| 낙하산류 | 항력을 발생시켜 대기 중을 낙하하는 사람 또는 물체의 속도를 느리게 하는 비행장치 |
| 기타 | 그 밖에 국토교통부장관이 종류, 크기, 중량, 용도 등을 고려하여 정하여 고시하는 비행장치 |

## 02 초경량비행장치 종류

| 동력비행장치 | 회전익비행장치 | 무인비행장치 | 기구류 |
|---|---|---|---|
| 타면 조종형 | 초경량 헬리콥터 | 무인 동력비행장치 | 유,무인 자유기구 |
| 체중 이동형 | 초경량 자이로플레인 | 무인 비행선 | 계류식 가스기구 |
| 행글라이더 | 패러글라이더 | 동력패러글라이더 | 낙하산류 |

## 01 동력비행장치

1) 동력, 즉 엔진을 이용하여 프로펠러를 회전시켜 추진력을 얻는 비행 장치로서 착륙장치가 장착된 고정익 비행 장치를 말한다.

2) 타면 조종형은 현재 국내에 가장 많이 있는 종류로서 무게 및 연료용량이 제한되어 있을 뿐 구조적으로 일반항공기와 거의 동일하다고 할 수 있으며, 조종면, 동체, 엔진, 착륙장치의 4가지 종류로 이루어져 있다.

3) 활공기의 일종인 행글라이더를 기본으로 발전해 왔으며, 신소재의 개발로 점차 경량화 되어가고 있는 추세이다. 타면조종형 비행장치의 고정된 날개와는 달리 조종면이 없이 체중을 이동하여 비행장치의 방향을 조종한다.

▲ 동력비행장치

## 02 행글라이더, 패러글라이더

1) 행글라이더는 알루미늄이나 두랄루민으로 된 틀에 합성 섬유의 천을 입혀서 날 수 있게 만든 스포츠 기구로서, 사람이 매달려 기류(氣流)를 이용하여 활공할 수 있다.

▲ 행글라이더

2) 패러글라이더는 바람의 힘이나 공기의 흐름을 이용하여 공중을 날 수 있는 특수한 직사각형 낙하
   산으로 높은 산의 절벽 등에서 뛰어 내려서 바람으로 부풀려 떠오른다.

▲ 패러글라이더

## 03 기구류

기구란 기체의 성질이나 온도차 등으로 발생하는 부력을 이용하여 하늘로 오르는 비행 장치이다.

1) 계류식 가스기구는 공기보다 가벼운 헬륨가스의 부력을 이용하는 비행원리이며, 올라가고 싶을 땐 윈치에 연결된 케이블을 풀어주고 내려가고 싶을 땐 감는 상하 운동이 가능 한 기구이다.

2) 열기구는 커다란 공기 주머니의 아래 부분이 열려 있어서 그곳으로 강한 불꽃을 쏘아 올리면 공기 주머니 내부의 공기가 뜨거워지고, 온도차에 의한 공기의 부력을 이용하여 하늘로 떠오르는 기구이다.

▲ 열기구

① 불꽃을 발생시키기 위한 버너가 있으며, 사람이 탑승하는 탑승 장치에 연료용기도 탑재되어 있다.

3) 일반적으로 열기구는 4~6인용이 대부분이나 가스기구의 경우 구피의 크기에 따라 30명 이상 탑승할 수도 있다.

### 04 무인비행장치(Unmanned Aerial Vehicles)

1) 무인비행장치란 사람이 탑승하지 않고 원격조종 또는 스스로 조종되는 비행체를 말하며, 사용 용도에 따라 통신장비, 카메라, 센서 또는 기타 장비를 탑재, 장착한다.

2) 무인회전익비행장치는 사람이 탑승하지 않고 무선통신장비를 이용하거나 내장된 프로그램에 의해 자동으로 비행하는 비행체로서 구조적으로 일반 회전익항공기와 유사하고 항공촬영, 농약살포 등에 활용되고 있다.

3) 무인비행선은 가스기구와 같은 기구비행체에 스스로의 힘으로 움직일 수 있는 추진 장치를 부착하여 이동이 가능하도록 만든 비행체이며, 추진장치는 가솔린 엔진, 전기식 모터 등이 사용되며 각종 시범비행, 행사 시 축하비행, 광고 등에 많이 활용된다.

▲ 무인비행장치

### 05 회전익비행장치

1개 이상의 회전익을 이용하여 양력을 얻는 비행장치로 헬리콥터와 자이로플레인이 있다.

▲ 자이로플레인

## 06 동력패러글라이더

1) 낙하산류에 추진력을 얻는 장치를 부착한 비행 장치이다.

2) 조종사의 등에 엔진을 매거나, 패러글라이더에 동체를 연결하여 비행하는 두 가지 종류가 있으며 조종줄을 사용하여 비행장치의 방향과 속도를 조종한다.

3) 높은 산에서 평지로 뛰어내리는 패러글라이더와 달리 낮은 평지에서 높은 곳으로 날아오르는 비행을 할 수 있다.

▲ 동력패러글라이더

## 07 낙하산류 및 기타

낙하산은 항력(抗力)을 발생시켜 대기 중을 낙하하는 사람 또는 물체의 속도를 느리게 하는 비행장치이며, 그 밖에 국토교통부장관이 용도 등을 고려하여 정하여 고시하는 기타 비행장치 등이 있다.

/ CHAPTER /

# 02

출제빈도

상 중 하

# 초경량비행장치 항공안전법

**빈출 태그** 항공기사고 · 비행정보구역 · 영공 · 항공로 · 관제권 · 이착륙장

## 01 목적(항공안전법 제1조)

이 법은 「국제민간항공협약」 및 같은 협약의 부속서에서 채택된 표준과 권고되는 방식에 따라 항공기, 경량항공기 또는 초경량비행장치의 안전하고 효율적인 항행을 위한 방법과 국가, 항공사업자 및 항공종사자 등의 의무 등에 관한 사항을 규정함을 목적으로 한다. 〈개정 2019. 8. 27〉

## 02 정의(항공안전법 제2조)

1) '항공기'란 공기의 반작용(지표면 또는 수면에 대한 공기의 반작용은 제외)으로 뜰 수 있는 기기로서 최대이륙중량, 좌석 수 등 국토교통부령으로 정하는 기준에 해당하는 다음 기기와 그 밖에 대통령령으로 정하는 기기를 말한다.

    ① 비행기
    ② 헬리콥터
    ③ 비행선
    ④ 활공기(滑空機)

2) '경량항공기'란 항공기 외에 공기의 반작용으로 뜰 수 있는 기기로서 최대이륙중량, 좌석 수 등 국토교통부령으로 정하는 기준에 해당하는 비행기, 헬리콥터, 자이로플레인(Gyroplane) 및 동력패러슈트(Powered Parachute) 등을 말한다.

3) '초경량비행장치'란 항공기와 경량항공기 외에 공기의 반작용으로 뜰 수 있는 장치로서 자체중량, 좌석 수 등 국토교통부령으로 정하는 기준에 해당하는 동력비행장치, 행글라이더, 패러글라이더, 기구류 및 무인비행장치 등을 말한다.

4) '항공기사고'란 사람이 비행을 목적으로 항공기에 탑승하였을 때부터 탑승한 모든 사람이 항공기에서 내릴 때까지[사람이 탑승하지 아니하고 원격조종 등의 방법으로 비행하는 항공기의 경우에는 비행을 목적으로 움직이는 순간부터 비행이 종료되어 발동기가 정지되는 순간까지] 항공기의 운항과 관련하여 발생한 다음 어느 하나에 해당하는 것으로서 국토교통부령으로 정하는 것을 말한다.

    ① 사람의 사망, 중상 또는 행방불명
    ② 항공기의 파손 또는 구조적 손상
    ③ 항공기의 위치를 확인할 수 없거나 항공기에 접근이 불가능한 경우

5) '초경량비행장치사고'란 초경량비행장치를 사용하여 비행을 목적으로 이륙[이수(離水)를 포함]하는 순간부터 착륙[착수(着水)를 포함]하는 순간까지 발생한 다음의 어느 하나에 해당하는 것으로서 국토교통부령으로 정하는 것을 말한다.

   ① 초경량비행장치에 의한 사람의 사망, 중상 또는 행방불명

   ② 초경량비행장치의 추락, 충돌 또는 화재 발생

   ③ 초경량비행장치의 위치를 확인할 수 없거나 초경량비행장치에 접근이 불가능한 경우

6) '비행정보구역'이란 항공기, 경량항공기 또는 초경량비행장치의 안전하고 효율적인 비행과 수색 또는 구조에 필요한 정보를 제공하기 위한 공역(空域)으로서 국제민간항공협약 및 같은 협약 부속서에 따라 국토교통부장관이 그 명칭, 수직 및 수평 범위를 지정 · 공고한 공역을 말한다.

7) '영공'(領空)이란 대한민국의 영토와 「영해 및 접속수역법」에 따른 내수 및 영해의 상공을 말한다.

> **영공**
> 영토와 영해의 상공으로서 완전하고 배타적인 주권을 행사할 수 있는 공간
> **-영토** : 헌법 제3조에 의한 한반도와 그 부속도서
> **-영해** : 영해법 제1조에 의한 기선으로부터 측정하여 그 외측 12해리 선까지 이르는 수역

8) '항공로'(航空路)란 국토교통부장관이 항공기, 경량항공기 또는 초경량비행장치의 항행에 적합하다고 지정한 지구의 표면상에 표시한 공간의 길을 말한다.

9) '항공종사자'란 「항공안전법」 제34조제1항에 따른 항공종사자 자격증명을 받은 사람을 말한다.

> **항공안전법 제34조(항공종사자 자격증명 등)**
> ① 항공업무에 종사하려는 사람은 국토교통부령으로 정하는 바에 따라 국토교통부장관으로부터 항공종사자 자격증명(이하 "자격증명"이라 한다)을 받아야 한다. 다만, 항공업무 중 무인항공기의 운항 업무인 경우에는 그러하지 아니하다.

10) '비행장'이란 「공항시설법」 제2조제2호에 따른 비행장을 말한다.

> **공항시설법 제2조(정의)**
> 2. "비행장"이란 항공기 · 경량항공기 · 초경량비행장치의 이륙[이수(離水)를 포함]과 착륙[착수(着水)를 포함]을 위하여 사용되는 육지 또는 수면(水面)의 일정한 구역으로서 대통령령으로 정하는 것을 말한다.

11) '항행안전시설'이란 「공항시설법」 제2조제15호에 따른 항행안전시설을 말한다.

> **공항시설법 제2조(정의)**
> 15. "항행안전시설"이란 유선통신, 무선통신, 인공위성, 불빛, 색채 또는 전파(電波)를 이용하여 항공기의 항행을 돕기 위한 시설로서 국토교통부령으로 정하는 시설을 말한다.

**12)** '관제권'이란 비행장 또는 공항과 그 주변의 공역으로서 항공교통의 안전을 위하여 국토교통부장관이 지정 · 공고한 공역을 말한다.

**13)** '관제구'란 지표면 또는 수면으로부터 200m 이상 높이의 공역으로서 항공교통의 안전을 위하여 국토교통부장관이 지정 · 공고한 공역을 말한다.

**14)** '초경량비행장치사용사업'이란 「항공사업법」 제2조제23호에 따른 초경량비행장치사용사업을 말한다.

---
**항공사업법 제2조(정의)**

23. "초경량비행장치사용사업"이란 타인의 수요에 맞추어 국토교통부령으로 정하는 초경량비행장치를 사용하여 유상으로 농약살포, 사진촬영 등 국토교통부령으로 정하는 업무를 하는 사업을 말한다.
---

**15)** '초경량비행장치사용사업자'란 「항공사업법」 제2조제24호에 따른 초경량비행장치사용사업자를 말한다.

---
**항공사업법 제2조(정의)**

24. "초경량비행장치사용사업자"란 제48조제1항에 따라 국토교통부장관에게 초경량비행장치사용사업을 등록한 자를 말한다.
---

**16)** '이착륙장'이란 「공항시설법」 제2조제19호에 따른 이착륙장을 말한다.

---
**공항시설법 제2조(정의)**

19. "이착륙장"이란 비행장 외에 경량항공기 또는 초경량비행장치의 이륙 또는 착륙을 위하여 사용되는 육지 또는 수면의 일정한 구역으로서 대통령령으로 정하는 것을 말한다.
---

# / CHAPTER / 03

## 신고, 조종자 증명, 안전성인증

출제빈도 상 중 하

**빈출 태그** 신고번호 · 지방항공청장 · 국토교통부장관 · 교통안전공단 · 중량 기준 · 응시 기준 · 과태료 · 시험비행허가

### 01 초경량비행장치 신고

초경량비행장치의 최대 이륙중량이 2kg 초과하는 비행장치 또는 중량에 관계없이 모든 사업용 비행장치는 관할 지방항공청에 신고하고 신고증명서를 교부받아야 한다.

#### 01 초경량비행장치 신고(항공안전법 제122조)

1) 초경량비행장치를 소유하거나 사용할 수 있는 권리가 있는 자는 초경량비행장치의 종류, 용도, 소유자의 성명, 개인정보 및 개인위치정보의 수집 가능 여부 등을 국토교통부령으로 정하는 바에 따라 국토교통부장관에게 신고하여야 한다. 다만, 대통령령으로 정하는 초경량비행장치는 그러하지 아니하다.

2) 국토교통부장관은 초경량비행장치의 신고를 받은 경우 그 초경량비행장치 소유자 등에게 신고번호를 발급하여야 한다.

3) 신고번호를 발급받은 초경량비행장치 소유자는 그 신고번호를 해당 초경량비행장치에 표시하여야 한다.

#### 02 신고를 필요로 하지 아니하는 초경량비행장치의 범위(항공안전법 시행령 제24조)

'대통령령으로 정하는 초경량비행장치'란 다음의 어느 하나에 해당하는 것으로서 「항공사업법」에 따른 항공기대여업 · 항공레저스포츠사업 또는 초경량비행장치사용사업에 사용되지 아니하는 것을 말한다.

1) 행글라이더, 패러글라이더 등 동력을 이용하지 아니하는 비행장치

2) 계류식(繫留式) 기구류(사람이 탑승하는 것은 제외)

3) 계류식 무인비행장치

4) 낙하산류

5) 무인동력비행장치 중에서 최대 이륙중량이 2kg 이하인 것

6) 무인비행선 중에서 연료의 무게를 제외한 자체무게가 12kg 이하이고, 길이가 7m 이하인 것

7) 연구기관 등이 시험 · 조사 · 연구 또는 개발을 위하여 제작한 초경량비행장치

8) 제작자 등이 판매를 목적으로 제작하였으나 판매되지 아니한 것으로서 비행에 사용되지 아니하는 초경량비행장치

9) 군사목적으로 사용되는 초경량비행장치

## 03 초경량비행장치 신고(항공안전법 시행규칙 제301조)

1) 초경량비행장치 소유자는 안전성인증을 받기 전(사유가 발생한 날로부터 30일 이내)까지 초경량비행장치 신고서(전자문서로 된 신고서를 포함)에 다음의 서류를 첨부하여 한국교통안전공단 이사장에게 제출하여야 한다. 이 경우 신고서 및 첨부서류는 팩스 또는 정보통신을 이용하여 제출할 수 있다.
   ① 초경량비행장치를 소유하거나 사용할 수 있는 권리가 있음을 증명하는 서류
   ② 초경량비행장치의 제원 및 성능표
   ③ 초경량비행장치의 사진(가로 15cm, 세로 10cm의 측면사진)
   ④ 제작번호 촬영 사진

2) 한국교통안전공단 이사장은 초경량비행장치의 신고를 받으면 초경량비행장치 신고증명서를 초경량비행장치 소유자에게 발급하여야 하며, 초경량비행장치 소유자는 비행 시 이를 휴대하여야 한다.

3) 한국교통안전공단 이사장은 초경량비행장치 신고증명서를 발급하였을 때에는 초경량비행장치 신고대장을 작성하여 갖추어 두어야 한다. 이 경우 초경량비행장치 신고대장은 전자적 처리가 불가능한 특별한 사유가 없으면 전자적 처리가 가능한 방법으로 작성·관리하여야 한다.

4) 초경량비행장치 소유자 등은 초경량비행장치 신고증명서의 신고번호를 해당 장치에 표시하여야 하며, 표시방법, 표시장소 및 크기 등 필요한 사항은 국토교통부장관의 승인을 받아 한국교통안전공단 이사장이 정한다.

## 04 초경량비행장치 변경신고 등(항공안전법 제123조)

1) 초경량비행장치 소유자는 신고한 초경량비행장의 용도, 소유자의 성명 등 국토교통부령으로 정하는 사항을 변경하려는 경우에는 국토교통부령으로 정하는 바에 따라 국토교통부장관에게 변경신고를 하여야 한다.

2) 초경량비행장치 소유자는 신고한 초경량비행장치가 멸실되었거나 그 초경량비행장치를 해체(정비등, 수송 또는 보관하기 위한 해체는 제외)한 경우에는 그 사유가 발생한 날부터 15일 이내에 국토교통부장관에게 말소신고를 하여야 한다.

3) 초경량비행장치 소유자가 말소신고를 하지 아니하면 국토교통부장관은 30일 이상의 기간을 정하여 말소신고를 할 것을 해당 초경량비행장치 소유자 등에게 최고하여야 한다.

4) 최고를 한 후에도 해당 초경량비행장치 소유자가 말소신고를 하지 아니하면 국토교통부장관은 직권으로 그 신고번호를 말소할 수 있으며, 신고번호가 말소된 때에는 그 사실을 해당 초경량비행장치 소유자 및 그 밖의 이해관계인에게 알려야 한다.

### 05 초경량비행장치 변경신고(항공안전법 시행규칙 제302조)

1) '초경량비행장치의 용도, 소유자의 성명 등 국토교통부령으로 정하는 사항'이란 다음의 어느 하나를 말한다.
  ① 초경량비행장치의 용도
  ② 초경량비행장치 소유자 등의 성명, 명칭 또는 주소
  ③ 초경량비행장치의 보관 장소

2) 초경량비행장치 소유자가 위 사항을 변경하려는 경우에는 그 사유가 있는 날부터 30일 이내에 초경량비행장치 변경·이전신고서를 한국교통안전공단 이사장에게 제출하여야 한다.

### 06 초경량비행장치 말소신고(항공안전법 시행규칙 제303조)

1) 말소신고를 하려는 초경량비행장치 소유자는 그 사유가 발생한 날부터 15일 이내에 초경량비행장치 말소신고서를 한국교통안전공단 이사장에게 제출하여야 한다.

2) 한국교통안전공단 이사장은 신고서 및 첨부서류에 흠이 없고 형식상 요건을 충족하는 경우 지체 없이 접수하여야 한다.

3) 한국교통안전공단 이사장은 최고(催告, 상대방에 대하여 일정한 행위를 할 것을 요구)를 하는 경우, 해당 초경량비행장치의 소유자 등의 주소 또는 거소를 알 수 없는 경우에는 말소신고를 할 것을 관보에 고시하고, 한국교통안전공단 홈페이지에 공고하여야 한다.

## 02 초경량비행장치 조종자 증명

### 01 개요(항공안전법 제125조, 항공안전법 시행규칙 제306조)

동력비행장치 등 국토교통부령으로 정하는 초경량비행장치를 사용하여 비행하려는 사람은 국토교통부령으로 정하는 기관 또는 단체의 장으로부터 그가 정한 해당 초경량비행장치별 자격기준 및 시험의 절차·방법에 따라 해당 초경량비행장치의 조종을 위하여 발급하는 증명(이하 "초경량비행장치 조종자 증명"이라 한다.)을 받아야 한다.

## 02 장비 중량기준

1) **1종** : 최대이륙중량이 25kg을 초과하고 연료의 중량을 제외한 자체중량이 150kg 이하
2) **2종** : 최대이륙중량이 7kg을 초과하고 25kg 이하
3) **3종** : 최대이륙중량이 2kg을 초과하고 7kg 이하
4) **4종** : 최대이륙중량이 250g을 초과하고 2kg 이하

## 03 응시자격

나이 14세 이상이며, 운전면허 또는 이를 갈음할 수 있는 신체검사 증명 소지자로서 해당 비행장치의 비행경력이 20시간 이상인 자이다.

## 04 조종자격 증명시험 응시기준

| 시험종류(자격증명) | 비행경력 |
|---|---|
| 무인멀티콥터 | 1. 학과시험 : 만 14세 이상이며, 다음과 같은 비행경력을 가진 사람<br>• 1종(20시간), 2종(10시간), 3종(6시간), 4종(온라인교육과정(TS배움터)으로 대체)<br>2. 실기시험 : 1종(20시간), 2종(10시간), 3 · 4종(실기시험 시행하지 않음) |

## 05 지도 조종자 자격기준

| 시험종류(자격증명) | 비행경력 |
|---|---|
| 무인멀티콥터 | 만 18세 이상이며, 무인멀티콥터를 조종한 시간이 총 100시간 이상인 사람 |

---

## 03 초경량비행장치 안전성인증과 시험비행허가

### 01 개요(항공안전법 제124조)

시험비행 등 국토교통부령으로 정하는 경우로서 국토교통부장관의 허가를 받은 경우를 제외하고는 동력비행장치 등 국토교통부령으로 정하는 초경량비행장치를 사용하여 비행하려는 사람은 국토교통부령으로 정하는 기관 또는 단체의 장으로부터 그가 정한 안정성인증의 유효기간 및 절차 · 방법 등에 따라 그 초경량비행장치가 국토교통부장관이 정하여 고시하는 비행안전을 위한 기술상의 기준에 적합하다는 안전성인증을 받지 아니하고 비행하여서는 아니 된다. 이 경우 안전성인증의 유효기간 및 절차 · 방법 등에 대해서는 국토교통부장관의 승인을 받아야 하며, 변경할 때에도 또한 같다.

## 02 대상(항공안전법 시행규칙 제305조)

1) '동력비행장치 등 국토교통부령으로 정하는 초경량비행장치'란 다음 각 호의 어느 하나에 해당하는 초경량비행장치를 말한다.

① 동력비행장치

② 행글라이더, 패러글라이더 및 낙하산류(항공레저스포츠사업에 사용되는 것만 해당한다)

③ 기구류(사람이 탑승하는 것만 해당한다)

④ 다음 각 목의 어느 하나에 해당하는 무인비행장치

- 제5조제5호가목에 따른 무인비행기, 무인헬리콥터 또는 무인멀티콥터 중에서 최대이륙중량이 25kg을 초과하는 것
- 제5조제5호나목에 따른 무인비행선 중에서 연료의 중량을 제외한 자체중량이 12kg을 초과하거나 길이가 7m를 초과하는 것

⑤ 회전익비행장치

⑥ 동력패러글라이더

2) '국토교통부령으로 정하는 기관 또는 단체'란 기술원 또는 시설기준을 충족하는 기관 또는 단체 중에서 국토교통부장관이 정하여 고시하는 기관 또는 단체를 말한다.

## 03 과태료(항공안전법 제166조)

항공안전법 제124조를 위반하여 초경량비행장치의 비행안전을 위한 기술상의 기준에 적합하다는 안전성 인증을 받지 아니하고 비행한 사람은 500만원 이하의 과태료를 부과한다.

## 04 초경량비행장치의 시험비행허가 대상(항공안전법 시행규칙 제304조)

1) 연구·개발 중에 있는 초경량비행장치의 안전성 여부를 평가하기 위하여 시험비행을 하는 경우

2) 안전성인증을 받은 초경량비행장치의 성능개량을 수행하고 안전성여부를 평가하기 위하여 시험비행을 하는 경우

3) 그 밖에 국토교통부장관이 필요하다고 인정하는 경우

## 05 시험비행허가 신청 시 제출 서류(항공안전법 시행규칙 제304조)

1) 해당 초경량비행장치에 대한 소개서(설계개요서, 설계도면, 부품표 및 비행장치의 제원을 포함한다)

2) 시험비행 등 계획서(시험비행 등의 기간, 장소 및 시험비행 등 점검표를 포함한다)

3) 설계도면과 일치되게 제작되었음을 입증하는 서류

4) 신청인이 제시한 시험비행 등의 범위에서 안전 수준을 입증하는 서류(지상성능시험 결과 및 안전대책을 포함한다)

5) 신청인이 제시한 시험비행 등을 하기 위한 수준의 조종절차 및 안전성 유지를 위한 정비방법을 명시한 서류

6) 초경량비행장치 사진(전체 및 측면사진을 말하며, 전자파일로 된 것을 포함한다) 각 1매

7) 그 밖에 시험비행 등과 관련하여 국토교통부장관이 필요하다고 인정하여 고시하는 서류

# / CHAPTER /
# 04
## 전문교육기관

출제빈도
상 중 하

빈출 태그 전문교관 · 비행시간 · 학사운영

## 01 초경량비행장치 전문교육기관의 지정(항공안전법 제126조)

1) 국토교통부장관은 초경량비행장치 조종자를 양성하기 위하여 국토교통부령으로 정하는 바에 따라 '초경량비행장치 전문교육기관'을 지정할 수 있다.

2) 국토교통부장관은 초경량비행장치 전문교육기관이 초경량비행장치 조종자를 양성하는 경우에는 예산의 범위에서 필요한 경비의 전부 또는 일부를 지원할 수 있다.

3) 초경량비행장치 전문교육기관의 교육과목, 교육방법, 인력, 시설 및 장비 등의 지정기준은 국토교통부령으로 정한다.

## 02 전문교육기관의 지정(항공안전법 시행규칙 제307조)

1) 초경량비행장치 조종자 전문교육기관 지정신청서에 다음의 사항을 적은 서류를 첨부하여 한국교통안전공단에 제출하여야 한다.

① 전문교관의 현황, 교육시설 및 장비의 현황, 교육훈련계획 및 교육훈련규정

2) 법 제126조제3항에 따른 초경량비행장치 조종자 전문교육기관의 지정기준은 다음 각 호와 같다.

① 다음 각 목의 전문교관이 있을 것
   • 비행시간이 200시간(무인비행장치의 경우 조종경력이 100시간) 이상이고 국토교통부장관이 인정한 조종교육교관과정을 이수한 지도조종자 1명 이상
   • 비행시간이 300시간(무인비행장치의 경우 조종경력이 150시간) 이상이고 국토교통부장관이 인정하는 실기평가과정을 이수한 실기평가조종자 1명 이상

② 다음 각 목의 시설 및 장비(시설 및 장비에 대한 사용권을 포함한다)를 갖출 것
   • 강의실 및 사무실 각 1개 이상
   • 이착륙 시설
   • 훈련용 비행장치 1대 이상
   • 출결 사항을 전자적으로 처리 · 관리하기 위한 단말기 1대 이상

③ 교육과목, 교육시간, 평가방법 및 교육훈련규정 등 교육훈련에 필요한 사항으로서 국토교통부장관이 정하여 고시하는 기준을 갖출 것

3) 한국교통안전공단은 제1항에 따라 초경량비행장치 조종자 전문교육기관 지정신청서를 제출한 자가 제2항에 따른 기준에 적합하다고 인정하는 경우에는 초경량비행장치 조종자 전문교육기관 지정서를 발급하여야 한다.

## 03 교재, 장비 및 시설

### 1) 학과교육 교재

① 기본 교과서(참고서 포함)
② 비행규정(무인비행장치제작사에서 발간한 매뉴얼) : 조종자피교육생 각자가 사용가능한 비행 규정 1부

### 2) 교육 훈련장비

훈련용 무인비행장치(무인헬리콥터 또는 무인멀티콥터) 1 · 2 · 3종 및 모의비행훈련장치 각 1대 이상 보유

### 3) 학과교육 훈련시설

① 교육환경 및 보건위생상 적합한 장소에 설립하되, 그 목적을 실현함에 필요한 다음 각 호의 시설을 갖추어야 한다.
- 강의실 또는 열람실, 사무실
- 채광시설, 조명시설, 환기시설, 냉난방시설, 위생시설
- 실습, 실기 등을 요하는 경우에는 이에 필요한 시설 및 설비

② 단위시설의 기준
- 강의실 : 면적은 3㎡ 이상이고 1㎡당 1.2명 이하가 되도록 할 것이며, 학생 수에 따라 충분한 면적을 갖추고 책상, 의자, 흑판 등 필요한 시설을 갖출 것
- 사무실 : 면적은 3㎡ 이상일 것
- 채광시설, 조명시설, 환기시설 및 냉난방시설은 보건 위생적으로 적절할 것
- 위생시설은 남녀 구분하여 설치하고, 보건 위생적으로 적절한 것이어야 할 것

③ 피교육생의 편의 제공에 필요한 상담실, 기타 편의시설을 둘 것
④ 제반 학과교육 훈련시설은 건축 관계 법규에 적합할 것

## 04 실기교육 훈련시설

1) 실기교육 훈련시설이 있는 토지의 소유, 임대 또는 적법한 절차에 의해 사용할 권한이 있을 것 (「농지법」 등 타 법률에서 정하는 제한사항이 없을 것)

2) 법 제127조에 따른 초경량비행장치 비행승인을 받는데 문제가 없을 것

3) 실기교육 훈련시설에 교육 및 훈련을 방해할 수 있는 장애물 또는 불법 건축물이 없을 것

4) 실기교육 훈련시설의 노면은 해당 분야 비행장치 이 · 착륙 등 비행훈련에 지장을 주지 아니하도록 평탄하게 유지되고 배수상태가 양호할 것

5) 비행훈련 중 교관과 교육생을 보호할 수 있는 조종자 안전펜스가 설치되어 있을 것

6) 위생시설은 남녀 구분하여 설치하고, 보건 위생적으로 적절할 것

7) 풍향, 풍속을 감지할 수 있는 시설물이 설치되어 있을 것

8) 실기교육 훈련시설 출입구에 목적과 주의사항을 안내하는 시설물이 설치되어 있을 것

9) 인접한 의료기관의 명칭, 장소의 약도 및 연락처 등 비상시 의료조치를 위하여 필요한 물품이 비치되어 있을 것

## 05 교육 과정

1) 학과교육 시간은 20시간 이상이어야 하며, 교육의 과목 및 과목별 교육 시간은 다음과 같다.

| 교육과목 | 교육시간 |
| --- | --- |
| 1. 항공법규 | 2 |
| 2. 항공기상 | 2 |
| 3. 항공역학(비행이론) | 5 |
| 4. 비행운용 이론 | 11 |
| 계 | 20시간 |

2) 모의비행교육은 실기교육 전까지 지정 받은 교육과정의 종류(1 · 2 · 3종)에 따라 무인헬리콥터 및 무인멀티콥터 모의비행 시뮬레이터를 이용한 비행교육을 실시하여야 하며, 교육시간은 다음과 같다.

| 구분 | 교육시간 | 비고 |
| --- | --- | --- |
| 1종 | 20 | |
| 2종 | 10 | |
| 3종 | 6 | |

3) 실기교육의 경우, 지정 받은 교육과정의 종류(1 · 2 · 3종)에 따라 실기교육의 과목 및 과목별 교육시간은 다음과 같으며, 교관의 동반 또는 감독 하에 교육을 실시하여야 한다.

| 과목 | 교관동반 비행시간 | | | 단독 비행시간 | | |
| --- | --- | --- | --- | --- | --- | --- |
| | 1종 | 2종 | 3종 | 1종 | 2종 | 3종 |
| 1. 이착륙 | 2 | 1 | 0.5 | 3 | 2 | 1 |
| 2. 공중 조작 | 2 | 1 | 0.5 | 3 | 2 | 1 |
| 3. 지표부근에서의 조작 | 3 | 1 | 0.5 | 6 | 2 | 2 |
| 4. 비정상 및 비상절차 | 1 | 1 | 0.5 | − | − | − |
| 계 | 8시간 | 4시간 | 2시간 | 12시간 | 6시간 | 4시간 |

## 06 전문교육기관의 교육규정

### 1) 교육규정

교육규정에는 전문교육기관으로 지정을 받고자 하는 항공종사자 자격별로 다음의 사항을 포함하여야 한다.

① 총칙
- 교육기관의 명칭
- 교육기관의 소재지
- 항공종사자 자격별 교육과정명
- 교육목표 및 목적

② 학사운영
- 교육기관 운영과 관련된 조직 및 인원과 관련된 임무
- 교육생 응시기준 및 선발방법 등
- 교육생 정원(연간 최대 교육인원)
- 편입기준
- 결석자에 대한 보충교육 방법
- 시험시행 횟수, 시기 및 방법
- 학사운영(입학 및 수료 등) 보고에 관한 사항
- 수료증명서 발급에 관한 사항
- 교육과정 운영과 관련된 기록 · 유지 등에 관한 사항
- 그 밖에 전문교육기관 운영에 필요한 사항 등

### 2) 학사운영

① **입과기준** : 피교육생이 될 수 있는 자격, 피교육생의 선발방법 등을 기재하여야 한다.

② **교육정원(연간 최대 교육인원)** : 최대 교육인원은 동시에 교육훈련을 실시할 수 있는 피교육생 수로서 지정을 받고자 하는 교육기관의 교육시설, 교관 등의 수요를 종합적으로 고려하여 교육훈련을 실시하는데 적당하다고 판단되는 인원수를 기재하여야 한다. 이 경우 교실당 학과교육 동시 최대인원은 30명 이하이어야 하나 20% 이내에서 조정할 수 있다.

### 3) 편입기준

① 해당과정 입과 전 다른 교육과정에 재적경력이 있는 학생을 해당과정에 편입시키는 경우 입과 전 과정의 교육받은 과목(동일과목에 한함) 및 재적 중의 성적에 따라 해당과정에 있어서의 학과교육 또는 실기교육 일부를 이수한 것으로 볼 수 있다. 단, 입과 예정 교육기간의 3분의 2를 초과할 수 없다.

② 다른 지정전문교육기관에서 해당과정과 동일한 과정에 재적경력이 있는 피교육생을 해당과정에 편입시키는 경우, 그 교육기관에서 이수한 교육내용을 해당 과정에 있어서도 이수한 것으로 인정할 수 있다. 단, 성적불량 등의 이유로 그 교육기관을 퇴학당한 자 또는 질병 등의 이유로 교육을 중단한 자는 제외한다.

③ 학과교육 또는 실기교육만을 받고자 하는 자에 대한 교육도 실시할 수 있다.

## 4) 학과교육

① 학과교육은 실기교육과 보조를 맞추어 실시하되, 학과교육이 실기교육 이전에 필요한 경우에는 학과교육의 진도를 실기교육 시작 전에 종료하여야 한다.

② 학과교육과 실기교육을 병행하여 실시하기가 가능한 경우에는 이를 교육규정에 명시하고 시행하여야 한다.

③ 학과교육 및 실기교육 중 교육시간은 전체 35% 범위 내에서 조정할 수 있으며 이러한 경우에는 이를 교육규정에 명시하고 시행하여야 한다.

## 5) 이수증명서 발급

① 전문교육기관은 해당 교육과정을 이수한 피교육생에게는 교육 이수증명서를 발급하여야 한다.

② 교육 이수증명서에는 최소한 다음 사항이 기재되어야 한다.

- 전문교육기관의 명칭
- 이수증명서 발급 일련번호
- 이수자의 성명, 주민등록번호(외국인의 경우 국적 및 생년월일) 및 현주소
- 이수한 교육과정명(학과교육 및 실기교육 이수를 명기할 것)
- 교육과정을 만족하게 수료했다는 내용의 진술
- 이수증명서 발급 연월일
- 이수증명서 발급자의 직책, 성명 및 직인

## 6) 기록 및 보관

① 전문교육기관은 해당 교육과정에 입과한 학생의 출석, 교육훈련 내용 및 결과 등에 대하여 피교육생별, 교육과정별로 기록 · 유지하여야 하며, 그 기록 내용은 다음의 사항이 포함되어야 한다.

- 교육과정명
- 피교육생의 성명, 주민등록번호(외국인의 경우 국적 및 생년월일) 및 현주소
- 피교육생의 출석기록부
- 교육훈련 이수과목 및 내용
- 교육훈련 평가결과
- 이수일자 등

② 전문교육기관은 제1항의 규정에 의한 각 피교육생의 기록을 그 교육과정을 수료한 날로부터 최소한 10년간 보관하여야 한다. 단, 요약본은 준영구 보관하여야 한다.

## 7) 비행경력 관리

① 전문교육기관은 교육과정을 이수한 교육생들의 비행경력을 관리하며, 필요시 경력증명 발급 요청에 따라 경력증명을 발급한다.

② 교육 수료 후 비행경력의 추가적인 비행경력 관리를 필요로 하는 교육생은 비행경력 자료를 교육원에 제출하여 기록관리 되도록 한다.

③ 전문교육기관은 비행경력 관리에 따른 소요 경비에 대한 일정 수수료를 받을 수 있다.

/ CHAPTER /
# 05
출제빈도
상 중 하

# 비행승인

**빈출 태그** 초경량비행장치 전용공역 · 국방부 · 드론 원스탑 민원처리 시스템(drone.onestop.go.kr)

## 01 비행승인(항공안전법 제127조, 항공안전법 시행규칙 제308조)

초경량비행장치를 사용하여 국토교통부장관이 고시하는 초경량비행장치 비행제한공역에서 비행하려는 사람은 국토교통부령으로 정하는 바에 따라 미리 국토교통부장관으로부터 비행승인을 받아야 한다. 다만, 비행장 및 이착륙장의 주변 등 대통령령으로 정하는 제한된 범위에서 비행하려는 경우는 제외한다.

1) 최대 이륙중량 25kg 이하의 기체는 비행금지구역 및 관제권을 제외한 공역에서 고도 150m 이하에서는 비행승인 없이 비행이 가능하다.

2) 최대 이륙중량 25kg 초과의 기체는 전 공역에서 사전 비행승인 후 비행이 가능하다.

3) 최대 이륙중량 상관없이 비행금지구역 및 관제권에서는 사전 비행승인 없이는 비행이 불가하다.

4) 초경량비행장치 전용공역(UA)에서는 비행승인 없이 비행이 가능하다.

5) 비행계획 제출 양식과 포함내용은 초경량비행장치 승인신청서를 참고하면 된다.

## 02 비행승인 기관

비행승인은 지역에 따라 관할기관이 다르게 되어 있으며, 항공사진촬영허가는 국방부에서 승인하고 있다.

| 구분 | 비행금지구역 (P-73, P-65 등) | 비행제한구역 (R-75) | 민간관제권 (반경 9.3km) | 군 관제권 (반경 9.3km) | 그 밖의 지역 (고도 150m 이하) |
|---|---|---|---|---|---|
| 촬영허가 (국방부) | O | O | O | O | O |
| 비행허가 (군) | O | O | X | O | X |
| 비행승인 (국토부) | X | X | O | X | X |
| 공통사항 | 1. 위 모든 사항은 최대 이륙중량 25kg 이하의 기체, 고도 150m 이하로 한정했을 때만 적용<br>2. 공역이 2개 이상 겹칠 경우 각 기관 허가사항 모두 적용<br>3. 고도 150m 이상 비행이 필요한 경우 공역에 관계없이 국토부 비행 계획 승인 요청 | | | | |

※ 서울시내 비행금지공역(P-73)은 수도방위사령부에서 비행승인을 담당한다.

## 03 항공사진촬영

1) 모든 항공사진촬영은 사전 승인을 득하고 진행하여야 한다(drone.onestop.go.kr). 그러나 명백히 주요 국가/군사시설이 없는 곳으로서 비행금지구역이 아닌 곳은 국방부에서 규제하지 않는다.

2) 항공사진촬영이 금지된 곳은 아래와 같다.

　① 국가 및 군사보안목표 시설, 군사시설(군부대, 댐, 항만시설 등)
　② 군수산업시설 등 국가 보안상 중요한 시설 및 지역
　③ 비행금지구역(공익목적 등인 경우 제한적으로 허용 가능)

3) 항공사진 촬영 허가를 받았더라도 비행승인은 별도로 받아야만 비행이 가능하다. 즉 항공사진촬영 목적으로 비행을 하려면 먼저 국방부로부터 항공사진 촬영 허가를 받고 이를 첨부하여 공역별 관할기관에 비행승인을 신청해야 한다.


## 04 구조지원 장비

### 1) 초경량비행장치 구조지원 장비 장착의무(항공안전법 제128조)

초경량비행장치를 사용하여 초경량비행장치 비행제한공역에서 비행하려는 사람은 안전한 비행과 초경량비행장치사고 시 신속한 구조 활동을 위하여 국토교통부령으로 정하는 장비를 장착하거나 휴대하여야 한다. 다만, 무인비행장치 등 국토교통부령으로 정하는 초경량비행장치는 그러하지 아니하다.

### 2) 초경량비행장치의 구조지원 장비(항공안전법 시행규칙 제309조)

　① 법 제128조 본문에서 "국토교통부령으로 정하는 장비"란 다음 각 호의 어느 하나에 해당하는 것을 말한다.

• 위치추적이 가능한 표시기 또는 단말기
• 조난구조용 장비(위의 장비를 갖출 수 없는 경우만 해당한다)

　② 법 제128조 단서에서 "무인비행장치 등 국토교통부령으로 정하는 초경량비행장치"란 다음 각 호의 어느 하나에 해당하는 초경량비행장치를 말한다.

• 동력을 이용하지 아니하는 비행장치
• 계류식 기구
• 동력패러글라이더
• 무인비행장치

# / CHAPTER / 06 무인항공기 안전관리

출제빈도 상 중 하

**빈출 태그** 항공안전프로그램 · 의무보고 · 자율보고 · 금지행위

---

**01** 항공안전관리 프로그램

국가의 항공안전목표 달성을 위해 항공안전프로그램을 고시하고, 항공안전 의무보고를 규정한다.

### 01 항공안전프로그램(항공안전법 제58조)

1) 국토교통부장관은 다음의 사항이 포함된 항공안전프로그램을 마련하여 고시하여야 한다.
   ① 항공안전에 대한 정책, 달성목표 및 조직체계
   ② 항공안전 위험도의 관리
   ③ 항공안전보증
   ④ 항공안전증진

2) 다음의 어느 하나에 해당하는 자는 제작, 교육, 운항 또는 사업 등을 시작하기 전까지 항공안전 프로그램에 따라 항공기사고 등의 예방 및 비행안전의 확보를 위한 항공안전관리시스템을 마련하고, 국토교통부장관의 승인을 받아 운용하여야 한다. 승인받은 사항 중 국토교통부령으로 정하는 중요사항을 변경할 때에도 또한 같다.
   ① 형식증명, 부가형식증명, 제작증명, 기술표준품형식승인 또는 부품등제작자증명을 받은 자
   ② 항공종사자 양성을 위하여 지정된 전문교육기관
   ③ 항공교통업무증명을 받은 자
   ④ 항공운송사업자, 항공기사용사업자 및 국외운항항공기 소유자 등
   ⑤ 항공기정비업자로서 정비조직인증을 받은 자
   ⑥ 공항운영증명을 받은 자
   ⑦ 항행안전시설을 설치한 자`
   ⑧ 국외운항항공기를 소유 또는 임차하여 사용할 수 있는 권리가 있는 자

### 02 항공안전프로그램의 마련에 필요한 사항(항공안전법 시행규칙 제131조)

항공안전프로그램을 마련할 때에는 다음의 사항을 반영하여야 한다.

1) 항공안전에 관한 정책, 달성목표 및 조직체계
   ① 항공안전분야의 기본법령에 관한 사항
   ② 기본법령에 따른 세부기준에 관한 사항

③ 항공안전 관련 조직의 구성, 기능 및 임무에 관한 사항

④ 항공안전 관련 법령 등의 이행을 위한 전문인력 확보에 관한 사항

⑤ 기본법령을 이행하기 위한 세부지침 및 주요 안전정보의 제공에 관한 사항

2) 항공안전 위험도 관리

① 항공안전 확보를 위해 국토교통부장관이 수행하는 증명, 인증, 승인, 지정 등에 관한 사항

② 항공안전관리시스템 이행의무에 관한 사항

③ 항공기사고 및 항공기준사고 조사에 관한 사항

④ 항공안전위해요인의 식별 및 항공안전 위험도 평가에 관한 사항

⑤ 항공안전 문제의 해소 등 항공안전 위험도의 경감에 관한 사항

3) 항공안전보증

① 안전감독 등 감시활동에 관한 사항

② 국가의 항공안전성과에 관한 사항

4) 항공안전증진

① 정부 내 항공안전에 관한 업무를 수행하는 부처 간의 안전정보 공유 및 안전문화 조성에 관한 사항

② 정부 내 항공안전에 관한 업무를 수행하는 부처와 항공안전관리시스템을 운영하는 자, 국제민간항공기구 및 외국의 항공당국 등 간의 안전정보 공유 및 안전문화 조성에 관한 사항

5) 국제기준관리시스템의 구축 · 운영

6) 그 밖에 국토교통부장관이 항공안전목표 달성에 필요하다고 정하는 사항

## 03 항공안전 의무보고(항공안전법 제59조)

1) 항공기사고, 항공기준사고 또는 항공안전장애를 발생시켰거나 항공기사고, 항공기준사고 또는 항공안전장애가 발생한 것을 알게 된 항공종사자 등 관계인은 국토교통부장관에게 그 사실을 보고하여야 한다.

2) 항공종사자 등 관계인의 범위, 보고에 포함되어야 할 사항, 시기, 보고 방법 및 절차 등은 국토교통부령으로 정한다.

## 02 항공안전 자율보고 및 금지행위 고지

항공안전을 해치거나 해칠 우려가 있는 경우 항공안전 자율보고를 해야 하며, 비행 중 금지행위를 고지하여야 한다.

## 01 항공안전 자율보고(항공안전법 제61조)

1) 항공안전을 해치거나 해칠 우려가 있는 사건 · 상황 · 상태 등을 발생시켰거나 항공안전 위해요인이 발생한 것을 안 사람 또는 항공안전 위해요인이 발생될 것이 예상된다고 판단하는 사람은 국토교통부장관에게 그 사실을 보고할 수 있다.

2) 국토교통부장관은 항공안전 자율보고를 한 사람의 의사에 반하여 보고자의 신분을 공개해서는 아니 되며, 항공안전 자율보고를 사고예방 및 항공안전 확보 목적 외의 다른 목적으로 사용해서는 아니 된다.

3) 누구든지 항공안전 자율보고를 한 사람에 대하여 이를 이유로 해고 · 전보 · 징계 · 부당한 대우 또는 그 밖에 신분이나 처우와 관련하여 불이익한 조치를 해서는 아니 된다.

4) 국토교통부장관은 자율보고대상 항공안전장애 또는 항공안전위해요인을 발생시킨 사람이 그 발생일부터 10일 이내에 항공안전 자율보고를 한 경우에는 고의 또는 중대한 과실로 발생시킨 경우에 해당하지 아니하면 이 법 및 「공항시설법」에 따른 처분을 하여서는 아니 된다.

5) 위의 규정한 사항 외에 항공안전 자율보고에 포함되어야 할 사항, 보고 방법 및 절차 등은 국토교통부령으로 정한다.

## 02 항공기의 비행 중 금지행위(항공안전법 제68조)

항공기를 운항하려는 사람은 생명과 재산을 보호하기 위하여 다음 어느 하나에 해당하는 비행 또는 행위를 해서는 아니 된다. 다만, 국토교통부령으로 정하는 바에 따라 국토교통부장관의 허가를 받은 경우에는 그러하지 아니하다.

1) 국토교통부령으로 정하는 최저비행고도 아래에서의 비행

2) 물건의 투하(投下) 또는 살포

3) 낙하산 강하(降下)

4) 국토교통부령으로 정하는 구역에서 뒤집어서 비행하거나 옆으로 세워서 비행하는 등의 곡예비행

5) 무인항공기의 비행

6) 그 밖에 생명과 재산에 위해를 끼치거나 위해를 끼칠 우려가 있는 비행 또는 행위로서 국토교통부령으로 정하는 비행 또는 행위

## 03 항공안전 자율보고의 절차(항공안전법 시행규칙 제135조)

1) 항공안전 자율보고를 하려는 사람은 항공안전 자율보고서 또는 국토교통부장관이 정하여 고시하는 전자적인 보고방법에 따라 한국교통안전공단의 이사장에게 보고할 수 있다.

2) 항공안전 자율보고의 접수 · 분석 및 전파 등에 관하여 필요한 사항은 국토교통부장관이 정하여 고시한다.

## 03 항공안전관리 시스템

### 01 항공안전관리시스템의 승인(항공안전법 시행규칙 제130조)

1) 항공안전관리시스템을 승인받으려는 자는 항공안전관리시스템 승인신청서에 다음의 서류를 첨부하여 제작 · 교육 · 운항 또는 사업 등을 시작하기 30일 전까지 국토교통부장관 또는 지방항공청장에게 제출하여야 한다.
   ① 항공안전관리시스템 매뉴얼
   ② 항공안전관리시스템 이행계획서 및 이행확약서
   ③ 항공안전관리시스템 승인기준에 미달하는 사항이 있는 경우 이를 보완할 수 있는 대체운영 절차

2) 항공안전관리시스템 승인신청서를 받은 국토교통부장관 또는 지방항공청장은 해당 항공안전관리시스템이 승인기준 및 국토교통부장관이 고시한 운용조직의 규모 및 업무특성별 운용요건에 적합하다고 인정되는 경우에는 항공안전관리시스템 승인서를 발급하여야 한다.

3) 항공안전관리시스템에서 국토교통부령으로 정하는 중요사항이란 다음 각 호의 사항을 말한다.
   ① 안전목표에 관한 사항
   ② 안전조직에 관한 사항
   ③ 안전장애 등에 대한 보고체계에 관한 사항
   ④ 항공안전 위해요인 식별 및 위험도 관리
   ⑤ 안전성과지표의 운영(지표의 선정, 경향성 모니터링, 확인된 위험에 대한 경감조치 등)에 관한 사항
   ⑥ 변화관리에 관한 사항
   ⑦ 자체 안전감사 등 안전보증에 관한 사항

4) 위에서 정한 중요사항을 변경하려는 자는 항공안전관리시스템 변경승인 신청서에 다음 서류를 첨부하여 국토교통부장관 또는 지방항공청장에게 제출하여야 한다.
   ① 변경된 항공안전관리시스템 매뉴얼
   ② 항공안전관리시스템 매뉴얼 신 · 구대조표

5) 국토교통부장관 또는 지방항공청장은 제출된 변경사항이 항공안전관리시스템 승인기준에 적합하다고 인정되는 경우 이를 승인하여야 한다.

### 02 항공안전관리시스템에 포함되어야 할 사항(항공안전법 시행규칙 제132조)

1) 항공안전에 관한 정책 및 달성목표
   ① 최고경영자의 권한 및 책임에 관한 사항
   ② 안전관리 관련 업무분장에 관한 사항
   ③ 총괄 안전관리자의 지정에 관한 사항
   ④ 위기대응계획 관련 관계기관 협의에 관한 사항

⑤ 매뉴얼 등 항공안전관리시스템 관련 기록 · 관리에 관한 사항

2) 항공안전 위험도 관리
① 위험요인의 식별절차에 관한 사항
② 위험도 평가 및 경감조치에 관한 사항
③ 자체 안전보고의 운영에 관한 사항

3) 항공안전 보증
① 안전성과의 모니터링 및 측정에 관한 사항
② 변화관리에 관한 사항
③ 항공안전관리시스템 운영절차 개선에 관한 사항

4) 항공안전 증진
① 안전교육 및 훈련에 관한 사항
② 안전관리 관련 정보 등의 공유에 관한 사항

5) 그 밖에 국토교통부장관이 항공안전 목표 달성에 필요하다고 정하는 사항

## 03 항공안전 의무보고의 절차(항공안전법 시행규칙 제134조)

1) 다음 어느 하나에 해당하는 사람은 항공안전 의무보고서 또는 국토교통부장관이 정하여 고시하는 전자적인 보고방법에 따라 국토교통부장관 또는 지방항공청장에게 보고하여야 한다.
① 항공기사고를 발생시켰거나 항공기사고가 발생한 것을 알게 된 항공종사자 등 관계인
② 항공기준사고를 발생시켰거나 항공기준사고가 발생한 것을 알게 된 항공종사자 등 관계인
③ 항공안전장애를 발생시켰거나 항공안전장애가 발생한 것을 알게 된 항공종사자 등 관계인

2) 항공종사자 등 관계인의 범위는 다음과 같다.
① 항공기 기장(항공기 기장이 보고할 수 없는 경우에는 그 항공기의 소유자 등을 말한다)
② 항공정비사(항공정비사가 보고할 수 없는 경우에는 그 항공정비사가 소속된 기관 · 법인 등의 대표자를 말한다)
③ 항공교통관제사(항공교통관제사가 보고할 수 없는 경우 그 관제사가 소속된 항공교통관제기관의 장을 말한다)
④ 공항시설을 관리 · 유지하는 자
⑤ 항행안전시설을 설치 · 관리하는 자
⑥ 위험물취급자
⑦ 항공기취급업자 중 다음의 업무를 수행하는 자
• 항공기 중량 및 균형관리를 위한 화물 등의 탑재관리, 지상에서 항공기에 대한 동력지원
• 지상에서 항공기의 안전한 이동을 위한 항공기 유도

**3)** 보고서의 제출 시기는 다음과 같다.

① 항공기사고 및 항공기준사고 : 즉시

② 항공안전장애

- 72시간 이내 보고(해당 기간에 포함된 토요일 및 법정공휴일에 해당하는 시간은 제외한다)
  - 항공안전장애를 발생시킨 자 : 항공안전장애가 발생한 때부터
  - 항공안전장애가 발생한 것을 알게된 자 : 항공안전장애가 발생한 사실을 안 때부터
  - 항공안전장애를 발생시켰거나 발생한 것을 알게 된 자가 부상, 통신 불능, 그 밖의 부득이한 사유로 기한 내 보고를 할 수 없는 경우 : 그 사유가 해소된 시점부터
- 96시간 이내(해당 기간에 포함된 토요일 및 법정공휴일에 해당하는 시간은 제외한다)
  - 항공안전장애를 발생시킨 자 : 항공안전장애가 발생한 때부터
  - 항공안전장애가 발생한 것을 알게 된 자 : 항공안전장애가 발생한 사실을 안 때부터

## / CHAPTER / 07 조종자 준수사항

출제빈도
상 중 하

**빈출 태그** 야간비행 · 군사목적 · 주류섭취 · 유의사항 · 안전수칙 · 사고발생 · 보험가입 · 벌칙

### 01 초경량비행장치 조종자 등의 준수사항(항공안전법 제129조)

1) 초경량비행장치의 조종자는 초경량비행장치로 인하여 인명이나 재산에 피해가 발생하지 아니 하도록 국토교통부령으로 정하는 준수사항을 지켜야 한다.

2) 초경량비행장치 조종자는 무인자유기구를 비행시켜서는 아니 된다. 다만, 국토교통부령으로 정하는 바에 따라 국토교통부장관의 허가를 받은 경우에는 그러하지 아니하다.

3) 초경량비행장치 조종자는 초경량비행장치사고가 발생하였을 때에는 국토교통부령으로 정하는 바에 따라 지체 없이 국토교통부장관에게 그 사실을 보고하여야 한다. 다만, 초경량비행장치 조종자가 보고할 수 없을 때에는 그 초경량비행장치 소유자 등이 초경량비행장치사고를 보고하여야 한다.

4) 무인비행장치를 사용하여 「개인정보 보호법」 제2조제1호에 따른 개인정보 또는 「위치정보의 보호 및 이용 등에 관한 법률」 제2조제2호에 따른 개인위치정보를 수집하거나 이를 전송하는 경우 개인정보 및 개인위치정보의 보호에 관하여는 각각 해당 법률에서 정하는 바에 따른다.

5) 초경량비행장치 중 무인비행장치 조종자로서 야간에 비행 등을 위하여 국토교통부령으로 정하는 바에 따라 국토교통부장관의 승인을 받은 자는 그 승인 범위 내에서 비행할 수 있다. 이 경우 국토교통부장관은 국토교통부장관이 고시하는 무인비행장치 특별비행을 위한 안전기준에 적합한지 여부를 검사하여야 한다.

6) 제5항에 따른 승인을 신청하고자 하는 자는 비행승인 신청을 함께할 수 있다.

### 02 초경량비행장치 조종자의 준수사항(항공안전법 시행규칙 제310조)

1) 초경량비행장치 조종자는 법 제129조제1항에 따라 다음 각 호의 어느 하나에 해당하는 행위를 하여서는 아니 된다.

   ① 인명이나 재산에 위험을 초래할 우려가 있는 낙하물을 투하(投下)하는 행위
   ② 인구가 밀집된 지역이나 그 밖에 사람이 많이 모인 장소의 상공에서 인명 또는 재산에 위험을 초래할 우려가 있는 방법으로 비행하는 행위
   ③ 관제공역 · 통제공역 · 주의공역에서 비행하는 행위. 다만, 법 제127조에 따라 비행승인을 받은 경우와 다음 각 목의 행위는 제외한다.
   • 군사목적으로 사용되는 초경량비행장치를 비행하는 행위
   • 다음의 어느 하나에 해당하는 비행장치를 관제권 또는 비행금지구역이 아닌 곳에서 최저비행고도(150m) 미만의 고도에서 비행하는 행위

- 무인비행기, 무인헬리콥터 또는 무인멀티콥터 중 최대이륙중량이 25kg 이하인 것
- 무인비행선 중 연료의 무게를 제외한 자체 무게가 12kg 이하이고, 길이가 7m 이하인 것

④ 일몰 후부터 일출 전까지의 야간에 비행하는 행위. 다만, 최저 비행고도(150m) 미만의 고도에서 운영하는 계류식 기구 또는 허가를 받아 비행하는 초경량비행장치는 제외한다.

⑤ 주류, 마약류 또는 환각물질 등의 영향으로 조종업무를 정상적으로 수행할 수 없는 상태에서 조종하는 행위 또는 비행 중 주류 등을 섭취하거나 사용하는 행위

⑥ 그 밖에 비정상적인 방법으로 비행하는 행위

2) 초경량비행장치 조종자는 항공기 또는 경량항공기를 육안으로 식별하여 미리 피할 수 있도록 주의하여 비행하여야 한다.

3) 동력을 이용하는 초경량비행장치 조종자는 모든 항공기, 경량항공기 및 동력을 이용하지 아니 하는 초경량비행장치에 대하여 진로를 양보하여야 한다.

4) 무인비행장치 조종자는 해당 무인비행장치를 육안으로 확인할 수 있는 범위에서 조종하여야 한다. 다만, 허가를 받아 비행하는 경우는 제외한다.

5) 항공레저스포츠사업에 종사하는 초경량비행장치 조종자는 다음 각 호의 사항을 준수하여야 한다.

① 비행 전에 해당 초경량비행장치의 이상 유무를 점검하고, 이상이 있을 경우에는 비행을 중단할 것

② 비행 전에 비행안전을 위한 주의사항에 대하여 동승자에게 충분히 설명할 것

③ 해당 초경량비행장치의 제작자가 정한 최대이륙중량을 초과하지 아니하도록 비행할 것

④ 동승자에 관한 인적사항(성명, 생년월일 및 주소)을 기록하고 유지할 것


## 03 안전개선명령 및 준용 규정

### 1) 안전개선(항공안전법 제130조)

국토교통부장관은 초경량비행장치사용사업의 안전을 위하여 필요하다고 인정되는 경우에는 초경량비행장치사용사업자에게 다음 각 호의 사항을 명할 수 있다.

① 초경량비행장치 및 그 밖의 시설의 개선

② 그 밖에 초경량비행장치의 비행안전에 대한 방해 요소를 제거하기 위하여 필요한 사항으로서 국토교통부령으로 정하는 사항

### 2) 초경량비행장치사용사업자에 대한 안전개선명령(항공안전법 시행규칙 제313조)

법 제130조제2호에서 "국토교통부령으로 정하는 사항"이란 다음 각 호의 어느 하나에 해당하는 사항을 말한다.

① 초경량비행장치사업자가 운용중인 초경량비행장치에 장착된 안전성이 검증되지 아니한 장비의 제거

② 초경량비행장치 제작자가 정한 정비절차의 이행

③ 그 밖에 안전을 위하여 한국교통안전공단 이사장이 필요하다고 인정하는 사항

## 3) 주류 등의 섭취 · 사용 제한(항공안전법 제57조)

① 항공종사자(항공기 조종연습 및 항공교통관제연습을 하는 사람을 포함) 및 객실승무원은 주류, 마약류 또는 환각물질 등의 영향으로 항공업무 또는 객실승무원의 업무를 정상적으로 수행할 수 없는 상태에서는 항공업무 또는 객실승무원의 업무에 종사해서는 아니 된다.

② 항공종사자 및 객실승무원은 항공업무 또는 객실승무원의 업무에 종사하는 동안에는 주류 등을 섭취하거나 사용해서는 아니 된다.

③ 국토교통부장관은 항공안전과 위험 방지를 위하여 필요하다고 인정하거나 항공종사자 및 객실승무원이 제1항 또는 제2항을 위반하여 항공업무 또는 객실승무원의 업무를 하였다고 인정할 만한 상당한 이유가 있을 때에는 주류 등의 섭취 및 사용 여부를 호흡측정기 검사 등의 방법으로 측정할 수 있으며, 항공종사자 및 객실승무원은 이러한 측정에 응하여야 한다.

④ 국토교통부장관은 항공종사자 또는 객실승무원이 제3항에 따른 측정 결과에 불복하면 그 항공종사자 또는 객실승무원의 동의를 받아 혈액 채취 또는 소변 검사 등의 방법으로 주류 등의 섭취 및 사용 여부를 다시 측정할 수 있다.

⑤ 주류 등의 영향으로 항공업무 또는 객실승무원의 업무를 정상적으로 수행할 수 없는 상태의 기준은 다음과 같다.

• 주정성분이 있는 음료의 섭취로 혈중알코올농도가 0.02퍼센트 이상인 경우
• 「마약류 관리에 관한 법률」 제2조제1호에 따른 마약류를 사용한 경우
• 「화학물질관리법」 제22조제1항에 따른 환각물질을 사용한 경우

⑥ 제1항부터 제5항까지의 규정에 따라 주류 등의 종류 및 그 측정에 필요한 세부 절차 및 측정기록의 관리 등에 필요한 사항은 국토교통부령으로 정한다.

## 04 사고

### 1) 초경량비행장치사고의 정의(항공안전법 제2조)

초경량비행장치를 사용하여 비행을 목적으로 이륙[이수(離水)를 포함]하는 순간부터 착륙[착수(着水)를 포함]하는 순간까지 발생한 다음 각 목의 어느 하나에 해당하는 것으로서 국토교통부령으로 정하는 것을 말한다.

① 초경량비행장치에 의한 사람의 사망, 중상 또는 행방불명
② 초경량비행장치의 추락, 충돌 또는 화재 발생
③ 초경량비행장치의 위치를 확인할 수 없거나 초경량비행장치에 접근이 불가능한 경우

### 2) 사고발생 시 조치사항

① 인명구호를 위해 신속히 필요한 조치를 취할 것
② 사고 조사를 위해 기체, 현장을 보존할 것
③ 사고 조사에 도움이 될 수 있는 정황 및 장비 상태에 대한 사진 및 동영상 자료를 세부적으로 촬영할 것

### 3) 사고의 보고(항공안전법 시행규칙 제312조)

초경량비행장치사고를 일으킨 조종자 또는 그 초경량비행장치 소유자 등은 다음 각 호의 사항을 지방항공청장에게 보고하여야 한다.

① 조종자 및 그 초경량비행장치 소유자 등의 성명 또는 명칭
② 사고가 발생한 일시 및 장소
③ 초경량비행장치의 종류 및 신고번호
④ 사고의 경위
⑤ 사람의 사상(死傷) 또는 물건의 파손 개요
⑥ 사상자의 성명 등 사상자의 인적사항 파악을 위하여 참고가 될 사항

## 05 보험가입

초경량비행장치를 초경량비행장치사용사업, 항공기대여업 및 항공레저스포츠사업에 사용하려는 자는 국토교통부령으로 정하는 보험 또는 공제에 가입하여야 한다.

### 1) 항공보험 등의 가입의무(항공사업법 제70조)

① 다음 각 호의 항공사업자는 국토교통부령으로 정하는 바에 따라 항공보험에 가입하지 아니하고는 항공기를 운항할 수 없다.
- 항공운송사업자
- 항공기사용사업자
- 항공기대여업자

② 제1항 각 호의 자 외의 항공기 소유자 또는 항공기를 사용하여 비행하려는 자는 국토교통부령으로 정하는 바에 따라 항공보험에 가입하지 아니하고는 항공기를 운항할 수 없다.
③ 「항공안전법」 제108조에 따른 경량항공기소유자 등은 그 경량항공기의 비행으로 다른 사람이 사망하거나 부상한 경우에 피해자(피해자가 사망한 경우에는 손해배상을 받을 권리를 가진 자를 말한다)에 대한 보상을 위하여 같은 조 제1항에 따른 안전성인증을 받기 전까지 국토교통부령으로 정하는 보험이나 공제에 가입하여야 한다.
④ 초경량비행장치를 초경량비행장치사용사업, 항공기대여업 및 항공레저스포츠 사업에 사용하려는 자는 국토교통부령으로 정하는 보험 또는 공제에 가입하여야 한다.
⑤ 제1항부터 제4항까지의 규정에 따라 항공보험 등에 가입한 자는 국토교통부령으로 정하는 바에 따라 보험가입신고서 등 보험가입 등을 확인할 수 있는 자료를 국토교통부장관에게 제출하여야 한다. 이를 변경 또는 갱신한 때에도 또한 같다.

### 2) 대인/대물(배상책임보험) : 모든 사용사업자 필수

① 사고 시 배상 대상 : 대인, 대물
② 보상금액 한도 : 사용사업을 위한 기본 요구사항으로서 1인/건 당 1.5억원 배상 가액
③ 보험료 : 60~80만원/대

## 3) 자차보험(항공보험 등) : 교육기관 권유, 기타 사용사업자 선택

① 사고 시 배상 대상 : 자가 장비
② 보상금액 한도 : 수리비용 보상한도에서 설계
③ 보험료 : 무인헬리콥터(약 2천만원/대), 무인멀티콥터(약 350만원/대)

## 4) 자손보험(개인배상책임 등) : 교육기관 필수, 기타 사용사업자 선택

① 사고 시 배상 대상 : 자가 신체
② 보상금액 한도 : 조종사 자신의 손상에 대한 치료비 등 보상
③ 보험료 : 인원별/기관별 수만원~수십만원

## 5) 보험 배상 처리를 위한 사전 조건 및 준비사항

① 조종사 : 유자격자 조종 필수
② 방제 비행 시 : 신호수 편성운용 필수
③ 교육원 교관 입회 조종 필수
④ 개인비행시간기록부 / 기체비행시간기록부 / 정비이력부 작성 필수
⑤ 조종기 비행로그 제공 / 기체 비행로그 제공
⑥ 사고 발생 시 현장 사진 / 동영상 촬영 유지
⑦ 정기점검 : 부품별 정비 및 비행기록 유지, 조종자 비행기록 유지
⑧ 항공안전법 등 법 규정을 위반한 사고일 경우 심각성에 따라 보상 규모를 제한 받을 수 있다.
⑨ 할인할증제도 실시 : 조종자 개인 및 소속 기관별 할인/할증제도가 있으므로, 안전한 운항을 통해서 보험료 감면을 받을 수 있다.

## 06 벌칙

### 1) 과태료(항공안전법 제166조)

| 위반행위 | 과태료 금액(단위: 만원) | | | 근거 |
|---|---|---|---|---|
| | 1차 위반 | 2차 위반 | 3차 이상 위반 | |
| 신고번호를 해당 초경량비행장치에 표시하지 않거나 거짓으로 표시한 경우 | 50 | 75 | 100 | 법 제166조 제4항제4호 |
| 초경량비행장치의 말소신고를 하지 않은 경우 | 15 | 22.5 | 30 | 법 제166조 제6항제1호 |
| 비행안전을 위한 기술상에 적합하다는 안전성 인증을 받지 않고 비행한 경우 | 250 | 375 | 500 | 법 제166조 제1항제10호 |
| 조종자 증명을 받지 않고 초경량비행장치를 사용하여 비행한 경우 | 150 | 225 | 300 | 법 제166조 제2항제3호 |
| 국토부령으로 정하는 장비를 장착하거나 휴대하지 않고 비행한 경우 | 50 | 75 | 100 | 법 제166조 제4항제5호 |
| 국토부령으로 정하는 조종자 준수사항을 따르지 않고 비행한 경우 | 100 | 150 | 200 | 법 제166조 제3항제8호 |
| 초경량비행장치 사고에 관한 보고를 하지 않거나 거짓으로 보고한 경우 | 15 | 22.5 | 30 | 법 제166조 제6항제2호 |

## 2) 과태료의 부과 · 징수절차(항공안전법 제167조)

제166조에 따른 과태료는 대통령령으로 정하는 바에 따라 국토교통부장관이 부과 · 징수한다.

## 07 안전관리제도 종합

초경량비행장치의 안전관리제도와 위반시 처벌 기준 등을 종합하면 다음 표와 같다.

| 종류 | | | 안정성 인증검사 | 비행승인 | 조종자 준수사항 | 사업등록 | 종류 | | 장치신고 | 조종자 증명 |
|---|---|---|---|---|---|---|---|---|---|---|
| 안전관리 제도 | 이륙 총중량 25kg 초과 | 사업 | O | O | O | O | 자체중량 250g 초과 | 사업 | O | O |
| | | 비사업 | O | O | O | X | | 비사업 | O | O |
| | 이륙 총중량 25kg 이하 | 사업 | X | △ | O | O | 자체중량 250g 이하 | 사업 | O | X |
| | | 비사업 | X | △ | O | X | | 비사업 | X | X |
| 위반시 처벌기준 | | 징역 | – | – | – | 1년 | 위반시 처벌기준 | 징역 | 6개월 | – |
| | | 벌금 | – | 200만원 | – | 1,000만원 | | 벌금 | 500만원 | – |
| | | 과태료 | 500만원 | – | 200만원 | – | | 과태료 | – | 300만원 |

※ 최대 이륙중량 25kg 이하의 드론은 관제권, 비행금지구역을 제외한 지역에서는 150m 이하의 고도에서 사전비행 승인 없이 비행이 가능하다.

※ 자체중량의 경우 추진 장치가 전동일 경우 배터리무게 포함이며, 엔진일 경우에는 연료무게를 제외한다.

/ CHAPTER /
# 08
출제빈도
상 중 하

# 공역

빈출 태그 관제공역 · 통제공역 · 주의공역 · 비행정보구역 · 훈련구역 · 군 작전구역

## 01 공역의 개념

1) 항공기 등의 안전한 활동을 보장하기 위한 국가의 무형자원 중의 하나로, 특성에 따라 항행안전을 위한 적합한 통제와 필요한 항행지원이 이루어지도록 설정된 공간을 말한다.

2) 공역의 이름 첫 2문자는 국제민간항공기구(ICAO, International Civil Aviation Organization)에서 지정한 국가 영문약칭 'RK'를 표기하고, 특수사용공역의 종류를 나타내는 문자는 비행금지구역 'P', 비행제한구역 'R', 위험구역 'D', 경계구역 'A', 훈련구역 'CATA', 군 작전구역 'MOA', 초경량비행장치 비행제한구역 'URA'를 부여한다.

## 02 공역의 설정 기준

1) 국가안전보장과 항공안전을 고려할 것

2) 항공교통에 관한 서비스의 제공여부를 고려할 것

3) 공역의 구분이 이용자의 편의에 적합할 것

4) 공역의 활용에 효율성과 경제성이 있을 것

## 03 공역의 종류

### 1) 제공하는 항공교통업무에 따른 구분

| 구분 | | 내용 |
|---|---|---|
| 관제공역 | A등급 공역 | 모든 항공기가 계기비행을 하여야 하는 공역 |
| | B등급 공역 | 계기비행 및 시계비행을 하는 항공기가 비행 가능하고 모든 항공기에 분리를 포함한 항공교통관제업무가 제공되는 공역 |
| | C등급 공역 | 모든 항공기에 항공교통관제업무가 제공되나, 시계비행을 하는 항공기 간에는 교통정보만 제공되는 공역 |
| | D등급 공역 | 모든 항공기에 항공교통관제업무가 제공되나, 계기비행을 하는 항공기와 시계비행을 하는 항공기 및 시계비행을 하는 항공기 간에는 교통정보만 제공되는 공역 |
| | E등급 공역 | 계기비행을 하는 항공기에 항공교통관제업무가 제공되고 시계비행을 하는 항공기에 교통정보가 제공되는 공역 |

| | | |
|---|---|---|
| 비관제공역 | F등급 공역 | 계기비행을 하는 항공기에 비행정보업무와 항공교통조언업무가 제공되고, 시계비행 항공기에 비행정보업무가 제공되는 공역 |
| | G등급 공역 | 모든 항공기에 비행정보업무만 제공되는 공역 |

## 2) 공역의 사용목적에 따른 구분

| 구분 | | 내용 |
|---|---|---|
| 관제공역 | 관제권 | 항공법 제2조제18호에 따른 공역으로서 비행정보구역 내의 B, C 또는 D등급 공역 중에서 시계 및 계기비행을 하는 항공기에 대하여 항공교통관제업무를 제공하는 공역 |
| | 관제구 | 항공법 제2조제20호에 따른 공역(항공로 및 접근관제구역을 포함)으로서 비행정보구역 내의 A, B, C, D 및 E 등급 공역에서 시계 및 계기비행을 하는 항공기에 대하여 항공교통관제업무를 제공하는 공역 |
| | 비행장 교통구역 | 항공안전법 제2조제25호에 따른 공역 외의 공역으로서 비행정보구역 내의 D등급에서 시계비행을 하는 항공기 간에 교통정보를 제공하는 공역 |
| 비관제공역 | 조언구역 | 항공교통조언업무가 제공되도록 지정된 비관제공역 |
| | 정보구역 | 비행정보업무가 제공되도록 지정된 비관제공역 |
| 통제공역 | 비행금지구역 | 안전, 국방상 그 밖의 이유로 항공기의 비행을 금지하는 공역 |
| | 비행제한구역 | 항공사격, 대공사격 등으로 인한 위험으로부터 항공기를 보호하거나 그 밖의 이유로 비행허가를 받지 아니한 항공기의 비행을 제한하는 공역 |
| | 초경량비행장치 비행제한구역 | 초경량비행장치의 비행안전을 확보하기 위하여 초경량비행장치의 비행활동에 대한 제한이 필요한 공역 |
| 주의공역 | 훈련구역 | 민간항공기의 훈련공역으로서 계기비행항공기로부터 분리를 유지할 필요가 있는 공역 |
| | 군 작전구역 | 군사작전을 위하여 설정된 공역으로서 계기비행항공기로부터 분리를 유지할 필요가 있는 공역 |
| | 위험구역 | 항공기의 비행 시 항공기 또는 지상시설물에 대한 위험이 예상되는 공역 |
| | 경계구역 | 대규모 조종사의 훈련이나 비정상 형태의 항공활동이 수행되는 공역 |

## 04 비행정보구역(FIR, Flight Information Region)

1) 해당구역을 비행 중인 항공기에게 항공교통업무(ATS, Air Traffic Service)를 제공하는 국제적 공역분할의 기본단위 공역으로 한다.

2) 우리나라의 공역 관할권은 인천 비행정보구역 내이며, 우리나라의 모든 공역들이 이 구역 내에 설정된다.

## 05 국내 초경량비행장치 공역

현재 우리나라에서는 전국적으로 30개의 초경량비행장치 공역을 지정 운영하고 있다.(2022년 기준)

| | | | | |
|---|---|---|---|---|
| UA-2(구성산) | UA-3(약산) | UA-4(봉화산) | UA-5(덕두산) | UA-6(금산) |
| UA-9(양평) | UA-10(고창) | UA-14(공주) | UA-19(시화호) | UA-21(방장산) |
| UA-24(구좌) | UA-25(하동) | UA-26(장암산) | UA-27(미악산) | UA-28(서운산) |
| UA-29(오촌) | UA-30(북좌) | UA-31(청라) | UA-32(퇴천) | UA-33(병천천) |
| UA-34(미호천) | UA-35(김해) | UA-36(밀양) | UA-37(창원) | UA-38(울주) |
| UA-39(김제) | UA-40(고령) | UA-41(대전) | UA-42(광주) | UA-43(영월) |

## 06 대표적 비행금지구역, 제한구역 및 군 훈련구역

### 1) RK P-73A

① 위치 : 청와대, 중심반경 2.0NM
② 적절한 허가 없이 RK P-73A 침범 시 격추될 수 있음
③ RK P-73A 내의 비행은 7일 전 육군 수도방위사령부의 승인을 받아야 함

### 2) RK P-73B

① 위치 : 청와대 주변, 중심반경 4.5NM
② 적절한 허가 없이 RK P-73B 침범 시 경고사격이 있음
③ RK P-73B 내의 비행은 7일 전 육군 수도방위사령부의 승인을 받아야 함

### 3) P-73A/B 지역의 비행 승인절차

① P-73 비행금지공역 및 R-75 제한공역 해당(인근) 지역에서 비행하고자 하는 경우에는 사전에 수도방위사령부 해당 부서에 비행승인 대상지역인지를 확인해야 한다.
② P-73A/B 비행금지공역내의 비행을 위해서는 수도방위사령부(화력과)에 사전에 비행계획 승인을 받아야 한다.
③ R-75 비행제한공역 내 비행을 위해서는 수도방위 사령부(방공작전통제소)에 사전(초경량비행장치/경량항공기 4일전)에 비행계획 승인을 받아야 한다.

---

🕐 **기적의 3초컷**

**임시 비행금지구역 설정(수도권)**

서울 용산구 국방부 청사로 대통령 집무실이 이동되면서 P-73구역을 일시적으로 해제하고 새 비행금지구역이 설정되었다(22.5.10 적용).
- 전쟁기념관 반경 2해리(3.704km)
- 대통령 사저(서울 서초구 아크로비스타) 반경 1해리(1.852km) 상공
- 여의도 일대 군집드론 비행승인 불가(대통령 집무실, 사저 안전확보를 위한 조치)

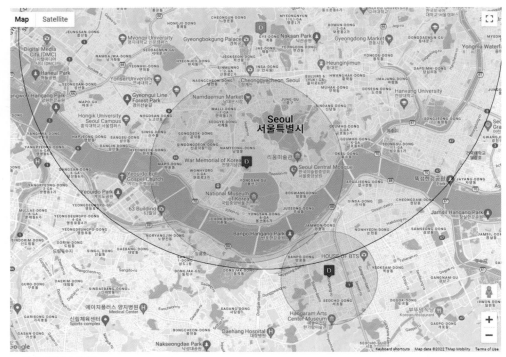

▲ 임시 비행 금지구역

## 4) 군 작전공역(MOA, Military Operation Area)

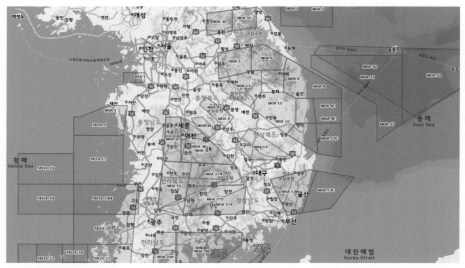

▲ 군 작전공역

## 5) RK P-518

① **위치** : 군사분계선 근처의 유엔사, 주한미군 및 8군의 전술지대

② 군 작전공역은 보통 주말에 승인 또는 허가가 나온다.

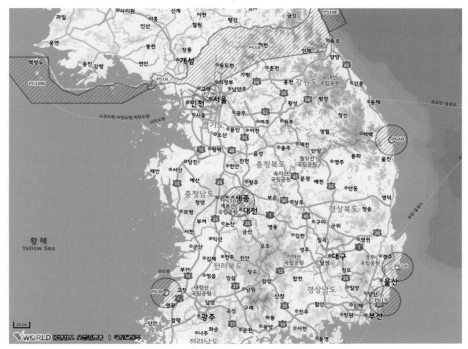

▲ 비행 금지구역

## 6) 원전 지역

① **위치** : 고리(P-61), 월성(P-62), 한빛(P-63B), 한울(P-64), 대전(P-65A/B) 등

② 국가중요시설 보호목적으로 지정된 공역으로 공공기관의 공공목적으로만 비행을 승인하며, 개인 및 상업적 목적을 위한 비행은 승인하지 아니한다.

## 7) 공항 지역

① **위치** : 군 · 민간 비행장 주변 9.3km 비행 제한

※ 항공안전법을 위반하여 불법적으로 드론을 무단 비행할 경우, 5백만원 이하의 벌금 또는 과태료 등의 처벌을 받을 수 있으며, 항공기 운항중단 등에 대한 민 · 형사상 손해배상의 책임을 질 수 있으므로 공항 인근지역에서는 국토부 장관의 승인 없이 드론을 비행해서는 안 된다.

## 8) 기타 군 사격장 등 공역

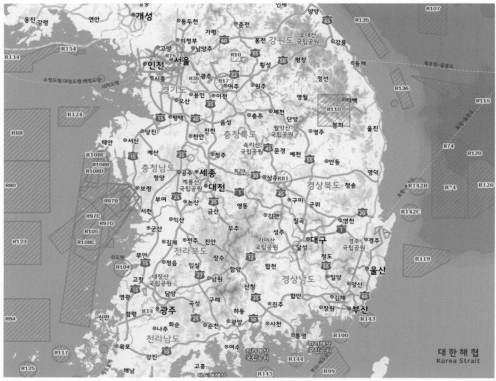

▲ 비행 제한구역

🕐 기적의 3초컷

**해리(nautical mile)**

항해 · 항공 등에서 사용되는 길이로 기호는 nmile, 1nmile은 1,852m이다.

# / CHAPTER /
# 09 항공사업법, 공항시설법

출제빈도
상 중 하

**빈출 태그** 항공기대여업 · 초경량비행장치사용사업 · 항공레저스포츠사업 · 비행장 · 활주로
항행안전시설 · 항공등화

## 01 초경량비행장치 항공사업법

### 01 목적(항공사업법 제1조)

이 법은 항공정책의 수립 및 항공사업에 관하여 필요한 사항을 정하여 대한민국 항공사업의 체계적인 성장과 경쟁력 강화 기반을 마련하는 한편, 항공사업의 질서유지 및 건전한 발전을 도모하고 이용자의 편의를 향상시켜 국민경제의 발전과 공공복리의 증진에 이바지함을 목적으로 한다.

### 02 정의(항공사업법 제2조)

이 법에서 사용하는 용어의 뜻은 다음과 같다.

1) "항공사업"이란 이 법에 따라 국토교통부장관의 면허, 허가 또는 인가를 받거나 국토교통부장관에게 등록 또는 신고하여 경영하는 사업을 말한다.

2) "항공기대여업"이란 타인의 수요에 맞추어 유상으로 항공기, 경량항공기 또는 초경량비행 장치를 대여(貸與)하는 사업을 말한다.

3) "초경량비행장치사용사업"이란 타인의 수요에 맞추어 국토교통부령으로 정하는 초경량비행장치를 사용하여 유상으로 농약살포, 사진촬영 등 국토교통부령으로 정하는 업무를 하는 사업을 말한다.
   ① 비료 또는 농약살포, 씨앗 뿌리기 등 농업지원
   ② 사진촬영, 육상 · 해상 측량 또는 탐사
   ③ 산림 또는 공원 등의 관측 또는 탐사
   ④ 조종교육
   ⑤ 기타

4) "초경량비행장치사용사업자"란 제48조제1항에 따라 국토교통부장관에게 초경량비행장치 사용사업을 등록한 자를 말한다.

5) "항공레저스포츠사업"이란 타인의 수요에 맞추어 유상으로 다음 각 목의 어느 하나에 해당하는 서비스를 제공하는 사업을 말한다.
   ① 항공기(비행선과 활공기에 한정한다), 경량항공기 또는 국토교통부령으로 정하는 초경량비행장치를 사용하여 조종교육, 체험 및 경관조망을 목적으로 사람을 태워 비행하는 서비스

② 다음 중 어느 하나를 항공레저스포츠를 위하여 대여하여 주는 서비스
- 활공기 등 국토교통부령으로 정하는 항공기
- 경량항공기
- 초경량비행장치
③ 경량항공기 또는 초경량비행장치에 대한 정비, 수리 또는 개조서비스

### 03 초경량비행장치사용사업의 등록(항공사업법 제48조)

1) 초경량비행장치사용사업을 경영하려는 자는 국토교통부령으로 정하는 바에 따라 신청서에 사업계획서와 그 밖에 국토교통부령으로 정하는 서류를 첨부하여 국토교통부장관에게 등록하여야 한다. 등록한 사항 중 국토교통부령으로 정하는 사항을 변경하려는 경우에는 국토교통부장관에게 신고하여야 한다.

2) 초경량비행장치사용사업을 등록하려는 자는 다음 요건을 갖추어야 한다.
① 자본금 또는 자산평가액이 3천만원 이상으로서 대통령령으로 정하는 금액 이상일 것. 다만, 최대이륙중량이 25kg 이하인 무인비행장치만을 사용하여 초경량비행장치사용사업을 하려는 경우는 제외한다.
② 초경량비행장치 1대 이상 등 대통령령으로 정하는 기준에 적합할 것
③ 그 밖에 사업 수행에 필요한 요건으로서 국토교통부령으로 정하는 요건을 갖출 것

## 02 초경량비행장치 공항시설법

### 01 용어의 정의(공항시설법 제2조)

1) "비행장"이란 항공기 · 경량항공기 · 초경량비행장치의 이륙[이수(離水)를 포함]과 착륙[착수(着水)를 포함]을 위하여 사용되는 육지 또는 수면(水面)의 일정한 구역으로서 대통령령으로 정하는 것을 말한다.

2) "비행장시설"이란 비행장에 설치된 항공기의 이륙 · 착륙을 위한 시설과 그 부대시설로서 국토교통부장관이 지정한 시설을 말한다.

3) "활주로"란 항공기 착륙과 이륙을 위하여 국토교통부령으로 정하는 크기로 이루어지는 공항 또는 비행장에 설정된 구역을 말한다.

4) "장애물 제한표면"이란 항공기의 안전운항을 위하여 공항 또는 비행장 주변에 장애물(항공기의 안전운항을 방해하는 지형 · 지물 등을 말한다)의 설치 등이 제한되는 표면으로서 대통령령으로 정하는 구역을 말한다.

5) "항행안전시설"이란 유선통신, 무선통신, 인공위성, 불빛, 색채 또는 전파(電波)를 이용하여 항공기의 항행을 돕기 위한 시설로서 국토교통부령으로 정하는 시설을 말한다.

6) "항공등화"란 불빛, 색채 또는 형상(形象)을 이용하여 항공기의 항행을 돕기 위한 항행안전시설로서 국토교통부령으로 정하는 시설을 말한다.

7) "항행안전무선시설"이란 전파를 이용하여 항공기의 항행을 돕기 위한 시설로서 국토교통부령으로 정하는 시설을 말한다.

8) "이착륙장"이란 비행장 외에 경량항공기 또는 초경량비행장치의 이륙 또는 착륙을 위하여 사용되는 육지 또는 수면의 일정한 구역으로서 대통령령으로 정하는 것을 말한다.

## 02 초경량비행장치 관련시설(공항시설법 시행령 제2조)

1) 비행장의 구분
   ① 육상비행장
   ② 육상헬기장
   ③ 수상비행장
   ④ 수상헬기장
   ⑤ 옥상헬기장
   ⑥ 선상(船上)헬기장
   ⑦ 해상구조물헬기장

## 03 이착륙장의 관리기준(공항시설법 시행령 제34조)

1) 경량항공기 · 초경량비행장치를 위한 연료 · 자재 등의 보급 장소, 정비 · 점검장소 및 계류 장소(해당 보급 · 정비 · 점검 등의 방법을 지정하려는 경우에는 그 방법을 포함한다)

2) 이착륙장의 출입을 제한하려는 경우에는 그 제한 방법

3) 이착륙장 안에서의 행위를 제한하려는 경우에는 그 제한 대상 행위

4) 경량항공기 · 초경량비행장치의 안전한 이륙 또는 착륙을 위한 이착륙 절차의 준수에 관한사항

## 04 항행안전시설(공항시설법 시행규칙 제5조)

1) 항공등화 : 불빛을 이용하여 항공기의 항행을 돕기 위한 시설

2) 항행안전무선시설 : 전파를 이용하여 항공기의 항행을 돕기 위한 시설

3) 항공정보통신시설 : 전기통신을 이용하여 항공교통업무에 필요한 정보를 제공 · 교환하기 위한 시설

## 05 항공등화(공항시설법 시행규칙 제6조)

1) **활주로등(Runway Edge Lights)** : 이륙 또는 착륙하려는 항공기에 활주로를 알려주기 위하여 그 활주로 양측에 설치하는 등화

2) **유도로등(Taxiway Edge Lights)** : 지상주행 중인 항공기에 유도로·대기지역 또는 계류장 등의 가장자리를 알려주기 위하여 설치하는 등화

3) **활주로유도등(Runway Leading Lighting Systems)** : 활주로의 진입경로를 알려주기 위하여 진입로를 따라 집단으로 설치하는 등화

4) **풍향등(Illuminated Wind Direction Indicator)** : 항공기에 풍향을 알려주기 위하여 설치하는 등화


## 06 표시등 및 표지 설치대상 구조물(공항시설법 시행규칙 제28조제1항)

장애물 제한표면(진입표면, 전이표면, 수평표면, 원추표면) 보다 높게 위치한 고정 장애물에는 표시등 및 표지를 설치하여야 한다. 다만, 다음 각 목의 어느 하나에 해당하는 경우는 그러하지 아니하다.

1) 장애물이 다른 고정 장애물 또는 자연 장애물의 장애물 차폐면보다 낮은 구조물에는 표시등 및 표지의 설치를 생략할 수 있다. 다만, 지방항공청이 항공기의 항행안전을 해칠 우려가 있다고 인정하는 구조물과 다른 고정 장애물 또는 자연 장애물에 의하여 부분적으로만 차폐되는 경우는 제외한다.

2) 장애물이 주간에 중광도 A형태(흰색, 섬광[20~60fpm])의 표시등을 설치하여 운영되는 구조물 중 그 높이가 지표 또는 수면으로부터 150m 이하인 구조물에는 표지의 설치를 생략할 수 있다.

3) 장애물이 주간에 고광도 표시등(흰색, 섬광[40~60fpm])을 설치하여 운영되는 경우에는 표지의 설치를 생략할 수 있다.

4) 장애물이 등대(Lighthouse)인 경우에는 표시등의 설치를 생략할 수 있다.

5) 고정 장애물 또는 자연 장애물에 의하여 비행(항공)로가 광범위하게 장애가 되는 곳에서 정해진 비행(항공)로 미만으로 안전한 수직 간격이 확보된 비행절차가 정해져 있는 경우에는 수평표면 또는 원추표면 보다 높게 위치한 고정 장애물의 경우에도 표시등 및 표지의 설치를 생략할 수 있다.

6) 기타 지방항공청장이 항공기의 항행안전을 해칠 우려가 없다고 인정하는 구조물 등은 표시등 및 표지의 설치를 생략할 수 있다.

## 07 항공등화의 설치기준(공항시설법 시행규칙 제36조제2항)

| 항공등화 종류 | 육상비행장 | | | | | 육상 헬기장 | 최소광도 (cd) | 색상 |
|---|---|---|---|---|---|---|---|---|
| | 비계기진입 활주로 | 계기진입 활주로 | | | | | | |
| | | 비정밀 | 카테고리 I | 카테고리 II | 카테고리 III | | | |
| 비행장등대 | O | O | O | O | O | | 2,000 | 흰색, 녹색 |
| 활주로등 | O | O | O | O | O | | 10,000 | 노란색, 흰색 |
| 유도로등 | O | O | O | O | O | | 2 | 파란색 |
| 유도로중심선등 | | | | | O | | 20 | 노란색, 녹색 |
| 정지선등 | | | | O | O | | 20 | 붉은색 |
| 활주로경계등 | | | O | O | O | | 30 | 노란색 |
| 풍향등 | O | O | O | O | O | O | – | 흰색 |
| 유도로안내등 | O | O | O | O | O | | 10 | 붉은색, 노란색 및 흰색 |

※ 표의 제1종(카테고리 I ), 제2종(카테고리 II ) 및 제3종(카테고리 III ) 활주로의 구분은 국제민간항공조약 부속서 14의 기준에 따른다.

**01** 안전성인증검사를 받지 않은 초경량비행장치를 비행에 사용하다 적발되었을 경우 부과되는 과태료로 맞는 것은?

① 200만원 이하의 과태료
② 300만원 이하의 과태료
③ 400만원 이하의 과태료
④ 500만원 이하의 과태료

초경량비행장치의 비행안전을 위한 기술상의 기준에 적합하다는 안전성인증을 받지 아니하고 비행한 사람 – 500만원 이하의 과태료(항공안전법 제166조제1항 제10호)

**02** 다음 중 초경량비행장치 범위에 포함되지 않는 것은?

① 좌석이 1개인 경우 자체중량이 115kg 이하인 동력비행장치
② 자체중량이 70kg 이상인 행글라이더
③ 계류식 기구
④ 자체 중량이 150kg 이하인 무인동력비행장치

**행글라이더** : 탑승자 및 비상용 장비의 중량을 제외한 자체중량이 70kg 이하로서 체중이동, 타면조종 등의 방법으로 조종하는 비행장치이다.

**03** 초경량비행장치 무인비행장치에 대한 설명으로 옳은 것은?

① 기체의 성질, 온도차 등을 이용하는 비행장치
② 연료의 중량을 포함한 자체중량이 115kg 이하인 무인비행기 또는 무인멀티콥터
③ 낙하산류에 추진력을 얻는 장치를 부착한 비행장치
④ 연료의 중량을 제외한 자체중량이 150kg 이하인 무인비행기

**무인비행장치** : 사람이 탑승하지 아니하는 것으로 다음 각 목의 비행장치
**가. 무인동력비행장치** : 연료의 중량을 제외한 자체중량이 150킬로그램 이하인 무인비행기, 무인헬리콥터 또는 무인멀티콥터
**나. 무인비행선** : 연료의 중량을 제외한 자체중량이 180킬로그램 이하이고 길이가 20미터 이하인 무인비행선

**04** 초경량동력비행장치를 소유한 자는 한국교통안전공단 이사장에게 신고하여야 한다. 이때 첨부하여야 할 것이 아닌 것은?

① 초경량동력비행장치를 소유하고 있음을 증명하는 서류
② 비행안전을 확보하기 위한 기술상의 기준에 적합함을 증명하는 서류
③ 초경량동력비행장치의 설계도, 설계 개요서, 부품목록
④ 제원 및 성능표

설계와 관련된 서류는 포함되지 않는다(항공안전법 시행규칙 제301조).

**05** 다음의 초경량비행장치를 사용하여 비행하고자하는 경우 이의 자격증명이 필요하지 않은 것은?

① 최대 이륙중량이 250g 이하인 무인멀티콥터
② 패러글라이더(Paraglider)
③ 회전익비행장치
④ 낙하산

**06** 초경량비행장치의 사고 중 항공사고조사위원회가 사고의 조사를 하여야 하는 항목이 아닌 것은 어느 것인가?

① 차량이 주기된 초경량비행장치를 파손시킨 사고
② 비행 중인 초경량비행장치로 인하여 사람이 중상 또는 사망한 사고
③ 비행 중 발생한 추락, 충돌사고
④ 비행 중 발생한 화재사고

**초경량비행장치사고** : 이륙하는 순간부터 착륙하는 순간까지 발생한 사고
가. 초경량비행장치에 의한 사람의 사망, 중상 또는 행방불명
나. 초경량비행장치의 추락, 충돌 또는 화재 발생
다. 초경량비행장치의 위치를 확인할 수 없거나 초경량비행장치에 접근이 불가능한 경우

**07** 다음의 초경량비행장치 중 국토교통부령으로 정하는 보험에 가입하여야 하는 것은 어느 것인가?

① 개인소유의 인력활공기
② 개인의 취미생활에 사용되는 행글라이더
③ 영리목적으로 사용되는 동력비행장치
④ 개인의 취미생활에 사용되는 낙하산

초경량비행장치를 초경량비행장치사용사업, 항공기대여업, 항공레저스포츠사업 등에 사용하려는 자는 국토교통부령으로 정하는 보험 또는 공제에 가입하여야 한다.

**08** 다음 중 동력비행장치를 사용하여 초경량비행장치 비행 제한공역을 비행하고자 할 경우 필요한 사항으로 해당되지 않는 것은 무엇인가?

① 초경량비행장치비행제한공역을 비행하고자하는 자는 미리 비행계획을 수립하여 국토교통부장관의 승인을 얻어야 한다.
② 교통안전공단에서 발행한 자격증명이 있어야 한다.
③ 초경량비행장치가 국토교통부장관이 정하여 고시하는 비행안전을 위한 기술상의 기준에 적합하다는 안전성인증 증명이 있어야 한다.
④ 국토교통부령이 정하는 인력, 설비 등의 기준을 갖추었다고 인정하여 지정한 전문교육기관에서 비행 승인하여야 한다.

비행승인은 절차에 따라 국토교통부장관으로부터 받는다.

**09** 초경량비행장치 조종 자격증명 시험 응시자의 자격으로 맞는 것은?

① 연령에 관계없다
② 연령이 만14세 이상
③ 연령이 만18세 이상
④ 연령이 만20세 이상

연령은 만4세 이상이다.

**10** 영리를 목적으로 하면서 국토교통부장관에게 등록하지 않고 초경량비행장치사용사업을 한 자의 처벌로 맞는 것은?

① 2년 이하의 징역 또는 3천만원 이하의 벌금
② 1년 이하의 징역 또는 1천만원 이하의 벌금
③ 500만원 이하의 과태료
④ 300만원 이하의 과태료

항공사업법 제78조(항공사업자의 업무 등에 관한 죄)

**11** 초경량비행장치 조종자 전문교육기관의 구비요건 중 최소조건이 아닌 사항은?

① 강의실 1개 이상
② 이착륙 시설
③ 훈련용 비행장치 2대 이상
④ 사무실 1개 이상

**항공안전법 시행규칙 제307조**
• 강의실 및 사무실 각 1개 이상
• 이착륙 시설
• 훈련용 비행장치 1대 이상

**12** 안전성 인증 검사를 받아야 하는 초경량비행장치가 아닌 것은?

① 초경량 동력비행장치
② 초경량 회전익비행장치
③ 개인 취미용 패러글라이더
④ 사람이 탑승하는 기구

행글라이더, 패러글라이더 및 낙하산류는 항공레저스포츠사업에 사용되는 것만 해당한다.

**13 진로의 양보에 대한 설명 중 맞는 것은?**

① 동력을 이용하는 초경량비행장치 조종자는 모든 항공기에 대하여 진로를 양보하지 않아도 된다.

② 동력을 이용하는 초경량비행장치 조종자는 경량항공기에 대하여 진로를 양보하지 않아도 된다.

③ 동력을 이용하는 초경량비행장치 조종자는 동력을 이용하지 아니하는 초경량비행장치에 대하여 진로를 양보하여야 한다.

④ 동력을 이용하는 인력활공기에는 진로를 양보하지 않아도 된다.

---

항공안전법 시행규칙 제310조제3항
동력을 이용하는 초경량비행장치 조종자는 모든 항공기, 경량항공기 및 동력을 이용하지 아니하는 초경량비행장치에 대하여 진로를 양보하여야 한다.

**14 초경량비행장치 범위에 속하는 동력비행장치 기준으로 옳은 것은?**

① 탑승자 및 비상용 장비의 중량을 제외한 자체중량이 70킬로그램 이하로서 체중이동, 타면조종 등의 방법으로 조종하는 비행장치

② 연료의 중량을 제외한 자체중량이 150킬로그램 이하인 무인비행기

③ 좌석이 1개인 비행장치로서 탑승자, 연료 및 비상용 장비의 중량을 제외한 해당 장치의 자체 중량이 115kg 이하일 것

④ 항력(抗力)을 발생시켜 대기(大氣) 중을 낙하하는 사람 또는 물체의 속도를 느리게 하는 비행장치

---

① 행글라이더, ② 무인동력비행장치, ④ 낙하산류

**15 초경량비행장치에 속하지 않는 것은?**

① 좌석이 1개이며 자체중량이 100kg인 동력비행장치

② 자체중량이 60kg인 행글라이더

③ 자체중량이 65kg인 패러글라이더

④ 길이가 25m인 무인비행선

---

- 동력비행장치 115kg 이하, 행글라이더 · 패러글라이더 70kg 이하
- **무인비행선** : 연료의 중량을 제외한 자체중량이 180kg 이하이고 길이가 20m 이하

**16 조종사 준수사항에 관한 설명 중 틀린 것은?**

① 인구가 밀집된 지역 기타 사람이 운집한 장소의 상공에서 인명 또는 재산에 위험을 초래할 우려가 있는 방법으로 비행하는 행위를 해서는 안 된다.

② 인명이나 재산에 위험을 초래할 우려가 있는 낙하물을 투여하는 행위를 하여서는 안 된다.

③ 안개 등으로 인하여 지상목표물을 육안으로 식별할 수 없는 상태에서 비행하는 행위를 해서는 안 된다

④ 방송장비가 달린 초경량비행장치는 추가적 승인 없이 야간비행 할 수 있다.

---

항공안전법 시행규칙 제312조의2
야간에 비행하거나 육안으로 확인할 수 없는 범위에서 비행하려는 자는 특별비행승인 신청서를 국토교통부장관에게 제출하여야 한다.

**17 초경량비행장치의 운용시간은 언제부터 언제인가?**

① 일출부터 일몰 30분전까지

② 일출부터 일몰까지

③ 일출 30분 후부터 일몰까지

④ 일출 30분 후부터 일몰 30분전까지

---

일몰 후 운용은 특별비행승인 허가를 받아야 한다.

**18** 신고를 필요로 하지 않는 초경량비행장치는?

① 동력비행장치
② 행글라이더
③ 자이로플레인
④ 초경량헬리콥터

항공안전법 시행령 제24조(신고를 필요로 하지 아니하는 초경량비행장치의 범위)

**19** 다음의 초경량비행장치 중 국토교통부장관이 고시한 비행안전을 위한 기술상의 기준에 적합 하다는 증명을 받지 않아도 되는 것은?

① 비행선(비행기)
② 무인기구류
③ 회전익비행장치
④ 동력패러글라이더

기구류는 사람이 탑승하는 것만 해당한다.

**20** 다음중 공역의 등급구분에 속하지 않는 것은?

① A 등급
② B 등급
③ G 등급
④ H 등급

공역 7개 등급 : Class A, B, C, D, E, F, G

**21** 초경량비행장치 비행계획승인 신청 시 포함되지 않아도 되는 사항은?

① 비행장치의 종류 및 등급
② 비행경로 및 고도
③ 조종자의 비행경력
④ 동승자의 소지자격

**22** 초경량비행장치에 의하여 사람이 사망하거나 중상을 입은 사고가 발생한 경우 사고조사를 담당하는 기관은?

① 항공철도사고조사위원회
② 관할 지방항공청
③ 항공교통관제소
④ 교통안전공단

국토교통부 소속기관으로 사고조사를 독립적으로 수행한다. 2006년 항공사고 조사위원회와 철도사고조사위원회가 병합되었다.

**23** 초경량동력비행장치를 소유한 자는 다음 중 누구에게 신고를 하여야 하는가?

① 지방항공청장
② 항공안전본부 자격관리과장
③ 항공안전본부 기술과장
④ 한국교통안전공단 이사장

항공안전법 시행규칙 제301조(초경량비행장치 신고)
초경량비행장치 소유자는 안전성인증을 받기 전까지 초경량비행장치 신고서를 한국교통안전공단 이사장에게 제출하여야 한다.

**24** 다음 용어 중 항공안전법과 공항시설법에서 정의한 것으로 옳지 않은 것은?

① 관제권이란 비행장 또는 공항과 그 주변의 공역으로서 항공교통의 안전을 위하여 지정한 공역을 말한다.
② 항행안전시설이란 항공기의 사고를 대비한 안전지역과 대피시설을 말한다.
③ 항공등화란 불빛, 색채 또는 형상을 이용하여 항공기의 항행을 돕기 위한 시설을 말한다.
④ 관제구란 지표면 또는 수면으로부터 200m 이상 높이의 공역으로 항공교통의 안전을 위하여 지정한 공역을 말한다.

항공안전법 제2조제24호
항행안전시설은 유무선통신, 불빛, 색채 또는 전파를 이용하여 항공기의 항행을 돕기 위한 시설이다.

**25** 항공안전법에서 정의하는 항공업무에 해당하지 않는 것은?

① 항공기의 운항 업무
② 항공기의 운항관리 업무
③ 항공교통관제 업무
④ 항공기 조종연습 업무

항공안전법 제2조제5호
항공기의 운항 업무, 항공교통관제 업무, 항공기의 운항관리 업무, 정비·수리·개조된 항공기, 장비품 또는 부품에 대하여 안전하게 운용할 수 있는 성능이 있는지를 확인하는 업무

**26** 국토교통부령으로 정하는 초경량동력비행장치 중 탑승자 1인일 때의 자체중량은?

① 115kg 이하
② 150kg 이하
③ 200kg 이하
④ 225kg 이하

항공안전법 시행규칙 제5조(초경량비행장치의 기준)
동력비행장치 : 탑승자, 연료 및 비상용 장비의 중량을 제외한 자체중량이 115kg 이하일 것, 좌석이 1개일 것

**27** 초경량비행장치를 사용하여 비행제한공역을 비행하고자 하는 자는 비행계획 승인 신청서를 누구에게 제출해야 하는가?

① 대통령
② 국토교통부 장관
③ 국토교통부 항공국장
④ 지방항공청장

항공안전법 시행규칙 제308조(초경량비행장치의 비행승인)
초경량비행장치를 사용하여 비행제한공역을 비행하려는 사람은 비행승인신청서를 지방항공청장에게 제출하여야 한다.

**28** 다음 초경량비행장치 중 회전익비행장치에 해당하는 것은?

① 행글라이더
② 동력패러글라이더
③ 자이로플레인
④ 계류식기구

항공안전법 시행규칙 제5조(초경량비행장치의 기준)
회전익비행장치 : 자체중량이 115kg 이하이며 좌석이 1개인 헬리콥터 또는 자이로플레인

**29** 항공종사자 자격증명 취소 처분 후 몇 년 후에 다시 자격증명을 받을 수 있는가?

① 1년
② 2년
③ 3년
④ 4년

**30** 국토교통부령으로 정하는 초경량비행장치 중 무인동력비행장치의 자체중량은?

① 125kg 이하
② 150kg 이하
③ 200kg 이하
④ 225kg 이하

항공안전법 시행규칙 제5조(초경량비행장치의 기준)
무인동력비행장치 : 자체중량이 150kg 이하인 무인비행기, 무인헬리콥터 또는 무인멀티콥터

**31** 다음 중 통제공역에 해당하지 않는 것은?

① 비행금지구역
② 비행제한구역
③ 초경량비행장치 비행제한구역
④ 군 작전구역

• **통제공역** : 비행금지구역, 비행제한구역, 초경량비행장치 비행제한구역
• **주의공역** : 훈련구역, 군 작전구역, 위험구역, 경계구역

**32** 비영리용 초경량비행장치의 안전성인증 유효기간은?

① 1년
② 2년
③ 3년
④ 4년

초경량비행장치 안전성인증 업무 운영세칙 제16조
안전성인증의 유효기간은 영리용과 비영리용 모두의 경우 발급일로부터 2년으로 한다.(개정 22.1.28)

**33** 항공안전법 시행규칙 제301조(초경량비행장치의 신고), 법 제122조제1항 본문에 따라 초경량비행장치의 소유자는 초경량비행장치신고서에 다음의 서류를 첨부하여 한국교통안전공단 이사장에게 제출하여야 한다. 여기에 포함되지 않는 것은?

① 초경량비행장치 사용 설명서
② 초경량비행장치를 소유하거나 사용할 수 있는 권리가 있음을 증명하는 서류
③ 초경량비행장치의 제원 및 성능표
④ 초경량비행장치의 사진(가로 15cm × 세로 10cm의 측면사진)

• 초경량비행장치를 소유하거나 사용할 수 있는 권리가 있음을 증명하는 서류
• 초경량비행장치의 제원 및 성능표
• 초경량비행장치의 사진(가로 15cm, 세로 10cm의 측면사진)

**34** 항공안전법 시행규칙 제308조(초경량비행장치의 비행승인), 초경량비행장치를 사용하여 비행제한공역을 비행하려는 자는 비행승인신청서를 제출하여야 한다. 보기 중 맞는 것은?

① 초경량비행장치 설계도면과 함께 제출한다.
② 초경량비행장치의 정면사진이 필요하다.
③ 팩스나 정보통신망을 이용하여 제출할 수 없다.
④ 지방항공청장에게 제출하여야 한다.

**35** 항공안전법 시행규칙 제310조(초경량비행장치 조종자의 준수사항), 초경량비행장치 조종자가 비행 시 하여서는 아니 되는 행위가 아닌 것은?

① 인명이나 재산에 위험을 초래할 우려가 있는 낙하물을 투하하는 행위
② 사람이 운집한 장소의 상공에서 인명 또는 재산에 위험을 초래할 우려가 있는 방법으로 비행하는 행위
③ 항공교통관제기관의 승인을 얻지 아니하고 비행제한을 고시하는 구역 또는 관제공역에서 비행하는 행위
④ 우천 시 비행하는 행위

안개와 비행시정에 대한 규칙은 있으나 우천 시 비행에 대한 조항은 없다.

**36** 초경량비행장치 조종자의 준수사항으로 옳지 않은 것은?

① 초경량비행장치의 제작자가 정한 최대이륙중량을 초과하여 비행하지 않는다.
② 비행 전에 초경량비행장치의 이상 유무를 점검하고, 이상이 있을 경우 비행을 중단한다.
③ 동력을 이용하지 않는 초경량비행장치 조종자는 모든 항공기, 경량항공기 및 동력을 이용하는 초경량비행장치에 대하여 진로를 양보한다.
④ 초경량비행장치 조종자는 항공기를 육안으로 식별하여 미리 피할 수 있도록 주의하여 비행하여야 한다.

항공안전법 시행규칙 제310조(초경량비행장치 조종자의 준수사항)
동력을 이용하는 초경량비행장치 조종자는 모든 항공기, 경량항공기 및 동력을 이용하지 아니하는 초경량비행장치에 대하여 진로를 양보하여야 한다.

**37** 다음의 과태료 규정 중 틀린 것은?

① 초경량비행장치의 안전성인증을 받지 아니하고 비행한 자 : 500만원 이하
② 신고번호를 초경량비행장치에 표시하지 아니하거나 거짓으로 표시한 소유자 : 100만원 이하
③ 초경량비행장치사고에 관한 보고를 하지 아니하거나 거짓으로 보고한 조종자 : 30만원 이하
④ 조종자 증명을 받지 아니하고 초경량비행장치를 사용하여 비행한 사람 : 200만원 이하

- 초경량비행장치 조종자 증명을 받지 아니하고 초경량비행장치를 사용하여 비행을 한 사람 : 300만원 이하의 과태료
- 비행안전을 위한 기술상의 기준에 적합하다는 안전성인증을 받지 아니한 초경량비행장치를 사용하여 초경량비행장치 조종자 증명을 받지 아니하고 비행을 한 사람 : 1년 이하의 징역 또는 1천만원 이하의 벌금에 처한다.

**38** 충돌방지를 위한 통행의 우선순위가 제일 높은 것은?

① 동력항공기 및 동력비행장치
② 비행선
③ 활공기
④ 비행기

동력을 이용하지 않는 비행장치의 우선순위가 높다.

**39** 초경량비행장치를 보험에 들지 아니하고 영업행위를 할 때의 처벌은?

① 1년 이하 징역/1천만원 벌금
② 과태료 5백만원
③ 과태료 2백만원
④ 과태료 1천만원

항공사업법 제84조(과태료)
보험 또는 공제에 가입하지 아니하고 초경량비행장치를 사용하여 비행한 자 : 500만원 이하의 과태료

**40** 초경량비행장치 변경신고의 관한 설명 중 잘못된 것은?

① 초경량비행장치가 멸실되었거나, 해체한 경우에 말소신고를 한다.
② 변경신고는 국토교통부장관에게 한다.
③ 말소신고는 사유 발생일로부터 20일 이내에 하여야한다.
④ 용도, 보관 장소, 소유자의 주소 등의 사항을 변경하려는 경우에 신고한다.

초경량비행장치가 멸실되었거나 그 초경량비행장치를 해체(정비등, 수송 또는 보관하기 위한 해체는 제외한다)한 경우에는 그 사유가 발생한 날부터 15일 이내에 국토교통부장관에게 말소신고를 하여야 한다.

**41** 신고를 요하지 않는 초경량비행장치 범위에 해당하지 않는 것은?

① 동력을 이용하지 않는 비행장치
② 계류식 기구
③ 낙하산류
④ 초경량헬리콥터

동력을 이용하지 않는 비행장치와 최대 이륙중량 2kg 이하의 무인동력비행장치 등이 해당한다.

**42** 초경량비행장치 비행제한공역에서 비행하려는 사람은 안전한 비행과 사고 시 신속한 구조를 위하여 국토교통부령으로 정하는 장비를 장착하거나 휴대하여야 한다. 다음 중 해당하는 장비는?

① 보조배터리
② 긴급 수리장비
③ 위치추적이 가능한 표시기
④ 고도계

항공안전법 시행규칙 제309조(초경량비행장치의 구조지원 장비 등)
- 위치추적이 가능한 표시기 또는 단말기
- 조난구조용 장비(위의 장비를 갖출 수 없는 경우만 해당)

**43** 다음 중 초경량비행장치 조종자 증명을 취소하거나 1년 이내의 기간을 정하여 효력이 정지되는 경우는?

① 초경량비행장치의 조종자로서 중대한 과실로 초경량비행장치 사고를 일으켜 인명피해나 재산피해를 발생시킨 경우

② 거짓이나 그 밖의 부정한 방법으로 초경량비행장치 조종자 증명을 받은 경우

③ 초경량비행장치 조종자 증명의 효력정지기간에 초경량비행장치를 사용하여 비행한 경우

④ 항공사업법을 위반하여 벌금 이상의 형을 선고받은 경우

---

항공안전법 제125조(초경량비행장치 조종자 증명 등)
보기②③은 초경량비행장치 조종자 증명 취소의 경우
보기④은 항공사업법이 아닌 항공안전법일 때 정답이 될 수 있음

**44** 초경량비행장치의 사고 중 항공철도사고조사위원회가 조사를 하여야 하는 항목이 아닌 것은?

① 초경량비행장치의 위치를 확인 할 수 없는 경우

② 초경량비행장치로 인하여 사람이 중상을 입은 사고

③ 주행 중인 차량이 주기된 초경량비행장치를 파손시킨 사고

④ 초경량비행장치 비행 중 발행한 화재사고

---

• 초경량비행장치에 의한 사람의 사망 · 중상 또는 행방불명
• 초경량비행장치의 추락 · 충돌 또는 화재 발생
• 초경량비행장치의 위치를 확인할 수 없거나 초경량비행장치에 접근이 불가능한 경우

**45** 다음의 초경량비행장치 운용에 관한 설명 중 잘못된 것은?

① 인구가 밀집된 지역의 상공에서 재산에 위험을 초래할 우려가 있는 방법으로 비행하는 행위를 해서는 안 된다.

② 인명에 위험을 초래할 우려가 있는 낙하물을 투여하는 행위를 하여서는 안 된다.

③ 관제공역에서 군사목적으로 사용되는 초경량비행장치를 비행하면 안 된다.

④ 안개로 인하여 지상목표물을 육안으로 식별할 수 없는 상태에서 비행하는 행위를 해서는 안 된다.

---

항공안전법 시행규칙 제310조(초경량비행장치 조종자의 준수사항)
관제공역 · 통제공역 · 주의공역에서 비행하는 행위를 하여서는 아니 된다. 다만 비행승인을 받은 경우와 군사목적으로 사용되는 초경량비행장치를 비행하는 행위는 제외한다.

**46** 낙하산류에 동력장치를 부착한 비행장치는 무엇인가?

① 패러플레인
② 행글라이더
③ 자이로플레인
④ 초경량헬리콥터

YoungJin.com Y.
영진닷컴

**자격증은 이기적!**

# 기출 유형
# 실전 모의고사

 차례

**01** 주간에 산 사면이 햇빛을 받아 온도가 상승하여 산 사면을 타고 올라가는 바람을 무엇이라 하는가?

① 산풍
② 곡풍
③ 육풍
④ 푄 현상

**02** 다음 중 항공법의 목적과 관계없는 것은?

① 항공 운송 사업의 통제
② 항공 항행의 안전도모
③ 항공시설 설치 · 관리의 효율화
④ 항공의 발전과 복리증진

**03** 정압을 이용하는 계기가 아닌 것은?

① 속도계
② 고도계
③ 선회계
④ 승강계

**04** 다음 중 보퍼트 풍력계급에 대한 설명으로 옳지 않은 것은?

① 영국의 해군 제독 보퍼트가 만든 풍력 등급이다.
② 풍속계가 만들어지기 이전 0부터 12까지 13개의 등급으로 바람의 속력을 측정했다.
③ 0은 고요한 상태로 숫자가 커질수록 풍력이 강하다.
④ 해상용으로 많이 쓰이며 육상용으로는 거의 쓰이지 않는다.

**05** 따뜻한 해수면 위를 덮고 있던 기단이 차가운 해면으로 이동했을 때 발생하는 안개는?

① 방사 안개
② 활승 안개
③ 증기 안개
④ 바다 안개

**06** 다음 중 대기권에서 전리층이 존재하는 곳은?

① 중간권
② 열권
③ 극외권
④ 성층권

**07** 공기의 온도가 증가하면 기압이 낮아지는 이유는?

① 가열된 공기는 가볍기 때문이다.
② 가열된 공기는 무겁기 때문이다.
③ 가열된 공기는 유동성이 있기 때문이다.
④ 가열된 공기는 유동성이 없기 때문이다.

**08** 비행성능에 영향을 주는 요소들을 틀리게 설명한 것은?

① 공기밀도가 낮아지면 엔진 출력이 나빠지고 프로펠러 효율도 떨어진다.
② 습도가 높으면 공기밀도가 낮아져 양력 발생이 감소된다.
③ 습도가 높으면 밀도가 낮은 것 보다 엔진 성능 및 이착륙 성능이 더욱 나빠진다.
④ 무게가 증가하면 이착륙 시 활주 거리가 길어지고 실속속도도 증가한다.

**09** 대기권을 고도에 따라 낮은 곳부터 높은 곳까지 순서대로 분류한 것은?

① 대류권 - 성층권 - 열권 - 중간권
② 대류권 - 중간권 - 열권 - 성층권
③ 대류권 - 중간권 - 성층권 - 열권
④ 대류권 - 성층권 - 중간권 - 열권

**10** 리튬폴리머 배터리 사용상의 설명으로 적절한 것은?

① 비행 후 배터리 충전은 상온까지 온도가 내려간 상태에서 실시한다.
② 수명이 다 된 배터리는 그냥 쓰레기들과 같이 버린다.
③ 여행 시 배터리는 화물로 가방에 넣어서 운반이 가능하다.
④ 가급적 전도성이 좋은 금속 탁자 등에 두어 보관한다.

**11** 배터리를 떼어낼 때의 순서는?

① 아무렇게나 떼어내도 무방하다.
② 동시에 떼어낸다.
③ +극을 먼저 떼어낸다.
④ -극을 먼저 떼어낸다.

**12** 초경량비행장치 자격증명 취소 사유가 아닌 것은?

① 자격증을 분실한 후 1년이 경과하도록 분실 신고를 하지 않은 경우
② 항공법을 위반하여 벌금 이상의 형을 선고받은 경우
③ 고의 또는 중한 과실이 있는 경우
④ 항공법에 의한 명령에 위반한 경우

**13** 다음 공역 중 통제공역에 해당되는 것은?

① 정보구역
② 비행금지구역
③ 군 작전구역
④ 관제구

**14** 베르누이 정리에서 유체의 속도와 압력과의 관계는?

① 유체의 속도가 빨라지면 정압이 감소한다.
② 유체의 속도가 빨라지면 정압이 증가한다.
③ 유체의 속도가 빨라지면 동압이 감소한다.
④ 유체의 속도가 빨라지면 전압이 감소한다.

**15** 초경량비행장치 사고를 보고해야 할 의무가 있는 자는?

① 부조종자
② 사고 목격자
③ 정비사
④ 조종자 및 비행장치의 소유자

**16** 안전성인증검사를 받지 않은 초경량비행장치를 사용하여 초경량비행장치 조종자 증명을 받지 않고 비행하다 적발되었을 경우 부과되는 벌금은?

① 200만원 이하의 벌금
② 400만원 이하의 벌금
③ 500만원 이하의 벌금
④ 1000만원 이하의 벌금

**17** 초경량비행장치 조종자 전문교육기관 지정기준으로 맞는 것은?

① 비행시간 100시간 이상인 지도 조종자 1명 이상 보유
② 비행시간 300시간 이상인 지도 조종자 2명 보유
③ 비행시간 200시간 이상인 실기평가 조종자 1명 보유
④ 비행시간 300시간 이상인 실기평가 조종자 2명 보유

**18** 초경량비행장치의 자격시험 응시자격 연령은?

① 만 14세 이상
② 만 16세 이상
③ 만 18세 이상
④ 만 20세 이상

**19** 초경량비행장치의 변경신고는 사유 발생일로부터 며칠 이내에 신고하여야 하는가?

① 30일
② 60일
③ 90일
④ 180일

**20** 초경량비행장치의 항공기 통행 우선순위로 맞는 것은?

① 모든 항공기와 초경량 무동력비행장치에 진로를 양보해야 한다.
② 항공기보다 우선하며 초경량 무동력비행장치에 진로를 양보해야 한다.
③ 초경량 무동력비행장치 보다 우선하여 항공기에 진로를 양보해야 한다.
④ 모든 항공기와 무동력 초경량비행장치 보다 진로에 우선권이 있다.

**21** 항공기 신고(등록)기호표의 크기는?

① 가로 7cm, 세로 5cm
② 가로 5cm, 세로 7cm
③ 가로 7cm, 세로 4cm
④ 가로 4cm, 세로 7cm

**22** 영각(받음각)이 커지면 풍압 중심은 일반적으로 어떻게 되는가?

① 기류의 상태에 따라 전면이나 뒷전 쪽으로 이동한다.
② 풍압 중심은 영각에 무관하게 일정한 위치가 된다.
③ 앞전 쪽으로 이동한다.
④ 뒤전 쪽으로 이동한다.

**23** 항공기의 세로 안정성에 대한 설명 중 틀린 것은?

① 무게 중심위치가 공기역학적 중심보다 전방에 위치할수록 안전성이 증가한다.
② 날개가 무게중심 위치보다 높은 위치에 있을 때 안정성이 좋다.
③ 꼬리날개 면적을 크게 하면 안전성이 좋다.
④ 꼬리날개 효율을 작게 할수록 안정성이 좋다.

**24** 국토교통부 장관이 정하는 초경량동력비행장치를 사용하여 비행하고자 하는 자는 자격증명이 있어야 한다. 다음 중 초경량동력비행장치의 조종 자격증명을 발행하는 기관으로 맞는 것은?

① 항공안전본부
② 지방항공청
③ 교통안전공단
④ 국토교통부

**25** 항공종사자의 혈중 알코올농도 제한 기준으로 맞는 것은?

① 혈중 알코올 농도 0.02% 이상
② 혈중 알코올 농도 0.06% 이상
③ 혈중 알코올 농도 0.03% 이상
④ 혈중 알코올 농도 0.05% 이상

**26** 대기권 중 기상 변화가 일어나는 층으로 상승할수록 온도가 강하되는 층은 다음 어느 것인가?

① 성층권
② 중간권
③ 열권
④ 대류권

**27** 기압고도(Pressure altitude)란 무엇을 말하는가?

① 항공기의 지표면의 실측 높이이며 "AGL"단위를 사용한다.
② 고도계 수정치를 표준 기압(29.92inHg)에 맞춘 상태에서 고도계가 지시하는 고도이다.
③ 기압고도에서 비표준 온도와 기압을 수정해서 얻은 고도이다.
④ 고도계를 해당 지역이나 인근 공항의 고도계 수정치 값에 수정했을 때 고도계가 지시하는 고도이다.

**28** 초경량비행장치의 운용시간은 언제부터 언제까지인가?

① 일출부터 일몰 30분 전까지
② 일출부터 일몰까지
③ 일출 30분 후부터 일몰까지
④ 일출 30분 후부터 일몰 30분 전까지

**29** 다음 중 항공장애등의 종류가 아닌 것은?

① 저광도 항공장애등
② 중광도 항공장애등
③ 고광도 항공장애등
④ 주간 장애표식

**30** 다음 중 날개의 받음각에 대한 설명이다. 틀린 것은?

① 비행 중 받음각은 변한다.
② 날개골에 흐르는 공기의 흐름 방향과 시위선이 이루는 각이다.
③ 받음각이 증가하면 일정한 각까지 양력과 항력이 증가한다.
④ 기체의 중심선과 날개의 시위선이 이루는 각이다.

**31** 초경량동력비행장치를 사용하면서 법으로 정한 보험에 가입하여야 하는 경우는 어느 것인가?

① 영리목적으로 사용하는 동력비행장치
② 동호인이 공동으로 사용하는 패러글라이더
③ 국제대회에 사용하고자 하는 행글라이더
④ 모든 초경량비행장치

**32** 무인비행장치 운용에 따라 조종자가 작성할 문서가 아닌 것은?

① 비행훈련기록부
② 항공기이력부
③ 조종자 비행기록부
④ 정기검사 기록부

**33** 다음에 열거한 것은 항력의 종류이다. 초경량동력 비행장치에서 발생하지 않는 항력은 어느 것인가?

① 마찰항력
② 압력항력
③ 유도항력
④ 조파항력

**34** 겨울에는 대륙에서 해양으로, 여름에는 해양에서 대륙으로 부는 바람을 무엇이라 하는가?

① 편서풍
② 계절풍
③ 해풍
④ 대륙풍

**35** 초경량비행장치로 비행 중 정면 또는 이와 유사하게 접근하는 다른 초경량비행장치를 발견하였다. 적절한 비행방법으로 맞는 것은?

① 지면에 충돌 위험이 없는 범위 내에서 상대 비행 장치의 아래쪽으로 진행하여 교차한다.
② 상대비행 장치가 나의 왼쪽으로 기수를 바꿀 것이므로 나는 오른쪽으로 기수를 바꾼다.
③ 상대비행 장치의 진로 변경을 알 수 없으므로 상대비행 장치가 기수를 바꿀 때까지 현재 상태를 유지한다.
④ 신속하게 상대비행 장치의 진로를 신속히 파악하여 같은 진로로 기수를 변경한다.

**36** 빠른 한랭전선이 온난전선에 따라붙어 합쳐서 중복된 부분을 무슨 전선이라 부르는가?

① 정체전선
② 대류성 한냉전선
③ 북태평양 고기압
④ 폐색전선

**37** 무인비행장치 조종자로서 갖추어야 할 소양이라 할 수 없는 것은?

① 정신적 안정성과 성숙도
② 정보처리 능력
③ 다혈질적 성격
④ 빠른 상황판단 능력

**38** 다음 중 초경량비행장치가 비행하고자 할 때의 설명으로 맞는 것은?

① 주의 공역은 지방항공청장의 비행계획 승인만으로 가능하다.
② 통제 공역의 비행계획 승인을 신청할 수 없다.
③ 관제공역, 통제공역, 주의공역은 관할 기관의 승인이 있어야 한다.
④ CATA(Civil Aircraft Training Area)는 비행승인이 없이 비행이 가능하다.

**39** 공기밀도는 습도와 기압이 변화하면 어떻게 되는가?

① 공기밀도는 기압에 비례하며 습도에 반비례한다.
② 공기밀도는 기압과 습도에 비례하며 온도에 반비례한다.
③ 공기밀도는 온도에 비례하고 기압에 반비례한다.
④ 온도와 기압의 변화는 공기밀도와는 무관하다.

**40** 무인비행장치들이 가지는 비행 모드가 아닌 것은 어느 것인가?

① 수동 모드(Manual Mode)
② GPS 모드(GPS Mode)
③ 자세제어 모드(Attitude Mode)
④ 고도제어 모드(Altitude Mode)

**01** 다음 초경량비행장치 중 인력 활공기에 해당하는 것은?

① 비행선
② 패러플레인
③ 행글라이더
④ 자이로플레인

**02** 무인비행장치 비행모드 중에서 자동복귀에 대한 설명으로 맞는 것은?

① 자동으로 자세를 잡아주면서 수평을 유지시켜주는 비행모드이다.
② 자세제어에 GPS를 이용한 위치제어가 포함되어 위치와 자세를 잡아준다.
③ 설정된 경로에 따라 자동으로 비행하는 비행모드이다.
④ 비행 중 통신 두절 상태가 발생했을 때 이륙 위치나 이륙 전 설정한 위치로 자동 복귀한다.

**03** 착빙(Icing)에 대한 설명 중 틀린 것은?

① 양력과 무게를 증가시켜 추진력을 감소시키고 항력은 증가시킨다.
② 거친 착빙도 항공기 날개의 공기 역학에 심각한 영향을 줄 수 있다.
③ 착빙은 날개뿐만 아니라 카뷰레터(기화기), 피토관 등에도 발생한다.
④ 습한 공기가 기체 표면에 부딪치면서 결빙이 발생하는 현상이다.

**04** 항공기가 일정고도에서 등속수평비행을 하고 있다. 맞는 조건은?

① 양력=항력, 추력〉중력
② 양력=중력, 추력=항력
③ 추력〉항력, 양력〉중력
④ 추력=항력, 양력〈중력

**05** 다음 중 무인동력장치 Mode2의 수직하강을 위한 올바른 설명은?

① 왼쪽 조종간을 올린다.
② 왼쪽 조종간을 내린다.
③ 엘리베이터 조종간을 올린다.
④ 에일러론 조종간을 조정한다.

**06** 국제민간항공기구(ICAO)에서 공식용어로 사용하는 무인항공기 용어는?

① Drone
② UAV
③ RPV
④ RPAS

**07** 다음 공역 중 주의공역이 아닌 것은?

① 훈련구역
② 비행제한구역
③ 위험구역
④ 경계구역

**08** 1마력은 ( ㉠ )의 물체를 중력가속도를 거슬러서 1m/s의 속도로 들어 올리고 있을 때 물체에 대한 일률이다. ㉠에 들어갈 내용으로 옳은 것은?

① 30kg
② 50kg
③ 75kg
④ 90kg

**09** 국토교통부장관에게 소유신고를 하지 않아도 되는 장치는?

① 동력비행장치
② 초경량 헬리콥터
③ 초경량 자이로플레인
④ 계류식 무인비행장치

**10** 우리나라에 영향을 미치는 기단 중에 초여름 해양성 기단으로 불연속의 장마전선을 이루는 기단은?

① 시베리아 기단
② 양쯔강 기단
③ 오호츠크해 기단
④ 북태평양 기단

**11** 초경량비행장치의 비행계획승인 신청 시 포함되지 않는 것은?

① 비행경로 및 고도
② 동승자의 자격 소지
③ 조종자의 비행경력
④ 비행장의 종류 및 형식

**12** 해수면에서의 표준 온도와 표준기압은?

① 15℃, 29.92inchHg
② 59℉, 29.92inchHg
③ 15℉, 1013.2inchHg
④ 15℃, 1013.2inchHg

**13** 다음 중 초경량 비행장치의 비행 가능한 지역은 어느 것인가?

① R-14
② UA
③ MOA
④ P65

**14** 표준대기 상태에서 해수면 상공 1000ft당 상온의 기온은 몇 도씩 감소하는가?

① 1℃
② 2℃
③ 3℃
④ 4℃

**15** 태풍의 세력이 약해져서 소멸되기 직전 또는 소멸되어 무엇으로 변하는가?

① 열대성 고기압
② 열대성 저기압
③ 열대성 폭풍
④ 편서풍

**16** 북태평양 서부에서 발생하는 열대 저기압 중에서 중심 부근의 최대 풍속이 17m/s 이상으로 강항 폭풍우를 동반하는 자연현상은?

① 장마
② 사이클론
③ 허리케인
④ 태풍

**17** 다음 중 토크작용과 관련된 뉴턴의 법칙은?

① 관성의 법칙
② 가속도의 법칙
③ 작용과 반작용의 법칙
④ 베르누이 법칙

**18** 다음 중 초경량무인비행장치 비행허가 승인에 대한 설명으로 틀린 것은?

① 비행금지구역(P-73, P-61) 비행허가는 군에 받아야 한다.
② 공역이 두개 이상 겹칠 때는 우선하는 기관에만 허가를 받으면 된다.
③ 군 관제권 지역의 비행허가는 군에서 받아야 한다.
④ 민간 관제권 지역의 비행허가는 국토부의 비행승인을 받아야 한다.

**19** 초경량비행장치 운용 시 다음 중 과태료로 가장 높은 것은?

① 장치신고, 멸실신고 및 변경신고를 하지 않을 경우
② 조종자 증명 없이 비행한 경우
③ 조종자 비행준수사항을 위반한 경우
④ 안전성 인증검사를 받지 않고 비행한 경우

**20** 다음 중 자세를 잡기 위해 모터의 속도를 조종하는 장치는 무엇인가?

① ESC
② GPS
③ 자이로센서
④ 가속도센서

**21** 다음이 설명하는 용어는?

"날개골의 임의 지정에 중심을 잡고 받음각의 변화를 주면 기수를 들고 내리게 하는 피칭 모멘토가 발생하는데 이 모멘토의 값이 받음각에 관계없이 일정한 지점을 말함"

① 압력중심
② 공력중심
③ 무게중심
④ 평균공력시위

**22** 비행정보구역(FIR)을 지정하는 목적과 거리가 먼 것은?

① 영공통과료 징수를 위한 경계설정
② 항공기 수색, 구조에 필요한 정보제공
③ 항공기 안전을 위한 정보제공
④ 항공기의 효율적인 운항을 위한 정보제공

**23** 기압고도란 무엇을 말하는가?

① 항공기와 지표면의 실측 높이이며, AGL 단위를 사용한다.
② 고도계 수정치를 표준기압에 맞춘 상태에서 고도계가 지시하는 고도
③ 기압고도에서 비표준온도와 기압을 수정해서 얻은 고도이다.
④ 고도계를 해당지역이나 인근 공항의 고도계 수정치 값에 수정 했을 때 고도계가 지시하는 고도

**24** 태풍이 발생하는 조건으로 알맞은 것은 어느 것인가?

① 열성 저기압
② 열성 고기압
③ 열성 폭풍
④ 편서풍

**25** 멀티콥터 착륙지점으로 바르지 않는 것은?

① 고압선이 없고 평평한 지역
② 바람에 날아가는 물체가 없는 평평한 지역
③ 평평한 해안 지역
④ 평평하면서 경사진 곳

**26** 비교적 구름밑면이 일정하고 안개, 세빙, 가루눈이 내리기도 하는 6500ft 이하에서 발생하는 회색의 구름은?

① 권층운
② 고층운
③ 적운
④ 층운

**27** 해풍의 특징으로 적당한 것은 무엇인가?

① 주간에 바다에서 육지로 분다.
② 야간에 바다에서 육지로 분다.
③ 주간에 육지에서 바다로 분다.
④ 야간에 육지에서 바다로 분다.

**28** 블레이드 종횡비의 비율이 커지면 나타나는 현상이 아닌 것은 무엇인가?

① 유해항력이 증가한다.
② 활공성능이 좋아진다.
③ 유도항력이 감소한다.
④ 양항비가 작아진다.

**29** 영(0)양력 받음각에 대한 설명 중 맞는 것은?

① 실속이 발생할 때의 받음각
② 실속이 발생하지 않을 때의 받음각
③ 양력이 발생할 때의 받음각
④ 양력이 발생하지 않을 때의 받음각

**30** 비행승인을 받기 위해 필요하지 않은 것은 어느 것인가?

① 비행경로와 고도
② 비행장치 소유증명서
③ 비행장치의 제원 및 성능표
④ 조종자의 자격번호 또는 비행경력

**31** 무인멀티콥터가 비행 가능한 지역은 어느 것인가?

① 인파가 많고 차량이 많은 곳
② 전파 수신이 많은 지역
③ 전기줄 및 장애물이 많은 곳
④ 장애물이 없고 안전한 곳

**32** 다음 안개 설명 중 알맞은 것을 고르시오.

> 차가운 지면이나 수면 위로 따뜻한 공기가 이동해 오면,
> 공기의 밑부분이 냉각되어 응결이 일어나는 안개이다.
> 대부분 해안이나 해상에서 발생한다.

① 활승안개
② 복사안개
③ 이류안개
④ 증기안개

**33** 어떠한 조건하에서 진고도(True Altitude)는 지시고도보다 낮게 지시하는가?

① 표준공기 온도보다 추울 때
② 표준공기 온도보다 더울 때
③ 밀도고도가 지시고도보다 높을 때
④ 기압고도와 밀도고도가 일치할 때

**34** 초경량비행장치 비행 중 조작불능 시 가장 먼저 할 일은?

① 소리를 크게 쳐서 알린다.
② 조종자 가까이 이동시켜 착륙시킨다.
③ 조종이 가능할 때까지 기다린다.
④ 급하게 불시착시킨다.

**35** 비행금지구역, 제한구역, 위험구역 설정 등의 공역을 제공하는 곳은?

① NOTAM
② AIC
③ AIP
④ AIRAC

**36** 북반구의 고기압 바람의 방향으로 옳은 것은?

① 시계방향으로 중심부에서 수렴한다.
② 반시계방향으로 중심부에서 수렴한다.
③ 시계방향으로 중심부에서 발산한다.
④ 반시계방향으로 중심부에서 발산한다.

**37** 초경량비행장치 주소변경 신고 기한은?

① 10일
② 15일
③ 30일
④ 60일

**38** 다음 중 3/8~4/8인 운량은 어느 것인가?

① clear
② scattered
③ broken
④ overcast

**39** 초경량비행장치 사고발생시 사고조사를 담당하는 기관은?

① 관할 지방항공청장
② 항공교통관제소
③ 교통안전공단
④ 항공ㆍ철도 사고조사위원회

**40** 멀티콥터의 필수 구성요소가 아닌 것은?

① FC(Flight Controller)
② ESC(Electric Speed Controller)
③ Propeller
④ GPS(Global Positioning System)

**01** 비행장치에 작용하는 힘으로 옳은 것은?

① 양력, 추력, 항력, 중력
② 양력, 중력, 무게, 추력
③ 양력, 무게, 동력, 마찰
④ 양력, 마찰, 추력, 항력

**02** 초경량비행장치를 소유 시 한국교통안전공단 이사장에게 신고할 때 제출해야 할 것이 아닌 것은?

① 초경량동력비행장치를 소유하고 있음을 증명하는 서류
② 초경량비행장치의 사진
③ 제원 및 성능표
④ 초경량동력비행장치의 설계도, 설계 개요서, 부품목록

**03** 피로(Fatigue)에 대한 설명으로 옳은 것은?

① 큰 하중으로 파괴될 때의 현상
② 반복하중에 의해 굳어지는 현상
③ 구조설계를 위한 한계
④ 반복하중에 의한 재료의 저항력 감소현상

**04** 비행 중 조종기의 배터리 경고음이 울렸을 때 취해야 할 행동은?

① 즉시 기체를 착륙시키고 엔진 시동을 정지시킨다.
② 경고음이 꺼질 때까지 기다려본다.
③ 재빨리 송신기의 배터리를 예비 배터리로 교환한다.
④ 기체를 원거리로 이동시켜 제자리 비행으로 대기한다.

**05** 날개의 붙임각에 대한 설명으로 옳은 것은?

① 날개의 시위와 공기흐름의 방향과 이루는 각이다.
② 날개의 중심선과 공기흐름 방향과 이루는 각이다.
③ 날개 중심선과 수평축이 이루는 각이다.
④ 날개 시위선과 비행기 세로축선이 이루는 각이다.

**06** Wing Let(윙렛) 설치 목적은 무엇인가?

① 형상항력 감소       ② 유도항력 감소
③ 간섭항력 감소       ④ 마찰항력 감소

**07** 다음 중 항공법 상 초경량비행장치라고 할 수 없는 것은?

① 낙하산류에 추진력을 얻는 장치를 부착한 동력 패러글라이더
② 하나 이상의 회전익에서 양력을 얻는 초경량 자이로플레인
③ 좌석이 2개인 비행장치로서 자체 중량 115kg을 초과하는 동력비행 장치
④ 기체의 성질과 온도차를 이용한 유인 또는 계류식 기구류

**08** 리튬폴리머(Li-Po) 배터리 취급에 대한 설명으로 올바른 것은?

① 폭발위험이나 화재 충격에 위험이 적어 잘 견딘다.
② 150℃ 이상의 환경에서 사용될 경우 효율이 높아진다.
③ 수중에 자이가 추락했을 경우에는 배터리를 잘 닦아서 사용한다.
④ -10℃ 이하로 사용될 경우 영구히 손상되어 사용불가 상태가 될 수 있다.

**09** 지면효과에 대한 설명으로 바른 것은?

① 항공기 주변의 공기흐름 패턴이 지표면 혹은 수면과 간섭되면서 발생한다.
② 날개끝 와류가 감소하면 그 방향으로 받음각과 유도항력이 증가한다.
③ 날개에 한 공기흐름이 잘 흐르게 한다.
④ 지표면과 날개 사이에 공기흐름이 빨라져 유도항력이 증가하여 나타나는 현상이다.

**10** 항공법 상에 규정하는 무인비행장치 사용사업을 위해 꼭 가입해야하는 보험은 어떤 보험인가?

① 인/기체 보험
② 인/물 배상책임 보험
③ 기체물 보험
④ 파손 보험

**11** 항공기가 착륙할 때 발생하는 관성력의 방향은?

① 양력 발생 방향
② 중력 방향
③ 항공기 앞쪽
④ 항공기 뒤쪽

**12** 구름을 구분한 것 중 가장 적절하게 분류한 것은 어느 것인가?

① 높이에 따른 상층운, 중층운, 하층운, 수직으로 발달한 구름
② 층운, 적운, 난운, 권운
③ 층운, 적란운, 권운
④ 운량에 따라 작은 구름, 중간 구름, 큰 구름 그리고 수직으로 발달한 구름

**13** 실속속도를 설명한 것으로 틀린 것은 어느 것인가?

① 상승할 수 있는 최소의 속도이다.
② 수평비행을 유지할 수 있는 최소의 속도이다.
③ 하중이 증가하면 실제 실속속도는 커진다.
④ 실속속도가 크면 이·착륙 활주거리가 길어진다.

**14** 구름과 안개의 구분 시 발생 높이의 기준은?

① 구름의 발생이 AGL 120ft 이상 시 구름, 120ft 이하에서 발생 시 안개
② 구름의 발생이 AGL 90ft 이상 시 구름, 90ft 이하에서 발생 시 안개
③ 구름의 발생이 AGL 70ft 이상 시 구름, 70ft 이하에서 발생 시 안개
④ 구름의 발생이 AGL 50ft 이상 시 구름, 50ft 이하에서 발생 시 안개

**15** 우리나라 항공안전법의 목적은 무엇인가?

① 항공기의 안전하고 효율적인 항행을 위한 방법과 국가, 항공사업(종사자) 등의 의무에 관한 사항을 규정함
② 항공기와 선박의 안전운행기준을 법으로 정함
③ 국제 민간항공의 안전 항해와 발전을 도모
④ 국내 민간항공의 안전 항행과 발전을 도모

**16** 산바람과 골바람에 대한 설명 중 맞는 것은?

① 산악지역에서 낮에 형성되는 바람은 골바람으로 산 아래에서 산 정상으로 부는 바람이다.
② 산바람은 산 정상부분으로 불고 골바람은 산 정상에서 아래로 부는 바람이다.
③ 산바람과 골바람 모두 산의 경사 정도에 따라 가열되는 정도에 따른 바람이다.
④ 산바람은 낮에 그리고 골바람은 밤에 형성된다.

**17** 초경량비행장치를 이용하여 비행 시 유의사항이 아닌 것은?

① 정해진 용도 이외의 목적으로 사용하지 말아야 한다.
② 고압 송전선 주위에서 비행하지 말아야 한다.
③ 추락, 비상착륙 시는 인명, 재산의 보호를 위해 노력해야 한다.
④ 공항 및 헬 비행장 반경 5km를 벗어나면 관할 관제탑의 승인 없이 비행하여도 된다.

**18** 태풍에 관한 설명으로 옳지 않은 것은?

① 열지방(해양)을 발원지로하고 폭풍우를 동반한 저기압을 총칭해서 열대 저기압이라고 한다.
② 북중미 지역에서 발생하는 허리케인과 인도양에서 발생하는 사이클론이 있다.
③ 발생 수는 7월경부터 증가하여 8월에 가장 왕성하고 9, 10월에 서서히 줄어든다.
④ 태풍의 진행방향 왼쪽에서는 앞쪽에서 맞부딪치는 바람과 태풍의 시계 반대방향으로 부는 바람이 합쳐져 바람이 강해진다.

**19** 무게중심 위치 측정을 위해 지상에 있는 항공기에 적용하는 기준점 위치는 다음 중 누가 정하는가?

① 항공 정비사
② 항공청장
③ 건설교통부
④ 항공기 제작사

**20** 어떤 물질 1g을 섭씨 온도 1℃ 올리는데 필요한 열량은?

① 잠열
② 열량
③ 비열
④ 현열

**21** 동력비행장치의 성능에서 상승력에 관한 설명이다. 맞는 것을 고르시오.

① 필요마력이 작고 이용마력이 크면 상승력이 좋다.
② 이용마력이 작고 여유마력이 크면 상승력이 좋다.
③ 여유마력이 작고 이용마력이 작으면 상승력이 좋다.
④ 필요마력이 크고 여유마력이 작으면 상승력이 좋다.

**22** 지구의 기상이 일어나는 가장 근본적인 원인은 무엇인가?

① 해수면의 온도 상승
② 구름의 양
③ 바람
④ 지구 표면의 태양 에너지의 불균형

**23** 항공법 상 항행안전시설이 아닌 것은?

① 항공등화
② 항공교통 관제시설
③ 항행안전무선시설
④ 항공정보통신시설

**24** 배터리 관리방법으로 옳지 않은 것은?

① 전원이 켜진 상태에서 탈착하지 않는다.
② 일반 쓰레기로 버리지 않는다.
③ 사용하지 않을 때는 충전기에서 분리해 놓는다.
④ 건조한 장소에 보관하지 않는다.

**25** 다음의 벌금 규정 중 틀린 것은?

① 안전성 인증과 조종자 증명을 받지 아니하고 조종한 자 1년 이하의 징역 또는 1000만원 이하의 벌금
② 주류를 섭취하고 비행한 자 3년 이하의 징역 또는 3000만원 이하의 벌금
③ 초경량비행장치를 신고하지 아니하고 비행한 자 6개월 이하의 징역 또는 500만원 이하의 벌금
④ 조종자 준수사항을 위반한 경우 200만원 이하의 벌금

**26** 한랭전선의 특징이 아닌 것은?

① 적운형 구름
② 따뜻한 기단 위에 형성된다.
③ 좁은 지역에 소나기나 우박이 내린다.
④ 온난전선에 비해 이동 속도가 빠르다.

**27** 항공기 자기 무게(Empty Weight)에 포함되지 않은 것은?

① 기체구조 무게
② 동력장치 무게
③ 유상하중(Payload)
④ 배출 불가능한 잔여연료 무게

**28** 공기는 고기압에서 저기압으로 흐른다. 이러한 흐름을 직접적으로 방해하는 힘은?

① 구심력
② 원심력
③ 전향력
④ 마찰력

**29** 비행 중 목표물을 육안으로 식별할 수 있도록 요구되는 최소한의 수평거리를 무엇이라 하는가?

① 최저 비행시정
② 최고 비행시정
③ 최소 수평거리
④ 최대 수평거리

**30** 초경량비행장치 조종자 전문교육기관 지정기준으로 맞는 것은?

① 무인비행장치 조종경력이 100시간 이상인 지도조종자 1명 이상, 150시간 이상인 실기평가조종자 1명 이상 보유
② 무인비행장치 조종경력이 150시간 이상인 지도조종자 1명 이상, 150시간 이상인 실기평가조종자 1명 이상 보유
③ 무인비행장치 조종경력이 200시간 이상인 지도조종자 1명 이상, 300시간 이상인 실기평가조종자 1명 이상 보유
④ 무인비행장치 조종경력이 150시간 이상인 지도조종자 2명 이상 보유

**31** 태풍경보는 어떤 상황일 때 발령되는가?

① 태풍으로 인하여 풍속이 15㎧ 이상, 강우량이 80mm 이상 시
② 태풍으로 인하여 풍속이 17㎧ 이상, 강우량이 100mm이상 시
③ 태풍으로 인하여 풍속이 20㎧ 이상, 강우량이 120mm 이상 시
④ 태풍으로 인하여 풍속이 25㎧ 이상, 강우량이 150mm 이상 시

**32** 날개에서 압력중심(Center of pressure)에 대한 설명이다. 맞는 것은 어느 것인가?

① 날개에서 양력과 항력이 작용하는 점이다.
② 받음각과는 관계가 없다.
③ 수평비행 중 속도가 빨라지면 전방으로 이동한다.
④ 비행자세에 영향을 받지 않는다.

**33** 사람 또는 건축물이 밀집된 지역의 상공에서 건축물과 충돌할 우려가 있는 방법으로 근접하여 비행을 한 자의 처벌은?

① 1년 이하의 징역 또는 1천만원 이하의 벌금
② 200만원 이하의 과태료
③ 500만원 이하의 과태료
④ 2년 이하의 징역 또는 3천만원 이하의 벌금

**34** 항공 기상에서 기상 7대 요소는 어느 것인가?

① 기압, 기온, 습도, 구름, 강수, 바람, 시정
② 기압, 전선, 기온, 습도, 구름, 강수, 바람
③ 기압, 기온, 구름, 안정성, 해수면, 바람, 시정
④ 전선, 기온, 난기류, 시정, 바람, 습도, 기압

**35** 동력비행장치가 비행 중 어느 한쪽으로 쏠림이 생기면 조종사는 계속 조종간을 한쪽으로 힘을 주고 있어야 한다. 이런 경우 조종력을 "0"으로 해주거나 조종력을 경감하는 장치는 다음 중 어느 것인가?

① 도움날개
② 트림(Trim)
③ 플랩(Flap)
④ 승강타

**36** 공역 중 모든 항공기에 비행정보 업무만 제공되는 공역은?

① A등급
② C등급
③ E등급
④ G등급

**37** 우리나라 항공법의 기본이 되는 국제법은?

① 일본 동경협약
② 국제민간항공조약 및 부속서
③ 미국의 항공법
④ 중국의 항공법

**38** 표준 해수면의 기온과 표준기압은 어느 것인가?

① 15℃와 29.92mb
② 15℃와 29.92inHg
③ 15℉와 29.92inHg
④ 15℉와 29.92mb

**39** 공기의 밀도는 동력비행장치의 추력에 영향을 준다. 다음은 공기밀도의 압력과 온도의 변화에 대한 설명이다. 맞는 것은?

① 공기밀도는 압력과 온도가 각각 증가할 때 비례하여 커진다.
② 공기밀도는 온도가 증가하면 증가하고 압력이 증가하면 감소한다.
③ 공기밀도는 온도가 증가하면 감소하고 압력이 증가하면 커진다.
④ 공기밀도는 압력과 온도가 각각 증가할 때 반비례하여 감소한다.

**40** 항공법 상 신고를 필요로 하지 않는 초경량비행장치의 범위는?

① 동력을 이용하는 비행장치
② 무인비행선 중에서 길이가 10m 이하인 것
③ 무인동력비행장치 중에서 연료의 무게를 제외한 자체무게가 15kg 이하인 것
④ 군사 목적으로 사용되는 초경량비행장치

**01** 착빙(Icing)에 대한 내용 중 잘못된 것은?

① 전선 부근을 비행할 때는 착빙의 위험이 감소된다.
② 착빙은 항공기 날개의 공기 역학에 심각한 영향을 줄 수 있다.
③ 구름이 가착빙대에 있을 때는 들어가지 않는 것이 좋다.
④ 습한 공기가 기체 표면에 부딪치면서 결빙이 발생하는 현상이다.

**02** 해발 150m의 비행장 상공에 있는 비행기 진고도가 500m라면 이 비행기의 절대고도는 얼마인가?

① 650m
② 350m
③ 500m
④ 150m

**03** 국토교통부령으로 정하는 초경량비행장치를 사용하여 비행하려는 사람은 비행안전을 위한 기술상의 기준에 적합하다는 안전성인증을 받아야 한다. 다음 중 안전성 인증대상이 아닌 것은?

① 무인기구류
② 무인비행장치
③ 회전익비행장치
④ 착륙장치가 없는 비행장치

**04** 다음 중 항공법 상 항공등화의 종류가 아닌 것은?

① 진입각 지시등
② 지향신호등
③ 위험항공등
④ 비행장등

**05** 비행 중 항력이 추력보다 크면?

① 가속도 운동
② 감속도 운동
③ 등속도 운동
④ 정지

**06** 무인비행장치 조종자로서 갖추어야할 기본적인 양식이라 할 수 없는 것은?

① 빠른 상황판단 능력
② 정보처리 능력
③ 예술적 감성
④ 정신적 안정성과 성숙도

**07** 압력중심에 대한 설명으로 틀린 것은?

① 날개골 주위에 작용하는 공기력의 합력점을 말한다.
② 받음각이 증가하면 압력중심은 날개 앞전으로 이동한다.
③ 비행기가 급강하 시에는 압력중심은 뒷전쪽으로 후퇴한다.
④ 압력중심의 이동범위가 크면 비행기의 안정성과 날개의 구조 강도면에서 좋다.

**08** 다음 중 무인비행장치 기본 구성 요소라 볼 수 없는 것은?

① 조종자와 지원 인력
② 비행체와 조종기
③ 관제소 교신용 무전기
④ 임무 탑재 카메라

**09** 평균 해면에서의 온도가 20℃일 때 1000ft에서의 온도는 얼마인가?

① 40℃
② 18℃
③ 22℃
④ 0℃

**10** 주로 봄과 가을에 이동성 고기압으로 동진해 와서 따뜻하고 건조한 일기를 나타내는 기단은?

① 오호츠크해 기단
② 양쯔강 기단
③ 북태평양 기단
④ 적도 기단

**11** 고정익 비행기를 설계하려고 한다. 비행기가 선회 시에 선회반경을 작게 하려면 어떻게 해야 하는가?

① 항력계수를 크게 한다.
② 주익면적을 크게 한다.
③ 중량을 크게 한다.
④ 경사각을 작게 한다.

**12** 항공사고조사위원회가 항공사고조사보고서를 작성, 송부하는 기구 또는 국가가 아닌 곳은?

① NASA
② ICAO
③ 항공기제작국
④ 항공기운영국

**13** 양력에 대한 설명으로 옳지 않은 것은?

① 유체 속의 물체가 수직 방향으로 받는 힘이다.
② 낮은 압력에서 높은 압력 쪽으로 생긴다.
③ 물체에 닿은 유체를 밀어내려는 힘에 대한 반작용이다.
④ 비행기의 날개가 이 힘을 이용한다.

**14** 활공비를 바르게 설명한 것은?

① 활공각을 최소 활공각으로 나눈 것
② 활공거리를 고도로 나눈 것
③ 고도를 활공거리로 나눈 것
④ 활공속도를 강하율로 나눈 것

**15** 초경량비행장치를 운용하여 위반 시의 벌칙 중 틀린 것은?

① 보험에 들지 않고 항공기대여, 사용사업, 조종교육을 실시한자는 500만원 이하의 과태료
② 조종 자격증명 없이 비행한 자는 100만원 이하의 과태료
③ 안전성 인증을 받지 않고 비행한자는 500만원 이하의 과태료
④ 조종 준수사항을 따르지 않고 비행한 자는 200만원 이하의 과태료

**16** 다음 중 무인항공기(드론)의 용어의 정의 포함 내용으로 적절하지 않은 것은?

① 조종사가 지상에서 원격으로 자동 반자동형태로 통제하는 항공기
② 자동비행장치가 탑재되어 자동비행이 가능한 항공기
③ 비행체, 지상통제장비, 통신장비, 탑재임무장비, 지원장비로 구성된 시스템 항공기
④ 자동항법장치가 없는 모형항공기

**17** 기온은 직사광선을 피해서 측정을 하게 되는데 몇 m의 높이에서 측정하는가?

① 3m
② 2.5m
③ 2.2m
④ 1.5m

**18** 비행장치에 작용하는 4가지의 힘이 균형을 이룰 때는 언제인가?

① 가속중일 때
② 지상에 정지 상태에 있을 때
③ 등속도 비행 시
④ 상승을 시작할 때

**19** 산악파에 대한 설명으로 틀린 것은?

① 안정적인 바람이 산의 영향을 받았을 때 발생하는 파동이다.
② 산의 영향으로 대기의 흐름 속에 발생하는 정체파이다.
③ 대형 항공기의 운항에는 별다른 영향을 주지 않는다.
④ 수직적인 파동과 정체파가 함께 발달하는 경우에는 렌즈운과 회전운이 발달한다.

**20** 대류권 내에서 기온은 1000ft 마다 몇도(℃)씩 감소하는가?

① 1℃
② 2℃
③ 3℃
④ 4℃

**21** 기상현상에 대한 설명 중 틀린 것은?

① 대기 중의 수증기가 물이나 얼음으로 변해 지상으로 떨어지는 현상을 강수라고 한다.
② 공기의 밑부분이 냉각되어 응결이 일어나는 이류안개는 대부분 산악지대에서 발생한다.
③ 청천난류는 구름이 없는 맑은 하늘에 생기는 난기류를 말한다.
④ 번개는 소나기구름과 같이 강하게 상승하는 대기에서 주로 일어난다.

**22** 항공기의 방향 안정성을 위한 것은?

① 수직 안정판
② 수평 안정판
③ 주날개의 상반각
④ 주날개의 받음각(AOA)

**23** 기압 고도계를 구비한 비행기가 일정한 계기 고도를 유지하면서 기압이 낮은 곳에서 높은 곳으로 비행할 때 기압 고도계의 지침의 상태는?

① 실제고도 보다 높게 지시한다.
② 실제고도와 일치한다.
③ 실제고도 보다 낮게 지시한다.
④ 실제고도보다 높게 지시한 후에 서서히 일치한다.

**24** 양력이 커짐에 따라 커지는 값은?

① 항력
② 동력
③ 추력
④ 중력

**25** 비행기의 방향타(Rudder)의 사용목적은?

① 요(Yaw) 조종
② 과도한 기울임의 조종
③ 선회 시 경사를 주기 위해
④ 선회 시 하강을 막기 위해

**26** 마그네틱 컴퍼스가 지시하는 북쪽은?

① 진북
② 도북
③ 자북
④ 북극

**27** 이륙 중 또는 비행 중 엔진 고장으로 인한 적절한 조치가 아닌 것은?

① 이륙 중 엔진고장은 가능한 한 전방의 안전지를 선정하여 비상착륙을 시도한다.
② 비행 중 엔진고장은 비행속도를 감소시켜 활공 속도를 유지한다.
③ 이륙 중 엔진고장 시 재시동 절차에 따라 엔진 재시동을 시도한다.
④ 불시착을 결심하면 연료차단밸브 및 전원스위치를 오프(off) 시킨다.

**28** 공기의 온도가 증가하면 기압이 낮아지는 이유는?

① 가열된 공기는 가볍기 때문이다.
② 가열된 공기는 무겁기 때문이다.
③ 가열된 공기는 유동성이 있기 때문이다.
④ 가열된 공기는 유동성이 없기 때문이다.

**29** 배터리 보관 시 주의사항이 아닌 것은?

① 더운 날씨에 차량에 배터리를 보관하지 않으며 적합한 보관 장소의 온도는 22~28℃이다.
② 배터리를 낙하, 충격, 쑤심, 또는 인위적으로 합선시키지 않는다.
③ 손상된 배터리나 전력 수준이 50% 이상인 상태에서 배송하지 않는다.
④ 화로나 전열기 등 열원 주변처럼 따뜻한 장소에 보관한다.

**30** 대기층의 기온분포에 따른 분류로 옳은 것은?

① 대류권 – 성층권 – 중간권 – 열권 – 극외권
② 대류권 – 중간권 – 성층권 – 열권 – 극외권
③ 성층권 – 중간권 – 류권 – 열권 – 극외권
④ 대류권 – 성층권 – 열권 – 중간권 – 극외권

**31** 항공교통의 안전을 위하여 항공기의 비행순서 · 시기 및 방법 등에 관하여 국토교통부장관의 지시를 받아야 할 필요가 있는 공역은?

① 관제공역
② 비관제공역
③ 통제공역
④ 주의공역

**32** 역편요(Adverse Yaw)에 대한 다음의 설명에서 틀린 것은?

① 비행기가 선회하는 경우, 보조익을 조작해서 경사하게 되면 선회방향과 반대방향으로 Yaw 하는 것을 말한다.
② 비행기가 보조익을 조작하지 않더라도 어떤 원인에 의해서 롤링(Rolling) 운동을 시작하며 (단, 실속(Stall) 이하에서) 올라간 날개의 방향으로 Yaw 하는 특성을 말한다.
③ 비행기가 선회하는 경우, 옆 미끄럼이 생기면, 옆 미끄럼한 방향으로 롤링 하는 것을 말한다.
④ 비행기가 오른쪽으로 경사하여 선회하는 경우 비행기의 기수가 왼쪽으로 Yaw하려는 운동을 말한다.

**33** 비행기가 수평비행 중 등속도 비행을 하기 위해서는?

① 항력이 양력보다 커야 한다.
② 양력과 항력이 같아야 한다.
③ 항력과 추력이 같아야 한다.
④ 양력과 무게가 같아야 한다.

**34** 리튬폴리머 배터리의 장점으로 틀린 것은?

① 같은 크기에 비해 더 큰 용량(에너지 저장밀도가 높다)
② 높은 전압
③ 중금속을 사용
④ 다양한 형상의 설계가 가능

**35** 다음 공역 중 통제공역이 아닌 것은?

① 비행금지구역
② 비행제한구역
③ 군 작전구역
④ 초경량비행장치 비행제한구역

**36** 안전성인증검사를 받지 않은 비행장치를 비행에 사용하다 적발되었을 경우 부과되는 과태료는?

① 200만원 이하의 과태료
② 300만원 이하의 과태료
③ 400만원 이하의 과태료
④ 500만원 이하의 과태료

**37** 항공종사자가 업무를 정상적으로 수행할 수 없는 혈중알코올농도의 기준은?

① 0.02% 이상
② 0.03% 이상
③ 0.05% 이상
④ 0.5% 이상

**38** 활공 시 가장 멀리 갈 수 있는 조건은?

① 활공각을 최대로 한다.
② 활공각을 최소로 한다.
③ 양항비를 최소로 한다.
④ 가로세로비를 작게 한다.

**39** 국제민간항공기구(ICAO)에서 공식용어로 사용하는 무인항공기 용어는?

① RPAS(Remoted Piloted Aircraft System)
② Drone UAS(Unmanned Aircraft System)
③ UAV(Unmanned Aerial Vehicle)
④ DRONE

**40** 다음 연료 여과기에 대한 설명 중 가장 타당한 것은?

① 연료 탱크 안에 고여 있는 물이나 침전물을 외부로부터 빼내는 역할을 한다.
② 외부 공기를 기화된 연료와 혼합하여 실린더 입구로 공급한다.
③ 엔진 사용 전에 흡입구에 연료를 공급한다.
④ 연료가 엔진에 도달하기 전에 연료의 습기나 이물질을 제거한다.

**01** 초경량비행장치 조종자 전문교육기관이 확보해야 할 실기평가조종자의 최소비행시간은?

① 50시간
② 100시간
③ 150시간
④ 200시간

**02** 실속에 대한 설명 중 틀린 것은?

① 실속의 직접적인 원인은 과도한 받음각이다.
② 실속은 무게, 하중계수, 비행속도 또는 일도 고도에 관계없이 항상 다른 받음각에서 발생한다.
③ 임계 받음각을 초과할 수 있는 경우는 고속비행, 저속비행, 깊은 선회비행 등이다.
④ 선회비행 시 원심력과 무게의 조화에 의해 부과된 하중들이 상호 균형을 이루기 위한 추가적인 양력이 필요하다.

**03** 지면효과에 대한 설명으로 맞는 것은?

① 공기흐름 패턴과 함께 지표면의 간섭의 결과이다.
② 날개에 대한 증가된 유해항력으로 공기흐름 패턴에서 변형된 결과이다.
③ 날개에 대한 공기흐름 패턴의 방해 결과이다.
④ 지표면과 날개 사이를 흐르는 공기흐름이 빨라져 유해항력이 증가함으로써 발생하는 현상이다.

**04** 항공법에서 정한 용어의 정의가 맞는 것은?

① 관제구라 함은 평균해수면으로부터 500미터 이상 높이의 공역으로서 항공교통의 통제를 위하여 지정된 공역을 말한다.
② 항공등화라 함은 전파, 불빛, 색채 등으로 항공기 항행을 돕기 위한 시설을 말한다.
③ 관제권이라 함은 비행장 및 그 주변의 공역으로서 항공교통의 안전을 위하여 지정된 공역을 말한다.
④ 항행안전시설이라 함은 전파에 의해서만 항공기 항행을 돕기 위한 시설을 말한다.

**05** 전선에 대한 설명으로 옳지 않은 것은?

① 수km의 두께를 가지고 있다.
② 장마전선은 폐색전선의 대표적인 예이다.
③ 전선 가까이에서는 상승기류가 왕성하다.
④ 한랭전선은 한기단이 난기단 밑으로 파고 들어가는 곳에서 생긴다.

**06** 초경량비행장치의 인증검사 종류가 아닌 것은?

① 정기인증
② 초도인증
③ 수시인증
④ 중도인증

**07** 다음 속도계에 관한 설명 중 옳은 것은?

① 고도에 따르는 기압차를 이용한 것이다.
② 전압과 정압의 차를 이용한 것이다.
③ 동압과 정압의 차를 이용한 것이다.
④ 전압만을 이용한 것이다.

**08** 초경량비행장치에 의하여 중사고가 발생한 경우 사고조사를 담당하는 기관은?

① 관할지방항공청
② 항공교통관제소
③ 교통안전공단
④ 항공철도사고조사위원회

**09** UN 전문기구로서 1947년 국제민간항공의 평화적이고 건전한 발전을 도모하기 위해 발족하였고, 세계 항공업계의 정책과 질서를 총괄하는 것을 목적으로 하는 기구는?

① NASA
② UAV
③ SKYTEAM
④ ICAO

**10** 제트기류에 대한 설명으로 옳지 않은 것은?

① 북반구에서는 제트기류가 겨울보다 여름에 강하다.
② 대류권 상부나 성층권에서 거의 수평축을 따라 불고 있는 강한 바람대이다.
③ 제트기류는 항공기의 비행시간에 영향을 끼친다.
④ 풍속은 보통 100~250km/h 정도이며 최대 500km/h에도 이른다.

**11** 비행 중 항력이 추력보다 크면?

① 가속도 운동
② 감속도 운동
③ 등속도 운동
④ 정지

**12** 온난전선에 관한 내용 중 옳지 않은 것은?

① 따뜻한 기단이 찬 기단 쪽으로 이동하는 전선이다.
② 가볍고 따뜻한 기단이 찬 공기 위를 타고 올라갈 때 생기는 경계면을 온난전선면이라 한다.
③ 전선면의 기울기가 매우 완만하고 상승운동이 활발하지 않다.
④ 온난전선이 접근하면 기온과 이슬점 온도는 점차 높아지고 기압은 급상승한다.

**13** 다음 공역 중 주의공역이 아닌 것은?

① 훈련 구역
② 비행제한구역
③ 위험 구역
④ 경계 구역

**14** 리튬폴리머 배터리를 소금물을 이용한 폐기 방법 중 틀린 것은?

① 대야에 물을 받고 소금을 한두 줌 넣어 소금물을 만든다.
② 배터리 전원 플러그가 소금물에 잠기지 않게 담근다.
③ 배터리에서 기포가 올라온다. 기포는 유해하므로 환기가 잘 되는 곳에서 한다.
④ 하루 정도 경과한 뒤 기포가 더 이상 나오지 않으면 완전 방전된 것이므로 폐기한다.

**15** 공기밀도는 습도와 기압이 변화하면 어떻게 되는가?

① 공기밀도는 기압에 비례하며 습도에 반비례한다.
② 공기밀도는 기압과 습도에 비례하며 온도에 반비례한다.
③ 공기밀도는 온도에 비례하고 기압에 반비례한다.
④ 온도와 기압의 변화는 공기밀도와는 무관하다.

**16** 자북의 진북과 사잇각을 무엇이라 하는가?

① 복각
② 수평분력
③ 편각
④ 자차

**17** 비행기에서 양력에 관계하지 않고 비행을 방해하는 모든 항력을 무엇이라 하는가?

① 압력항력
② 유도항력
③ 간섭항력
④ 유해항력

**18** 기압에 대한 설명으로 옳지 않은 것은?

① 공식적인 기압의 단위는 hPa이다.
② 1hPa는 1Pa의 100배이다.
③ 1Pa은 1m²의 넓이에 1N의 힘이 작용할 때의 압력이다.
④ 1기압(atm)은 760hPa이다.

**19** 다음 중 고기압이나 저기압 시스템의 설명에 관하여 맞는 것은?

① 고기압 지역은 마루에서 공기가 올라간다.
② 고기압 지역은 마루에서 공기가 내려간다.
③ 저기압 지역은 골에서 공기가 정체한다.
④ 저기압 지역은 골에서 공기가 내려간다.

**20** 물방울이 비행장치의 표면에 부딪치면서 표면을 덮은 수막이 그대로 얼어붙어 투명하고 단단한 착빙은 무엇인가?

① 싸락눈
② 거친 착빙
③ 서리
④ 맑은 착빙

**21** 초경량비행장치 사고를 일으킨 조종자 또는 소유자는 사고 발생 즉시 지방항공청장에게 보고하여야 하는데 그 내용이 아닌 것은?

① 초경량비행장치 소유자의 성명 또는 명칭
② 사고가 발생한 일시 및 장소
③ 사고의 정확한 원인분석 결과
④ 초경량비행장치의 종류 및 신고번호

**22** 베르누이 정리에서 일정한 것은?

① 정압
② 전압
③ 동압
④ 유체속도

**23** 공중조작 중 선회비행에 대한 설명으로 틀린 것은?

① 선회비행을 위해서는 선회 방향으로 경사시키는데 이를 선회경사각으로 롤 인(Roll In) 한다고 한다.
② 선회가 끝나고 직선비행으로 되돌아오는 경우를 롤 아웃(Roll Out) 한다고 한다.
③ 선회비행 시 정확한 선회경사각을 설정하지 못하면 Side Slip을 하게 된다.
④ 선회 중 양력은 수직양력분력과 수평양력분력으로 분리되며, 수직양력분력은 무게와 같은 방향으로 작용한다.

**24** 초경량동력비행장치의 통행 우선순위로 맞는 것은?

① 모든 항공기와 초경량 무동력비행장치에 대해 진로를 양보해야 한다.
② 항공기보다 우선하며 초경량 무동력비행장치에 대해 진로를 양보해야 한다.
③ 초경량 무동력비행장치보다 우선하여 항공기에 대해 진로를 양보해야 한다.
④ 모든 항공기와 무동력 초경량비행장치보다 진로에 우선권이 있다.

**25** 항공교통관제 업무는 항공기간의 충돌방지, 항공기와 장애물 간의 충돌방지 및 항공교통의 촉진 및 질서유지를 위해 행하는 업무이다. 다음 중 이에 속하지 않는 것은?

① 비행장 관제업무
② 접근 관제업무
③ 항로 관제업무
④ 조난 관제업무

**26** 물질의 상태가 기체와 액체, 또는 액체와 고체 사이에서 변화할 때 흡수 또는 방출하는 열에너지는?

① 잠열
② 비열
③ 열량
④ 현열

**27** 안개의 시정은 몇 m 이하인가?

① 2000m
② 1500m
③ 1000m
④ 500m

**28** 정면 또는 가까운 각도로 접근비행중인 동순위의 항공기 상호간에 있어서는 항로를 어떻게 하여야 하나?

① 상방으로 바꾼다.
② 하방으로 바꾼다.
③ 우측으로 바꾼다.
④ 좌측으로 바꾼다.

**29** 신고를 필요로 하지 않는 초경량비행장치의 범위에 들지 않는 것은?

① 계류식 기구류
② 낙하산류
③ 동력을 이용하지 아니하는 비행장치
④ 프로펠러로 추진력을 얻는 것

**30** 수평 직진비행을 하다가 상승비행으로 전환 시 받음각(영각)이 증가하면 양력은 어떻게 변화하는가?

① 순간적으로 감소한다.
② 순간적으로 증가한다.
③ 변화가 없다.
④ 지속적으로 감소한다.

**31** 현재의 지상기온이 31℃ 일 때 3000피트 상공의 기온은?(단 조건은 ISA 조건이다)

① 25℃
② 37℃
③ 29℃
④ 34℃

**32** 멀티콥터에 사용하는 프로펠러 재질이 아닌 것은?

① 카본 계열
② 나무 계열
③ 플라스틱 계열
④ 금속 계열

**33** 이륙거리를 짧게 하는 방법으로 바르지 못한 것은 어느 것인가?

① 익면하중을 크게 한다.
② 양력계수를 크게 한다.
③ 플랩을 사용하여 양력을 증가시킨다.
④ 발동기의 출력을 크게 한다.

**34** 항공법상 신고를 필요로 하지 아니하는 초경량비행장치의 범위가 아닌 것은?

① 동력을 이용하지 아니하는 비행장치
② 낙하산류
③ 무인멀티콥터 중에서 연료의 무게를 제외한 최대 이륙중량이 2kg을 초과하는 것
④ 군사 목적으로 사용되지 아니하는 초경량비행장치

**35** 우박 형성과 가장 밀접한 구름은?

① 적운
② 적란운
③ 층적운
④ 난층운

**36** 초경량비행장치를 이용하여 비행제한공역구역 내에 비행 시 비행승인신청서를 제출하여야 하는데 포함 사항이 아닌 것은?

① 비행장치 신고번호
② 보험 가입 여부
③ 조종자의 주소
④ 비행장치의 가로세로 길이

**37** 비행방향의 반대방향인 공기흐름의 속도 방향과 Airfoil의 시위선이 만드는 사잇각을 말하며 양력, 항력 및 피치모멘트에 가장 큰 영향을 주는 것은?

① 상반각
② 받음각
③ 붙임각
④ 후퇴각

**38** 비행 중 마주보고 오는 다른 비행기를 회피하는 방법으로 바른 것은?

① 우측
② 좌측
③ 위
④ 아래

**39** 다음 중 2차 전지에 속하지 않는 배터리는?

① 리튬폴리머(Li-Po) 배터리
② 니켈수소(Ni-MH) 배터리
③ 니켈카트뮴(Ni-Cd) 배터리
④ 알카라인(Alkaline) 배터리

**40** 초경량비행장치를 제한공역에서 비행하고자 한다. 비행계획 승인 신청서를 누구에게 제출하여야 하는가?

① 국토교통부 장관
② 건설교통부 장관
③ 건설 교통부 항공국장
④ 지방항공청장

**01** 태풍의 세력이 약해져서 소멸되기 직전 또는 소멸되어 무엇으로 변하는가?

① 열대성 고기압
② 열대성 저기압
③ 열대성 폭풍
④ 편서풍

**02** 다음 중 풍속의 단위가 아닌 것은?

① knot
② m/s
③ kph
④ mile

**03** 초경량비행장치 자격증명 취소 처분 후 몇 년 후에 재응시 할 수 있는가?

① 2년
② 3년
③ 4년
④ 5년

**04** 리튬폴리머(Li-Polymer) 배터리 취급에 대한 설명으로 올바른 것은?

① 폭발위험이나 화재 충격에 위험이 적어 잘 견딘다.
② 150℃ 이상의 환경에서 사용될 경우 효율이 높아진다.
③ 수중에 드론이 추락했을 경우에는 배터리를 잘 닦아서 사용한다.
④ -10℃ 이하로 사용될 경우 영구히 손상되어 사용불가 상태가 될 수 있다.

**05** 항공기가 착륙 시 지면 또는 수면에 접근함에 따라 날개 끝의 와류가 지면에 부딪혀 항력이 감소하여 지면 가까운 고도에서 비행기가 침하하지 않고 머무는 현상을 무엇이라 하는가?

① 대기효과
② 날개효과
③ 지면효과
④ 간섭효과

**06** 초경량비행장치를 이용하여 비행정보구역(FIR) 내에서 비행 시 비행계획을 제출하여야 하는데 포함사항이 아닌 것은?

① 항공기의 식별부호
② 항공기의 탑재 장비
③ 출발비행장 및 출발예정시간
④ 보안 준수사항

**07** 항공기를 공기 중에 부양시키는 항공역학적인 힘은 어떤 것인가?

① 중력
② 항력
③ 양력
④ 추력

**08** 착륙거리를 짧게 하는 조건으로 적절한 것은?

① 항력계수를 증가시킨다.
② 표면 마찰력을 증가시킨다.
③ 익면하중을 크게한다.
④ 플랩을 이용한다.

**09** 다음 중 항공법 상 항공등화의 종류가 아닌 것은?

① 진입각지시등
② 지향신호등
③ 위험항공등대
④ 비행장등대

**10** 비행기에서 양력에 관계하지 않고 비행을 방해하는 모든 항력을 무엇이라 하는가?

① 압력 항력
② 유도 항력
③ 형상 항력
④ 유해 항력

**11** METAR 보고에서 바람방향, 즉 풍향의 기준은 무엇인가?

① 자북
② 진북
③ 도북
④ 자북과 도북

**12** 초경량비행장치 조종자 자격시험에 응시 할 수 있는 최소 연령은?

① 만 12세 이상
② 만 13세 이상
③ 만 14세 이상
④ 만 18세 이상

**13** 일반적으로 기상현상이 발생하는 대기권은?

① 대류권
② 성층권
③ 중간권
④ 열권

**14** 공기가 고기압에서 저기압으로 흐르는 흐름을 무엇이라 하는가?

① 안개
② 바람
③ 구름
④ 기압

**15** 회전익 비행장치가 등속도 수평 비행을 하고 있을 때 작용하는 힘으로 맞는 것은?

① 추력=항력, 양력=무게
② 추력=양력+항력
③ 추력=양력+항력+중력
④ 추력=양력+중력

**16** 다음 중 윈드시어와 관련된 설명으로 옳지 않은 것은?

① 짧은 거리에 걸쳐 갑자기 바람의 속도나 방향이 급변하는 현상
② 지표 가까운 낮은 고도에서 발생한다.
③ 주로 대기 중의 강한 기온역전이나 밀도에 의해 발생한다.
④ 하층 윈드시어는 비행기의 착륙을 방해한다.

**17** 초경량비행장치 중 프로펠러가 4개인 멀티콥터를 무엇이라 부르는가?

① 헥사콥터
② 옥토콥터
③ 쿼드콥터
④ 트라이콥터

**18** 받음각이 변하더라도 모멘트의 계수 값이 변하지 않는 점은 무엇인가?

① 공기력 중심
② 압력 중심
③ 반력 중심
④ 중력 중심

**19** 수직으로 발달한 구름으로 강우가 예상되는 구름은?

① Cb(적란운)
② St(층운)
③ As(고층운)
④ Ci(권운)

**20** 코리올리힘에 대한 설명으로 옳지 않은 것은?

① 전향력이라고도 한다.
② 지구의 태양계 공전에 의한 효과를 고려할 때 쓰인다.
③ 북반구에서 운동 방향의 오른쪽으로 작용한다.
④ 크기는 운동체의 속력에 비례한다.

**21** 멀티콥터 프로펠러 피치가 1회전 시 측정할 수 있는 것은 무엇인가?

① 속도
② 거리
③ 압력
④ 온도

**22** 안개가 발생하기 적합한 조건이 아닌 것은?

① 대기의 성층이 안정할 것
② 냉각 작용이 있을 것
③ 강한 난류가 존재할 것
④ 바람이 없을 것

**23** 비행 중 떨림 현상이 발견되었을 때 착륙 후 올바른 조치 사항을 모두 고르시오.

> 가. rpm을 낮추고 낮게 비행한다.
> 나. 프로펠러와 모터의 파손 여부를 확인한다.
> 다. 조임쇠와 볼트의 잠김 상태를 확인한다.
> 라. 기체의 무게를 줄인다.

① 가, 나
② 나, 다
③ 나, 라
④ 다, 라

**24** 물방울이 비행장치의 표면에 부딪치면서 표면을 덮은 수막이 천천히 얼어붙고 투명하고 단단한 착빙은 무엇인가?

① 싸락눈
② 거친 착빙
③ 서리
④ 맑은 착빙

**25** 초경량비행장치의 멸실 등의 사유로 신고를 말소할 경우에 그 사유가 발생한 날부터 며칠 이내에 한국교통안전공단 이사장에게 말소 신고서를 제출하여야 하는가?

① 5일
② 10일
③ 15일
④ 30일

**26** 배터리의 종류로 볼 수 없는 것은 어느 것인가?

① Li-Po
② Li-Ch
③ Ni-MH
④ Ni-Cd

**27** GPS에 대한 설명으로 옳지 않은 것은?

① GPS수신기와 위성 간 위치정보의 상호교환이 이뤄진다.
② 수신하는 신호의 수가 많을수록 더 정확히 위치를 산출할 수 있다.
③ 실내에서는 신호를 수신할 수 없다.
④ 최저 4개 이상의 GPS신호를 받아야 위치정보를 얻을 수 있다.

**28** 북반구 고기압에서의 바람은?

① 시계방향으로 불며 가운데서 발산한다.
② 반시계방향으로 불며 가운데서 수렴한다.
③ 시계방향으로 불며 가운데서 수렴한다.
④ 반시계방향으로 불며 가운데서 발산한다.

**29** NOTAM(Notice to Airman)에 대한 설명으로 옳지 않은 것은?

① 전문 형식으로 작성되어 기상 통신망으로 국내외 전 기지에 전파된다.
② 고시방법에 따라 NOTAM 클래스 1, 2, 3으로 나눈다.
③ 항공 종사자들이 알아야 할 공항 시설, 항공 업무, 절차 등의 변경 등에 관한 사항을 고시한 문서이다.
④ 조종사는 비행 전 반드시 NOTAM을 체크하여 비행계획의 자료로 삼는다.

**30** 멀티콥터의 비행모드가 아닌 것은 어느 것인가?

① GPS 모드
② 에티 모드
③ 수동 모드
④ 고도제한 모드

**31** 드론을 조종하다가 갑자기 기계에 이상이 생겼을 때 하는 행동으로 올바른 것은?

① 주위사람에게 큰소리로 외친다.
② 드론의 고도를 높인다.
③ 자세제어 모드로 전환하여 조종을 한다.
④ 최단거리로 비상착륙을 한다.

**32** 헬리콥터가 일정한 고도를 유지하며 공중에 떠 있는 비행 상태를 무엇이라고 하는가?

① 피칭(Pitching)
② 요잉(Yawing)
③ 호버링(Hovering)
④ 지면효과(Ground Effect)

**33** 에어포일의 효율성을 나타내는 치수로 지정된 받음각에서 총항력에 대한 양력의 비율은?

① 양항비
② 가로세로비
③ 양력계수
④ 압력계수

**34** 비행장 및 지상시설, 항공통신, 항로, 일반사항, 수색구조 업무 등의 종합적인 비행 정보를 수록한 정기간행물은?

① AIC
② AIP
③ AIRAC
④ NOTAM

**35** 해양성 기단으로 매우 습하고 더우며 주로 7~8월에 태풍과 함께 한반도 상공으로 이동하는 기단은?

① 오호츠크해기단
② 양쯔강기단
③ 북태평양기단
④ 적도기단

**36** 초경량비행장치 비행계획승인 신청 시 포함되지 않는 것은 어느 것인가?

① 비행경로 및 고도
② 조종자의 영문이름
③ 비행장치의 종류 및 형식
④ 조종자의 비행경력

**37** 기체의 착빙에 대한 설명 중 틀린 것은?

① 양력과 무게를 증가시켜 추진력을 감소시킨다.
② 습도가 많은 공기가 기체표면에 부딪치면서 결빙이 발생한다.
③ 착빙은 Carburetor, Pitot관 등에도 생긴다.
④ 거친 착빙도 날개의 공기 역학에 영향을 줄 수 있다.

**38** 항공안전법상 항공기가 아닌 것은 어느 것인가?

① 낙하산류
② 헬리콥터
③ 항공우주선
④ 비행선

**39** 다음 중 항공기의 세 개 축의 교차기준점은?

① 압력 중심
② 무게 중심
③ 공력 중심
④ 평균공력시위

**40** 산곡풍에 대한 내용으로 잘못된 것은?

① 산 정상과 골짜기 사이의 온도 차이에 의한 기압 차이로 발생하는 바람이다.
② 낮에는 산 정상에서 골짜기로 산풍이 분다.
③ 국지풍에 해당된다.
④ 곡풍이 가장 강해지는 때는 오후이다.

## 01회 정답

188p

| | | | | |
|---|---|---|---|---|
| 01 ② | 02 ① | 03 ③ | 04 ④ | 05 ④ |
| 06 ② | 07 ① | 08 ③ | 09 ④ | 10 ① |
| 11 ③ | 12 ① | 13 ② | 14 ① | 15 ④ |
| 16 ④ | 17 ① | 18 ① | 19 ① | 20 ① |
| 21 ① | 22 ③ | 23 ④ | 24 ③ | 25 ① |
| 26 ④ | 27 ② | 28 ② | 29 ④ | 30 ④ |
| 31 ① | 32 ④ | 33 ④ | 34 ② | 35 ② |
| 36 ④ | 37 ③ | 38 ③ | 39 ① | 40 ④ |

**01 ②**

산에서는 곡풍과 산풍이 낮과 밤에 각각 나타난다. 낮에는 산 경사면이 태양 복사에 의해 가열되므로 경사면과 접해 있는 공기는 같은 고도에 위치한 (경사면으로부터 멀리 떨어진) 주변 공기보다 더 강하게 가열된다. 그 결과 경사면 바로 위의 가열된 공기는 기압경도력과 상향 부력을 동시에 받는다. 이로 인해 바람이 계곡으로부터 산 경사면을 따라 위쪽으로 불어 간다. 이 바람을 곡풍이라 부른다.

**02 ①**

**항공안전법 제1조(목적):** 이 법은 국제민간항공협약 및 같은 협약의 부속서에서 채택된 표준과 권고되는 방식에 따라 항공기, 경량항공기 또는 초경량비행장치가 안전하게 항행하기 위한 방법을 정함으로써 생명과 재산을 보호하고, 항공기술 발전에 이바지함을 목적으로 한다.

**03 ③**

선회계는 자이로의 원리를 이용한다.

**04 ④**

해상용으로 만들어졌으나 육상에서도 사용할 수 있도록 개량되어 현재 기상 통보 따위에 널리 쓰이고 있다.

**05 ④**

바다안개는 따뜻한 공기가 찬 해면으로 이동할 때 해면 부근의 공기가 냉각되어 생기는 안개이다.

**06 ②**

열권은 태양 에너지에 의해 공기 분자가 이온화되어 자유 전자가 밀집된 곳을 전리층이라 한다. 전리층은 지상에서 발사한 전파를 흡수 반사하며 무선통신에 중요한 역할을 한다. 열권은 E층, F층 이다.

**07 ①**

공기가 가열되면 팽창하여 기압이 낮아진다.

**08 ③**

엔진 성능은 밀도의 영향을 더 크게 받는다.

**09 ④**

지표에서부터 대류권 – 성층권 – 중간권 – 열권으로 분류한다.

**10 ①**

• 과충전 혹은 과방전을 하지 않는다(50% 이하 사용 시 성능저하).
• 장기간 보관 시 50% 방전 상태에서 보관한다.
• 낙하, 충격, 날카로운 것에 한 손상의 경우 합선으로 화재가 발생할 수 있다.
• 배터리 보관 적정온도는 22~28℃이다.
• 셀당 전압을 일정하게 유지해야 한다.
• −10℃ 이하에서 사용될 경우 사용불가상태가 될 수 있다.
• 50℃ 이상에서는 배터리가 폭발할 수 있다.
• 배터리가 부풀거나 사용이 불가하여 폐기할 때는 소금물에 하루 동안 담궈 놓아 방전시킨 뒤 폐기해야 한다(유독가스가 발생하기 때문에 사람의 손이 닿지 않고 환기가 잘되는 곳에서 진행).

**11 ③**

자동차의 경우 −극부터 떼어내나, 차체접지가 아닌 드론은 +(빨간색)부터 떼어낸다.

**12 ①**

초경량비행장치 자격증 분실은 재발급 가능하다.

**13 ②**

• **관제공역** : 관제권, 관제구
• **비관제공역** : 조언구역, 정보구역
• **통제공역** : 비행금지구역, 비행제한구역, 초경량비행장치 비행제한구역
• **주의공역** : 훈련구역, 군작전구역, 위험구역, 경계구역

**14 ①**

**베르누이의 정리**
1. 유체속도가 빠르면(동압이 크면) 정압이 낮아진다.
2. 유체속도는 정압에 반비례한다.
3. 정압은 속도와 반비례한다.
4. 유체속도는 압력과 밀접한 관계가 있다.
– 동압과 정압의 합은 항상 일정하므로 동압이 커지면 정압은 작아진다.

**15 ④**

사고발생 시 조종자 및 비행장치의 소유자가 보고한다.

**16 ④**

항공안전법 제161조제3항제2호, 1년 이하의 징역 또는 1천만원 이하의 벌금

**17 ①**

**항공안전법 시행규칙 제307조제2항**
가. 비행시간이 200시간(무인비행장치의 경우 조종경력이 100시간) 이상이고, 국토교통부장관이 인정한 조종교육교관과정을 이수한 지도조종자 1명 이상
나. 비행시간이 300시간(무인비행장치의 경우 조종경력이 150시간) 이상이고 국토교통부장관이 인정하는 실기평가과정을 이수한 실기평가조종자 1명 이상

**18 ①**

조종자 자격시험 만 14세 이상, 교관 자격증은 20세 이상이다.

**19** ①

**변경신고**
- 초경량비행장치 소유자 등은 제1항 각 호의 사항을 변경하려는 경우에는 그 사유가 있는 날부터 30일 이내에 별지 제116호서식의 초경량비행장치 변경·이전신고서를 한국교통안전공단 이사장에게 제출하여야 한다.

**20** ①

기구류 〉 활공기 〉 비행선 〉 예항기 〉 항공기 〉 동력항공기

**21** ①

가로 7cm, 세로 5cm

**22** ③

영각(받음각)이란 Airfoil의 익현선과 합력대풍의 사이 각을 말한다.
- **압력 중심(Center of Pressure, C.P, 풍압 중심)** : 날개꼴의 윗면과 아랫면에서 작용하는 양력이 시위선상의 어느 한 점에 작용하는 지점을 말한다. 풍압 중심은 받음각이 증가하면 앞전(전연) 쪽으로 이동하며 시위 길이의 1/4정도인 곳에 위치하고, 받음각이 작을 때는 뒤쪽으로 이동하여 시위 길이의 1/2인 곳에 위치한다.

**23** ④

꼬리날개 효율을 크게 해야 안정성이 좋다.

**24** ③

교통안전공단에서 관리한다.

**25** ①

기준치 혈중 알코올 농도 0.02% 이상

**26** ④

**대류권** : 대기의 제일 아래층을 형성하는 부분. 대류권 중에서는 고도가 100m 높아짐에 따라 기온이 약 0.6℃씩 내려간다. 대류권의 높이는 고위도 지방에서는 7~8km, 중위도 지방에서는 10~13km. 열대지방에서는 15~16km이다. 이것은 대류를 일으키는 에너지가 열대지방일수록 많기 때문이다. 일기 변화는 거의 대류권 내부에서 일어나고 있다.

**27** ②

① 절대고도 ② 기압고도 ③ 밀도고도 ④ 지시고도

**28** ②

일출 때부터 일몰 때까지 운용가능하다.

**29** ④

**항공장애등** : 야간 항공에 장애가 될 염려가 있는 높은 건축물이나 위험물의 존재를 알리기 위한 붉은 빛의 등이다.

**30** ④

비행기의 날개를 절단한 면의 기준선(일반적으로 프로필의 전연과 후연을 연결한 직선이다. 시위선이라고도 한다.)과 기류가 이루는 각도

**31** ①

영리목적이면 보험 가입이 필수이다.

**32** ④

무인비행장치 운용에 따라 조종자가 작성할 문서로는 비행훈련기록부, 항공기이력부, 조종자 비행기록부등이 있다. 정기검사 기록부는 정비사가 한다.

**33** ④

**조파항력** : 초음속 흐름에서 공기의 압축성 효과로 생기는 충격파에 의해 발생하는 항력이다.

**34** ②

계절풍은 겨울과 여름의 대륙과 해양의 온도차로 인해서 생긴다.

**35** ④

다른 초경량비행장치에 불필요하게 가깝게 접근하지 말아야 하며 만약 초경량비행장치로 비행 중 정면 또는 이와 유사하게 접근하는 다른 초경량비행장치를 발견 시 상대비행 장치가 나의 왼쪽으로 기수를 바꿀 것이므로 나는 오른쪽으로 기수를 바꾸도록 한다.

**36** ④

- **온난 전선** : 온난 기단이 한랭 기단 위를 미끄러지듯이 올라가면서 만들어진다.
- **한랭 전선** : 한랭 기단이 온난 기단 밑으로 파고들어 따뜻한 공기를 밀어 올려 형성된다.
- **정체 전선** : 한랭 전선은 찬 기류가 따뜻한 기류보다 강한 것이고, 온난 전선은 따뜻한 기류가 찬 기류보다 강한 것이다. 한랭 기단과 온난 기단의 세력이 비슷할 때에는 전선이 이동하지 않는데 이를 '정체 전선'이라고 한다.
- **폐색 전선** : 한랭 전선과 온난 전선이 겹쳐지면서 형성된다.

**37** ③

**38** ③

관제공역, 통제공역, 주의공역은 승인을 받아야 한다. 항공정보간행물(AIP)에서 고시된 18개 공역에서 지상고도 500ft 이내는 비행계획승인 없이 비행가능한 공역이다. 즉, 초경량비행장치 전용공역이다.
UA2~UA7, UA9, UA10, UA14, UA19~UA27

**39** ①

공기밀도는 항공기의 비행성능, 엔진의 출력에 중요한 요소이다. 밀도는 이륙, 상승률, 최대하중, 기속도 등에 영향을 준다. 그러므로 공기의 밀도와 온도, 압력, 습도 상호간의 관계를 이해하는 것은 아주 중요하다. 아래 식에서 밀도는 압력에 비례하고, 온도에 반비례 관계이다. 즉, 압력이 높을수록 밀도는 증가하고, 압력이 낮을수록 밀도는 감소한다. 또한 밀도는 온도가 높을수록 감소하고, 온도가 낮을수록 증가한다. 공기밀도는 습도에 반비례한다.

**40** ④

비행제어 모드는 4가지로 분류한다.
1. Manual mode(수동 모드) : 일반적으로 완전한 수동 모드로서 자세제어가 없는 모든 비행조종을 조종자가 직접 감각으로 실시하는 모드이다.
2. GPS mode(GPS 자동비행 모드) : 자세제어에 GPS를 이용한 위치제어가 포함되어 자동으로 자세 및 위치를 인식하여 경로비행까지 실시할 수 있는 모드이다.
3. Attitude mode(자세제어 모드) : 자동비행시스템에서 자동으로 비행 자세를 유지시켜 수평을 잡아주는 모드이다.
4. RTH(자동복귀 모드) : 이륙 전에 멀티콥터는 MC에서 GPS 위성 숫자가 6개 이상인 상태에서 첫 번째 스로틀을 올릴 때 자동으로 그 좌표를 Home 위치로 저장한다. 프로그램으로 Auto-land(자동 착륙)와 Auto-hover(자동 제자리비행)를 설정할 수 있다.

| | | | | |
|---|---|---|---|---|
| 01 ③ | 02 ④ | 03 ① | 04 ② | 05 ② |
| 06 ④ | 07 ② | 08 ③ | 09 ④ | 10 ③ |
| 11 ② | 12 ① | 13 ② | 14 ② | 15 ② |
| 16 ④ | 17 ③ | 18 ② | 19 ④ | 20 ① |
| 21 ② | 22 ① | 23 ② | 24 ① | 25 ④ |
| 26 ④ | 27 ① | 28 ④ | 29 ④ | 30 ② |
| 31 ④ | 32 ① | 33 ① | 34 ① | 35 ① |
| 36 ③ | 37 ③ | 38 ② | 39 ④ | 40 ④ |

**01** ③

행글라이더는 인력 활공기이다.

**02** ④

이륙 위치나 설정된 위치로 자동 복귀한다.

**03** ①

- **착빙** : 물체의 표면에 얼음이 달라붙거나 덮여지는 현상. 항공기 착빙은 0 도 이하에서 대기에 노출된 항공기 날개나 동체 등에 과냉각 수적이나 구름입자가 충돌하여 얼음의 막을 형성하는 것이다. 계류장에 주기 중이거나 공중에서 비행 중에 발생한다. 수증기량이나 물방울의 크기, 항공기나 바람의 속도, 항공기 날개 단면의 크기나 형태 등에 영향을 받는다.
- **프로펠러 착빙** : 프로펠러의 효율을 감소시키고 속도를 감속시켜 연료가 낭비되고, 프로펠러의 진동을 유발하여 파손될 수 있는 큰 위험을 가지고 있다.

**04** ②

수평이면 양력과 중력이 같아야 되고, 추력과 항력이 같아야 한다.

**05** ②

- **러더** : 좌우측 회전 (왼쪽 조종간 좌우)
- **스로틀** : 상승, 하강 (왼쪽 조종간 상하)
- **엘리베이터** : 전 · 후진 이동 (오른쪽 조종간 상하)
- **에일러론** : 좌우측 이동 (오른쪽 조종간 좌우)

**06** ④

RPAS(Remotely Piloted Aircraft System, 무인비행기)

**07** ②

- **주의공역** : 비행 시 조종사의 특별한 주의/경계/식별 등이 필요한 공역
- **훈련구역** : 민간항공기의 훈련공역으로서 계기비행 항공기로부터 분리를 유지할 필요가 있는 공역
- **군 작전구역** : 군사작전을 위하여 설정된 공역으로서 계기비행항공기로부터 분리를 유지할 필요가 있는 공역
- **위험구역** : 비행 시 항공기 또는 지상위험물에 대해 위험이 예상되는 공역
- **경계구역** : 규모 조종사의 훈련이나 비정상 형태의 항공 활동이 수행되어지는 공역

**08** ③

1HP(마력, Horse Power) : 말 한마리가 끄는 힘

**09** ④

행글라이더, 패러글라이더, 계류식 무인비행장치, 낙하산류는 신고하지 않아도 된다.

**10** ③

**오호츠크해 기단** : 해양성 한 기단의 일종으로, 오호츠크해 방면의 차가운 해상에서 발생한다. 오호츠크해 기단은 고기압의 형태로 나타나기 때문에 오호츠크해 고기압 또는 오호츠크 고기압 이라고도 한다. 장마나 가을비가 내리는 시기에 한반도 동쪽에는 주로 이 기단이 자리잡는다. 장마가 생기는 이유는 북태평양 기단과 부딪치기 때문이다.

**11** ②

동승자 관련은 필요 없다.

**12** ①

15℃, 29.92inchHg

**13** ②

항공정보간행물(AIP)에서 고시된 18개 공역에서 지상고도 500ft 이내는 비행계획승인 없이 비행가능한 초경량비행장치 전용공역이다.
UA2~UA7, UA9, UA10, UA14, UA19~UA27

**14** ②

대류권에서는 높이가 높아질수록 공기의 밀도가 낮기 때문에 공기 분자사이의 마찰이 보다 적어 기온이 낮아진다. 1000ft마다 2℃씩 낮아진다.

**15** ②

열대성 저기압으로 변한다.

**16** ④

태풍에 대한 설명이다.

**17** ③

- **토크작용** : 헬리콥터의 동체가 회전익 회전방향에 반대로 회전하려는 경향이다.
- **뉴턴의 제3법칙(작용과 반작용의 법칙)** : A가 B에 힘을 작용하면 동시에 B도 A에 크기가 같고 방향이 반대인 힘을 작용한다.

**18** ②

공역이 두개 이상 겹치면 모두 승인 받아야 한다.

**19** ④

안전성 인증검사를 받지 않고 비행한 경우 500만원 이하

**20** ①

- **ESC(Electronic Speed Control)** : 전자변속기-BLDC모터의 속도 제어를 담당한다.
- **자이로센서** : 멀티콥터의 자세를 잡는 센서이다.

일반적으로 멀티콥터의 자세를 잡는 것은 첫째 자이로센서에 의해 자세를 잡고, FC의 MCU가 GPIO포터를 통해서 PWM 신호를 보낸다. 그리고 이 신호가 ESC에 전달되어 BLDC모터를 구동한다.
로터의 속도를 조종하는 장치는 ESC이다. ESC는 FC에서 PWM신호를 수신하여, ESC가 이것을 가공하여 BLDC 모터를 돌린다.

**21** ②

- **압력중심** : 에어포일 표면에 작용하는 분포된 압력의 힘으로 한 점에 집중적으로 작용한다고 가정할 때 이 힘의 작용점. 날개에 있어서 양력과 항력의 합성력(압력)이 실제로 작용하는 적용점으로서 받음각이 변함에 따라 위치가 변한다.
- **공력중심** : 에어포일의 피칭 모멘트의 값이 받음각이 변하더라도 그 점에 관한 모멘트 값이 거의 변화하지 않는 가상의 점이다(공기력 중심).
- **무게중심** : 중력에 의한 알짜 토크가 0인 점이다.

**22** ①

**비행정보구역의 목적** : 항공기 수색, 구조에 필요한 정보 제공, 항공기 안전을 위한 정보 제공, 항공기의 효율적 운항을 위한 정보 제공 등이 목적이다.

**23** ②

① 절고도 ② 기압고도 ③ 밀도고도 ④ 지시고도

**24** ①

열대성 저기압은 지구의 에너지 균형을 맞추려는 작용의 일환으로 나타나는 현상이다. 태양 에너지가 극지에서는 적고, 적도에서는 많아 열의 불균형이 생기고, 이를 자체적으로 해소하기 위해 열성 저기압을 통해 저위도의 열을 고위도로 옮기는 것이다.

**25** ④

경사지면은 기체가 기울어져 프로펠러가 부러지기 쉽다.

**26** ④

• 층운 약 2km(6500ft)
층운은 다소 얇고 광범위하게 퍼져 있는 형태의 구름으로 층운이 깔려 있는 날은 보통 안정된 기류를 나타낸다.

**27** ①

**해풍** : 바다와 육지의 비열 차이로 인해 낮에 해양에서 육지로 부는 바람

**28** ④

**날개의 종횡비(Aspect Ratio)** : 날개 가로 길이(Span)와 세로 길이(Chord)의 비이다.

**29** ④

0양력 받음각(Zero Lift Angle of Attack)이란 양력이 발생하지 않을 때의 받음각이다. 0양력받음각이 조금만 넘으면 양력이 발생한다.

**30** ②

비행장치 소유증명서는 장치 신고 시 필요하다.

**31** ④

무인멀티콥터의 비행은 안전을 최우선으로 특히 장애물에 유의한다.

**32** ③

비교적 따뜻하고 습한 공기가 차고 습한 공기 위를 천천히 지나갈 때 생기는 안개로, 대체로 해안지방에 형성된다.

**33** ①

• 지시고도(Indicated Altitude)는 고도계의 창에 수정치 값을 입력하여 얻은 고도계의 지시치를 말한다.
• 진고도(True Altitude)는 평균 해수면으로부터 항공기까지의 수직높이(MSL로 표기)를 말한다.
• 밀도고도는 기압고도에서 비표준기온을 적용하여 얻은 고도이다. 밀도고도는 표준대기조건에서만 기압고도와 일치한다.
• 진고도는 표준공기 온도보다 추울 때 지시고도 보다 낮게 지시한다.

**34** ①

안전을 위해 사람들에게 먼저 알려야 한다.

**35** ①

NOTAM(Notice To Airman)
• 안전운항을 위한 항공 정보이다.
• 항공보안을 위한 시설, 업무 · 방식 등의 설치 또는 변경, 위험의 존재 등에 해서 운항 관계자에게 국가에서 실시하는 고시로 기상정보와 함께 항공기 운항에 없어서는 안 될 중요한 정보이다.

**36** ③

지구는 자전을 하므로 코리올리의 힘을 받는다.

**37** ③

**항공안전법 시행규칙 제302조(초경량비행장치 변경신고)**
① 법 제123조제1항에서 "초경량비행장치의 용도, 소유자의 성명 등 국토교통부령으로 정하는 사항"이란 다음 각 호의 어느 하나를 말한다.
1. 초경량비행장치의 용도
2. 초경량비행장치 소유자등의 성명, 명칭 또는 주소
3. 초경량비행장치의 보관 장소
② 초경량비행장치소유자등은 제1항 각 호의 사항을 변경하려는 경우에는 그 사유가 있는 날부터 30일 이내에 초경량비행장치 변경 · 이전신고서를 한국교통안전공단 이사장에게 제출하여야 한다.

**38** ②

FEV 1/8~2/8, SCT 3/8~4/8, BKN 5/8~6/8, OVC 8/8

**39** ④

항공 · 철도 사고조사위원회가 담당한다.

**40** ④

GPS는 필수 구성요소는 아니다.

| 03회 정답 | | | | 198p |
| --- | --- | --- | --- | --- |
| 01 ① | 02 ④ | 03 ④ | 04 ① | 05 ④ |
| 06 ② | 07 ③ | 08 ④ | 09 ① | 10 ② |
| 11 ③ | 12 ① | 13 ① | 14 ④ | 15 ① |
| 16 ① | 17 ③ | 18 ④ | 19 ④ | 20 ③ |
| 21 ③ | 22 ④ | 23 ② | 24 ④ | 25 ① |
| 26 ② | 27 ③ | 28 ③ | 29 ① | 30 ① |
| 31 ④ | 32 ① | 33 ② | 34 ① | 35 ② |
| 36 ④ | 37 ② | 38 ② | 39 ③ | 40 ④ |

**01** ①

• **양력** : 공기의 흐름을 이용하여 상승하는 힘
• **중력** : 지구중심으로 작용하는 힘
• **추력** : 기체의 이동방향으로 작용하는 힘
• **항력** : 기체 이동방향의 반대방향으로 작용하는 힘

**02** ④

설계 관련 서류는 필요 없다.
• **신고 시 필요서류** : 소유하거나 사용 권리를 증명하는 서류, 제원 및 성능표, 초경량비행장치의 측면사진(가로 15cm/세로 10cm)

**03** ④
- 피로하중 : 하중이 반복적으로 작용하여 파괴되는 형태
- 피로하중의 2가지 종류 : 일정 진폭 피로하중, 변동 진폭 피로하중
- 일정 진폭 피로하중(Constant Amplitude Loading) : 일정한 크기의 응력이 지속적으로 작용
- 변동 진폭 피로하중(Variable Amplitude Loading) : 시간에 따라 응력 크기가 변하며 작용
- 피로파손은 부분적 변동 진폭 피로하중에서 발생

**04** ①
배터리 경고음이 울리면 즉시 안전한 곳에 기체를 착륙시킨다.

**05** ④
붙임각 : 비행기의 세로축과 날개의 시위 또는 에어포일이 이루는 각이다.

**06** ②
윙렛의 기본 역할은 유도항력 감소다. 날개 끝에 생기는 와류에 의한 유도항력을 감소시키면 윙팁에 미치는 영향이 경감되어 양력 특성이 좋아져서 전체적으로 항공기의 양항비가 개선된다.

**07** ③
동력을 이용하는 것으로서, 좌석이 1개인 비행장치로서 탑승자, 연료 및 비상 용 장비의 중량을 제외한 해당 장치의 자체 중량이 115kg 이하이어야 한다.

**08** ④
−10℃ 이하에서 사용될 경우 사용불가상태가 될 수 있다.

**09** ①
지면효과(Ground Effect) : 지표면 근처에서 비행 중인 항공기에 지표면의 간섭이 생기는 현상이다.

**10** ②

**11** ③
관성력은 가속도와 관계되므로 착륙 시에는 관성력이 항공기 진행방향으로 작용하게 된다. 즉, 항공기가 착륙 시 발생되는 관성력의 방향은 항공기 앞쪽이다.

**12** ①
- 비를 포함한 구름(Nimbus)은 난층운(Nimbostratus), 적란운(Cumulonimbus)이 포함된다.
- 구름의 종류
1. 상층운 : 권운(Ci), 권적운(Cc), 권층운(Cs)
2. 중층운 : 고층운(As), 고적운(Ac)
3. 하층운 : 층운(St), 층적운(Sc), 난층운(Ns)
4. 연직운(수직으로 발달한 구름) : 적란운(Cb), 적운(Cu)

**13** ①
실속은 비행기의 날개 표면을 흐르는 기류의 흐름이 날개 윗면으로부터 박리되어, 그 결과 양력이 감소되고 항력이 증가하여 비행을 유지하지 못하는 현상이다.

**14** ④
지상에서 50ft를 기준으로 한다.

**15** ①
항공안전법 제1조(목적) : 이 법은 「국제민간항공협약」 및 같은 협약의 부속서에서 채택된 표준과 권고되는 방식에 따라 항공기, 경량항공기 또는 초경량비행장치의 안전하고 효율적인 항행을 위한 방법과 국가, 항공사업자 및 항공종사자 등의 의무 등에 관한 사항을 규정함을 목적으로 한다.

**16** ①
- 골바람 : 낮에 계곡에서 산등성이로 불어 올라가는 바람
- 산바람 : 밤에 산등성이에서 계곡으로 불어 내려오는 바람

**17** ④
공항 및 대형비행장 반경 5NM(약 9.3km) 이내에서 관할 관제탑의 사전승인 없이 비행하지 않아야 한다.

**18** ④
태풍의 왼쪽 반원을 가항반원(안전반원)이라고 한다. 바람의 방향과 태풍의 방향이 상반되어 상쇄되기 때문에 풍속이 약하고 파도도 적다.

**19** ④
항공기를 제작할 때 정해진다.

**20** ③
비열은 어떤 물질 1그램을 섭씨 1도 올리는 데 필요한 열량이다.

**21** ③
- 비행속도에서 필요마력과 이용마력의 차를 잉여마력 또는 여유마력이라 한다. 여유마력이 있으면 현재의 비행 상태에서 더 가속하거나 고도를 더 높일 수 있으므로 최대 비행성능을 구할 수 있다.
- 여유마력은 추력과 항력, 속도와 중량과의 관계를 나타낸다.
- 동력비행장치의 상승력은 여유마력에 의해 결정된다.
- 이용마력이 크고 필요마력이 작을수록 여유마력이 커진다.
- 필요마력 : 비행기가 항력을 이기고 전진하는 데 필요한 마력. 수평비행을 유지하기 위해 요구 되는 마력이다. 항공기가 속도를 유지하며 상승, 순항, 하강 할 때 필요한 마력
- 이용마력 : 항공기 동력장치의 추진력으로서 비행에 이용될 수 있는 항공기 기관의 동력

**22** ④
태양의 복사 에너지의 영향으로 대기의 상태가 변화하여 기상의 변화가 발생한다.

**23** ②
항행안전시설은 유선통신, 무선통신, 인공위성, 불빛, 색채 또는 전파를 이용하여 항공기의 항행을 돕기 위한 시설로서 항공등화, 항행안전무선시설 및 항공정보통신시설을 말한다.

**24** ④
습한 장소를 피해 보관한다.

**25** ④
조종자 준수사항을 위반한 경우 200만원 이하의 과태료를 부과한다.(벌금이 아닌 과태료 처분)

**26** ②

한랭전선은 찬 기단이 따뜻한 기단 밑으로 파고들면서 밀어내는 전선을 말하며, 이때 소나기, 우박, 뇌우 등이 잘 나타나고 돌풍이 불기도 한다.

**27** ③

유상하중 : 비행기의 승객과 화물

**28** ③

지구의 자전으로 북반구에서는 물체가 운동하는 방향의 오른쪽으로 힘이 작용하는 것처럼 운동하게 되는데 이 힘을 전향력(코리올리의 힘)이라고 한다.

**29** ①

비행시정 : 비행 시 육안으로 확인 가능한 수평거리

**30** ①

항공안전법 시행규칙 제307조제2항
가. 비행시간이 200시간(무인비행장치의 경우 조종경력이 100시간) 이상이고, 국토교통부장관이 인정한 조종교육교관과정을 이수한 지도조종자 1명 이상
나. 비행시간이 300시간(무인비행장치의 경우 조종경력이 150시간) 이상이고 국토교통부장관이 인정하는 실기평가과정을 이수한 실기평가조종자 1명 이상

**31** ④

태풍경보는 최대풍속 21m/sec 이상일 때 기상청에서 발표하는 기상특보이다.

**32** ①

압력중심 : 모든 항공역학적 힘들이 집중되는 에어포일의 익현선상의 점

**33** ②

국토교통부령으로 정하는 준수사항을 따르지 아니하고 초경량비행장치를 이용하여 비행한 사람 – 2백만원 이하 과태료

**34** ①

기압, 온도, 습도, 구름, 강수, 바람, 시정

**35** ②

트림(Trim) : 기동상태에 맞는 항공기 자세를 유지하기 위해 조종면을 일정하게 유지시켜주는 역할을 한다.

**36** ④

• A : 모든 항공기가 계기비행을 하여야 하는 공역
• C : 모든 항공기에 항공교통관제업무가 제공되나, 시계비행을 하는 항공기간에는 비행정보업무만 제공되는 공역
• E : 계기비행을 하는 항공기에 항공교통관제업무가 제공되고, 시계비행을 하는 항공기에 비행정보업무가 제공되는 공역

**37** ②

항공안전법 제1조(목적) : 이 법은 국제민간항공협약 및 같은 협약의 부속서에서 채택된 표준 과 권고되는 방식에 따라 항공기, 경량항공기 또는 초경량비행장치가 안전하게 항행하기 위한 방법을 정함으로써 생명과 재산을 보호하고, 항공기술 발전에 이바지함을 목적으로 한다.

**38** ②

1atm(기압) = 29.92inHg = 1013.25hPa

**39** ③

공기밀도는 압력에 비례하고, 온도에 반비례 관계이다. 즉, 압력이 높을수록 밀도는 증가 하고, 압력이 낮을수록 밀도는 감소한다. 또한 밀도는 온도가 높을수록 감소하고, 온도가 낮을수록 증가한다.

**40** ④

군사 목적으로 사용되는 초경량비행장치는 신고가 필요 없다.

### 04회 정답 204p

| 01 ① | 02 ② | 03 ① | 04 ③ | 05 ② |
|------|------|------|------|------|
| 06 ③ | 07 ④ | 08 ③ | 09 ② | 10 ② |
| 11 ③ | 12 ① | 13 ② | 14 ① | 15 ② |
| 16 ④ | 17 ④ | 18 ③ | 19 ③ | 20 ② |
| 21 ② | 22 ① | 23 ③ | 24 ① | 25 ① |
| 26 ③ | 27 ③ | 28 ③ | 29 ④ | 30 ① |
| 31 ① | 32 ③ | 33 ③ | 34 ③ | 35 ③ |
| 36 ④ | 37 ① | 38 ② | 39 ① | 40 ④ |

**01** ①

가착빙대는 전선 부근에서 생기기 쉬우므로 전선 부근을 비행할 때는 착빙에 주의해야 한다.

**02** ②

500m – 150m = 350m
진고도란 비표준 대기 상태를 수정한 수정 고도로서 이 고도는 평균 해면 고도 위의 실제 높이이다. 절대고도란 비행중인 항공기로부터 항공기 바로 밑의 지표로부터의 고도이다.

**03** ①

무인기구류는 안전성 인증대상이 아니다.

**04** ③

항공등화 : 항공기의 안전운항을 위해 설치된 조명 시설이다.

**05** ②

항력(Drag, 저항력)이 크면 속도가 감소한다.

**06** ③

조종자가 예술적 감성을 갖출 필요는 없다.

**07** ④

압력중심의 이동은 비행기의 안정성에 영향을 미친다.

**08** ③

**09** ②

대류권에서는 높이가 높아질수록 공기의 밀도가 낮기 때문에 공기 분자사이의 마찰이 보다 적어 기온이 1000ft마다 2℃씩 낮아진다.

**10** ②

**양쯔강 기단** : 대륙성 열대기단으로 따뜻하고 건조하다. 시베리아 기단이 약화되는 봄과 가을에 이동성고기압의 형태로 양쯔강 방면에서 우리나라로 다가온다.

**11** ③

- TR = $V^2$/gG
- TR : 선회반경
- V : 속도
- g : 중력가속도
- G : 하중배수 or 중력배수

선회반경은 속도에 비례하고, 중력가속도와 하중배수에 반비례한다. 속도가 크면 클수록 선회반경이 커진다. 하중배수가 클수록 선회반경은 작아진다. 선회각을 높이거나 하중배수를 올리는 기동을 하면 선회반경이 작아진다.

**12** ①

**NASA** : 미국항공우주국(National Aeronautics and Space Administration)

**13** ②

높은 압력에서 낮은 압력 쪽으로 생긴다.

**14** ②

**활공비** : 활공거리를 활공고도로 나눈 값, 일정한 높이에서 얼마나 멀리 활공할 수 있는가를 나타내는 비율, 멀리 비행하려면 활공각이 작아야 한다. 활공각이 작다는 것은 양항비가 크다는 것이다.

**15** ②

초경량비행장치 조종자 증명을 받지 아니하고 초경량비행장치를 사용하여 비행을 한 사람은 300만원 이하의 과태료

**16** ④

**17** ④

- **대한민국 기준** : 1.5m
- **세계적 평균** : 1.25~2m

**18** ③

**4가지 힘** : 양력, 중력, 추력, 항력

**19** ③

산악파는 항공기 사고를 유발하는 중요한 기상요소 중 하나이다.

**20** ②

대류권에서는 높이가 높아질수록 공기의 밀도가 낮기 때문에 공기 분자사이의 마찰이 보다 적어 기온이 낮아진다. 1000ft 마다 2℃씩 낮아진다.

**21** ②

이류안개는 주로 연안이나 해상에서 발생한다.

**22** ①

**수직안정판** : 방향키와 함께 수직꼬리날개를 구성한다. 보통 비행기 동체 뒤쪽에서 기수방향을 안정시키는 역할을 한다.

**23** ③

압력 변화를 표시하기 위해 아네로이드 기압계를 사용하는데, 더 높이 올라갈수록 공기가 희박해 지면서 아네로이드 기압계는 수축된다.

**24** ①

속도를 증가시키거나 받음각을 증가시키게 되면 양력과 동시에 항력도 역시 증가하게 된다.

**25** ①

**방향타(Rudder, 방향키)** : 비행기의 수직꼬리날개 후반부에 있는 부분으로 선회운동을 조종한다.

**26** ③

- **자북** : 지구 자기장의 북극이다.
- **마그네틱 컴퍼스** : 자석을 이용해 자침이 지구 자기의 방향을 지시하도록 만든 장치이다.

**27** ③

비행 중이나 이륙 시 엔진 고장이 발생된다면 즉시 비상착륙을 시도하고 비행속도를 감소시켜 활공 속도를 유지하도록 한다. 이륙 중 엔진 재시동을 시도하지 않는다.

**28** ①

공기는 온도가 올라가면 팽창한다.

**29** ④

- 배터리 보관 적정온도는 22~28℃이다.
- 50℃ 이상에서는 배터리가 폭발할 수 있다.

**30** ①

대류권 – 성층권 – 중간권 – 열권 – 극외권

**31** ①

- **관제공역** : 관제권, 관제구
- **비관제공역** : 조언구역, 정보구역
- **통제공역** : 비행금지구역, 비행제한구역, 초경량비행장치 비행제한구역
- **주의공역** : 훈련구역, 군 작전구역, 위험구역, 경계구역

**32** ③

**역편요** : 비행기가 선회 시 선회하는 반대방향으로 기수가 돌아가는 (Yawing) 현상이다.

**33** ③

항력과 추력이 같으면 등속도 비행을 한다.

**34** ③

중금속을 사용하므로 버릴 때는 일반쓰레기가 아닌 전용 수거함을 통해 분류하도록 한다.

**35** ③

군 작전구역은 주의공역이다.

**36** ④

초경량비행장치의 비행안전을 위한 기술상의 기준에 적합하다는 안전성인증을 받지 아니하고 비행한 사람은 500만원 이하의 과태료

**37** ①

혈중알코올농도의 기준은 0.02%이다.

**38** ②

활공각이 작아지면 양항비가 커지며 더 멀리 날 수 있다.

**39** ①

공식통용어는 RPAS이다.

**40** ④

비행기 엔진에 연료를 공급할 때 먼저 연료의 이물질을 제거해야 한다.

| 05회 정답 | | | | 209p |
|---|---|---|---|---|
| **01** ③ | **02** ② | **03** ① | **04** ③ | **05** ② |
| **06** ④ | **07** ③ | **08** ④ | **09** ④ | **10** ① |
| **11** ② | **12** ④ | **13** ② | **14** ② | **15** ① |
| **16** ③ | **17** ④ | **18** ④ | **19** ② | **20** ④ |
| **21** ③ | **22** ② | **23** ④ | **24** ① | **25** ④ |
| **26** ① | **27** ③ | **28** ③ | **29** ④ | **30** ② |
| **31** ① | **32** ④ | **33** ① | **34** ④ | **35** ② |
| **36** ④ | **37** ② | **38** ① | **39** ④ | **40** ④ |

**01** ③

**항공안전법 시행규칙 제307조제2항**
나. 비행시간이 300시간(무인비행장치의 경우 조종경력이 150시간) 이상이고 국토교통부장관이 인정하는 실기평가과정을 이수한 실기평가조종자 1명 이상

**02** ②

실속은 비행기의 날개 표면을 흐르는 기류의 흐름이 날개 윗면으로부터 박리되어, 양력이 감소되고 항력이 증가하여 비행을 유지하지 못하는 현상이다.

**03** ①

**지면효과** : 지표면 근처에서 비행 중인 항공기에 지표면의 간섭이 생기는 현상

**04** ③

- **관제구** : 항공교통 통제를 위하여 지정된 공역으로 평균해수면으로부터 200m 이상의 상공에 설정된 공역
- **항공등화** : 항공등화는 전파와 색채는 포함되지 않는다.
- **항행안전시설** : 항공기가 항행하는 데 이용되는 항행 보조시설의 총칭. 항공기에 탑재되거나 지상에 설치되어 있는 시각적 또는 전자적 장치로 항행 중인 항공기에 대해 항로와 관련된 정보 또는 위치에 관한 데이터를 제공한다.

**05** ②

장마전선은 찬기단과 따듯한 기단의 세력이 비슷한 정체전선이다.

**06** ④

- **초도인증** : 국내에서 설계·제작하거나 외국에서 국내로 도입한 초경량비행장치의 안전성인증을 받기 위하여 최초로 실시하는 인증이다.
- **정기인증** : 안전성인증의 유효기간 만료일이 도래되어 새로운 안전성인증을 받기 위하여 실시하는 인증이다.
- **수시인증** : 초경량비행장치의 비행안전에 영향을 미치는 대수리 또는 대개조 후 기술기준에 적합한지를 확인하기 위하여 실시하는 인증이다.
- **재인증** : 초도, 정기 또는 수시인증에서 기술기준에 부적합한 사항에 대하여 정비한 후 다시 실시하는 인증이다.

**07** ③

**속도계** : 동압과 정압의 차이를 계기에 나타냄으로써 항공기가 증속과 감속을 할 때 항공기의 속도를 나타내 주는 계기

**08** ④

항공철도사고조사위원회

**09** ④

ICAO(International Civil Aviation Organization, 국제민간항공기구)

**10** ①

북반구에서는 제트기류가 여름보다 겨울에 강하고 위치도 남쪽으로 내려온다.

**11** ②

항력이 추력보다 크면 속도가 느려진다.

**12** ④

온난전선이 접근하면 기온과 이슬점온도는 점차 높아지고, 기압은 급강하한다.

**13** ②

- **관제공역** : 관제권, 관제구
- **비관제공역** : 조언구역, 정보구역
- **통제공역** : 비행금지구역, 비행제한구역, 초경량비행장치 비행제한구역
- **주의공역** : 훈련구역, 군 작전구역, 위험구역, 경계구역

**14** ②

소금물에 하루 동안 담가놓아 방전시킨 뒤 폐기한다.

**15** ①

공기밀도는 단위 부피 중에 포함된 공기의 질량을 말한다.

**16** ③

**편각** : 진북과 자북이 이루는 각으로 자석이 나타내는 방향과 자오선이 이루는 각이다.

**17** ④

일반적으로 항력이라 함은, 비행기의 전진을 방해하는 힘으로 추진력에 반대로 작용하며 유해항력과 유도항력으로 구분된다.

**18** ④

1기압(atm)은 1,013.25hPa이다.

**19** ②

고기압 지역은 마루에서 공기가 내려가고 저기압 지역은 골에서 공기가 올라간다.

**20** ④

**맑은 착빙** : 항공기 표면을 따라 고르게 흩어지면서 투명하고 단단하게 결빙된 것이다.

**21** ③

사고의 원인분석은 포함되지 않는다.

**22** ②

**베르누이의 정리**
1. 유체속도가 빠르면(동압이 크면) 정압이 낮아진다.
2. 동압과 정압의 합은 항상 일정하므로 동압이 커지면 정압은 작아진다.

**23** ④

양력은 무게와 반대 방향으로 작용한다.

**24** ①

- 기구류 〉 활공기 〉 비행선 〉 예항기 〉 항공기 〉 동력항공기
- 착륙중 〉 착륙접근중 〉 지상이동중 〉 비행중
- 활공기 〉 최종접근 단계의 항공기 〉 낮은 고도 〉 높은 고도
- 우측 〉 좌측, 같은 기종의 항공기끼리 만났을 때는 오른쪽에 우선권이 있지만 종류가 다를 때는 성능이 뒤떨어지는 비행기에게 우선권이 있다.

**25** ④

**항공교통관제** : 항공기의 안전 운행, 항공기 상호 간의 충돌 방지 및 항공교통의 질서 있는 흐름 유지와 촉진을 위해, 항공 교통 관제 기관이 항공기에 대해서 비행 간격의 설정, 이착륙 순서 · 시기 · 방법 또는 비행 방법에 관하여 관제 지시 또는 허가를 부여하는 행위. 항공 교통 관제 업무는 항공로 관제(ARTC), 비행장 관제 업무(ACS), 진입 관제 업무, 터미널 데이터 관제 업무, 착륙 유도 관제 업무 등 5종류로 세분된다.

**26** ①

- **비열** : 어떤 물질 1g의 온도를 1℃만큼 올리는 데 필요한 열량이다.
- **잠열** : 물질에 열을 가했을 때 온도가 변하지 않을 경우에는 물질의 상이 변한다. 이와 같이 물질의 상태 변화에 관여하는 열을 잠열이라 하고 온도계에는 나타나지 않는다.
- **현열** : 물질을 가열하여 상태변화 없이 온도만 변하는데 소용되는 열량이다.

**27** ③

안개는 시정이 1km 이하일 때이다.

**28** ③

정면 또는 유사하게 접근하는 동순위의 항공기는 항로를 우측으로 바꾼다.

**29** ④

**30** ②

받음각(AOA, Angle of Attack)이란 날개의 시위선(Chord Line)과 상대풍(Relative Wind)사이의 각도를 말한다. 받음각이 커지면 양력은 증가한다.

**31** ①

1000피트 마다 −2℃
31℃−6℃ = 25℃

**32** ④

멀티콥터는 가볍게 만들어야 하기 때문에 금속재질은 되도록이면 사용하지 않는다.

**33** ①

이륙거리는 비행기가 활주로에서 하늘로 탈출하는 거리이다. 이륙 시에는 추력을 최대한으로 해야 하고, 양력을 높여야 한다.

**34** ④

**35** ②

비를 포함한 구름(nimbus)은 난층운(nimbostratus), 적란운(cumulonimbus)이 포함된다.

- **구름의 종류**
1. **상층운** : 권운(Ci), 권적운(Cc), 권층운(Cs)
2. **중층운** : 고층운(As), 고적운(Ac)
3. **하층운** : 층운(St), 층적운(Sc), 난층운(Ns)
4. **연직운(수직으로 발달한 구름)** : 적란운(Cb), 적운(Cu)

**36** ④

비행장치의 규격에 관한 사항은 포함되지 않는다.

**37** ②

받음각(AOA, Angle of Attack)이란 날개의 시위선(Chord Line)과 상대풍(Relative Wind)사이의 각도를 말한다.

**38** ①

비행기는 우측통행이 기본이다.

**39** ④

- **1차 전지** : 일회용 전지, 알카라인/탄소아연/망간 전지 등이 있다.
- **2차 전지** : 충전 가능한 전지로 리튬이온/리튬폴리머/납/니켈카드뮴/니켈수소 전지 등이 있다.

**40** ④

초경량비행장치 비행승인신청서는 서류, 팩스, 정보통신망을 이용하여 지방항공청장에게 제출한다.

| 06회 정답 | | | | 215p |
|---|---|---|---|---|
| 01 ② | 02 ④ | 03 ① | 04 ④ | 05 ③ |
| 06 ④ | 07 ③ | 08 ④ | 09 ③ | 10 ④ |
| 11 ② | 12 ③ | 13 ① | 14 ② | 15 ① |
| 16 ② | 17 ③ | 18 ① | 19 ① | 20 ② |
| 21 ② | 22 ③ | 23 ② | 24 ④ | 25 ③ |
| 26 ② | 27 ① | 28 ③ | 29 ② | 30 ④ |
| 31 ① | 32 ② | 33 ① | 34 ② | 35 ④ |
| 36 ② | 37 ① | 38 ① | 39 ② | 40 ② |

**01** ②

태풍은 열대성 저기압으로 변한다.

**02** ④

mile은 거리 단위이다. 1mile = 1,609km

**03** ①

취소처분을 받고 그 취소일로부터 2년이 경과되어야 한다.

**04** ④

−10℃ 이하에서 사용될 경우 사용불가 상태가 될 수 있다.

**05** ③

**지면효과** : 항공기가 이착륙 비행에서 지면에 가깝게 낮은 고도로 비행하는 경우 양력이 증가하는 효과이다. 날개 끝에서 발생하는 날개 끝 와류가 지면의 영향에 의해 억제되면서 유도 항력이 감소하고 날개와 지면 사이의 유속이 정체되어 발생한다.

**06** ④

FIR은 항공기 수색, 구조에 필요한 정보제공, 항공기 안전을 위한 정보제공, 항공기 효율적인 운항을 위한 정보를 제공하는 구역이다. 보안준수사항은 제출할 의무가 없다.

**07** ③

**양력** : 유체속의 물체가 수직 방향으로 받는 힘이다.

**08** ④

**플랩(Flap)** : 항공기의 주날개 뒷전에 장착되어 주날개의 형상을 바꿈으로써 높은 양력을 발생시키는 장치이며 형상 변화로 항력을 증대시키는 역기능도 가지고 있다.

**09** ③

• **진입각지시등** : 착륙하려는 항공기에 착륙 시 진입각의 적정 여부를 알려주기 위해 활주로의 외측에 설치하는 등화
• **지향신호등** : 항공교통의 안전을 위해 항공기 등에 필요한 신호를 보내기 위해 사용하는 등화
• **비행장등대** : 항행 중인 항공기에 공항 · 비행장의 위치를 알려주기 위해 공항 · 비행장 또는 그 주변에 설치하는 등화

**10** ④

• **압력 항력** : 항공기가 비행할 때 항공기의 표면에 수직으로 작용하는 압력 분포의 차이에 의해서 발생하는 항력
• **유도 항력** : 날개에서 발생하는 양력에 의해 불가피하게 발생하는 항력
• **형상 항력** : 이차원 날개 단면에 작용하는 형태 항력과 표면 마찰 항력을 합한 항력
• **유해 항력** : 항공기 기체 표면에 공기의 마찰력이 발생하여 생기는 항력

**11** ②

METAR **보고서** : 공항의 기상상태를 보고하는 기본관측, 매 시각 정시 5분 전에 발생(인천공항의 경우 30분마다 관측)
METAR/SPECI 보고에서 풍향은 진북 기준이다.

**12** ③

만 14세 이상이다. 교관자격증은 20세 이상이다.

**13** ①

**대류권** : 대기권의 가장 아래층으로 지상에서부터 극지방은 약 8km, 적도 지방은 18km까지의 대기층이다. 대류운동이 활발하고 기상현상이 발생하며, 1km 상승하면 약 6.5℃ 감소, 1000ft당 약 2℃ 감소한다.

**14** ②

바람은 공기의 흐름이다.

**15** ①

수평으로 날아간다면 추력(나가는 힘)이 항력(방해하는 힘)과 같아야 한다. 또한 양력(들어 올리는 힘)은 무게를 들어 올려야 하므로 같아야 한다.

**16** ②

윈드시어는 모든 고도에서 발생할 수 있다.

**17** ③

• **트라이콥터(Tricopter)** : 프로펠러가 3개
• **쿼드콥터(Quadcopter)** : 프로펠러가 4개
• **헥사콥터(Hexacopter)** : 프로펠러가 6개
• **옥토콥터(Octocopter)** : 프로펠러가 8개

**18** ①

**공력중심(공기력중심)** : 받음각이 변해도 피칭 모멘트의 값이 변하지 않는 에어포일의 기준점이다.

**19** ①

**적란운(Cb, Cumulonimbus)** : 수직으로 발달한 구름으로 뇌운이라고도 한다.

**20** ②

코리올리힘은 지구의 자전에 의한 효과를 고려할 때 쓰인다.

**21** ②

**프로펠러 피치** : 프로펠러가 1회전할 때 전진하는 거리를 뜻한다.

**22** ③

안개는 바람이 약할 때 주로 만들어진다.

**23** ②

떨림 현상이면 기체 자체 점검부터 한다. 기체의 떨림은 대부분 프로펠러와 모터 사이의 관계가 원인이다.

**24** ④

맑은 착빙에 대한 설명이다.

**25** ③

15일 이내에 국토교통부장관에게 말소신고를 하여야 한다.

**26** ②

• **Li-Po** : 리튬폴리머
• **Ni-Mh** : 니켈수소
• **Ni-Cd** : 니켈카드뮴

**27** ①

GPS는 위성으로부터 일방적으로 신호를 받기만 한다.

**28** ①

**북반구 고기압** : 시계방향으로 불며 가운데서 발산한다.

**29** ①

노탐은 고시방법에 따라 클래스 1과 2로 나눈다. 노탐클래스 1은 돌발적 사항 또는 단기적 사항에 대해서 빨리 주지시킬 필요가 있을 때 사용되며, 국제민간항공기구(ICAO) 노탐전신부호에 의해 텔레타이프로 보내진다. 노탐클래스 2는 장기적 사항을 사전에 도식 등을 사용하여 상세하게 주지시킬 경우에 사용되며, 평서문으로 인쇄하여 우편으로 배포한다.

**30** ④

고도제한 모드는 비행모드가 아니고 멀티콥터 자체의 기능이다.

**31** ①

안전이 우선이다. 사람이 다칠 수 있으니 먼저 다른 사람한테 알려야 한다.

**32** ③

**호버링** : 공중 정지비행하는 상태를 뜻한다.

**33** ①

**양항비** : 항공기 또는 글라이더의 날개가 어떤 받음각의 상태에서 발생하고 있는 양력(揚力)과 항력(抗力)의 비이다.

**34** ②

• AIC(Aeronautical Information Circular, **항공정보회람**) : 비행안전, 항행, 기술, 행정, 규정 개정 등에 관한 내용으로서 항공정보간행물(AIP) 또는 항공고시보(NOTAM)에 의한 전파의 대상이 되지 않는 사항을 수록하고 있는 공고문이다.
• AIP(Aeronautical Information Publication, **항공정보간행물**) : 항공항행에 필요한 영구적인 성격의 항공정보를 수록한 간행물로 일반사항(GEN), 비행장(AD), 항공로(ENR)로 구성(3권 1책)되어 있다.

**35** ④

**적도기단** : 적도 부근에 위치하는 고온 다습한 기단이다. 태평양, 인도양, 대서양에 띠모양으로 분포하며, 해양성 기단에 속한다. 해양에서 증발한 대량의 수증기를 포함하고 있으며, 태풍과 함께 북상하는 기단이다.

**36** ②

영문이름은 필요하지 않다.

**37** ①

항공기 착빙은 0도이하의 대기에 노출된 항공기 날개나 동체 등에 과냉각 수적이나 구름입자가 충돌하여 얼음의 막을 형성하는 것이다. 착빙은 양력을 감소시킨다.

**38** ①

낙하산류는 초경량비행장치에 해당한다.

**39** ②

**무게중심** : 중력에 의한 알짜토크가 0인 점을 뜻한다.

**40** ②

낮에는 산 경사면이 태양 복사에 의해 가열되므로 경사면과 접해 있는 공기는 같은 고도에 위치한(경사면으로부터 멀리 떨어진) 주변 공기보다 더 강하게 가열된다. 그 결과 경사면 바로 위의 가열된 공기는 기압경도력과 상향 부력을 동시에 받는다. 이로 인해 바람이 계곡으로부터 산 경사면을 따라 위쪽으로 불어 간다. 이 바람을 곡풍이라 부른다.

## 1) 비행 전 점검사항

| 순번 | 내용 | 순번 | 내용 |
|---|---|---|---|
| 1 | 조종기와 배터리, 점검표를 들고 기체 앞으로 이동 | 11 | "비행 전 조종기 점검 시작" |
| 2 | 안전한 곳에 조종기와 점검표를 내려놓음 | 12 | 조종기를 든다. |
| 3 | 배터리를 기체에 장착 (전원 연결은 금지) | 13 | 조종기 스위치 OFF 확인 |
| 4 | 기체 번호 확인 후 점검표에 작성 | 14 | 조종기 스틱 회전 상태 확인 |
| 5 | 비행 전 기체 점검 시작 | 15 | "조종기 전원 ON" |
| 6 | 1번 프롭 회전 이상 유무 | 16 | 조종기 전압(V) 확인 |
| | 1번 프롭 깨짐 이상 유무 | 17 | 기체 전원 연결 |
| | 1번 프롭 유격 이상 유무 | 18 | Hour Meter 또는 시간 확인, "00.0" 확인 후 점검표에 작성 |
| | 1번 나사 조임 상태 이상 유무 | | |
| | 1번 모터 온도 이상 유무 | 19 | 조종자 위치로 이동 (안전거리 15m 확보) |
| | 1번 암대 고정여부 이상 유무 | 20 | 조종자 정 위치 (다리는 어깨 넓이로 11자) |
| | 2~4번 프롭 전부 반복 | 21 | 비행 전 시야 점검 (전방, 좌/우측 면, 후방) 확인 |
| 7 | 약제통 고정 여부 이상 유무 | 22 | 풍속(m/s) 이상 유무 |
| 8 | 랜딩기어 고정 여부 이상 유무 | 23 | 풍향 0시에서 0시 확인 |
| 9 | GPS 고정 여부 이상 유무 | 24 | GPS모드로 변환 (녹색 점등확인) |
| 10 | "비행 전 기체점검 완료" | 25 | 비행준비 완료 |

※ YouTube에서 실기시험 가이드 영상을 시청하실 수 있습니다.

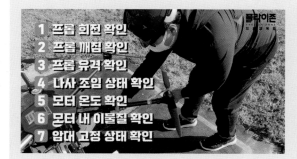

https://www.youtube.com/watch?v=Y97cx4umZF8 입력, 또는 상단 QR코드 스캔

## 1) 비행 전 점검사항

| 순번 | 내용 | 순번 | 내용 |
|---|---|---|---|
| 1 | 조종기와 배터리, 점검표를 들고 기체 앞으로 이동 | 11 | "비행 전 조종기 점검 시작" |
| 2 | 안전한 곳에 조종기와 점검표를 내려놓음 | 12 | 조종기를 든다. |
| 3 | 배터리를 기체에 장착 (전원 연결은 금지) | 13 | 조종기 스위치 OFF 확인 |
| 4 | 기체 번호 확인 후 점검표에 작성 | 14 | 조종기 스틱 회전 상태 확인 |
| 5 | 비행 전 기체 점검 시작 | 15 | "조종기 전원 ON" |
| 6 | 1번 프롭 회전 이상 유무 | 16 | 조종기 전압(V) 확인 |
| | 1번 프롭 깨짐 이상 유무 | 17 | 기체 전원 연결 |
| | 1번 프롭 유격 이상 유무 | 18 | Hour Meter 또는 시간 확인, "00.0" 확인 후 점검표에 작성 |
| | 1번 나사 조임 상태 이상 유무 | | |
| | 1번 모터 온도 이상 유무 | 19 | 조종자 위치로 이동 (안전거리 15m 확보) |
| | 1번 암대 고정여부 이상 유무 | 20 | 조종자 정 위치 (다리는 어깨 넓이로 11자) |
| | 2~4번 프롭 전부 반복 | 21 | 비행 전 시야 점검 (전방, 좌/우측 면, 후방) 확인 |
| 7 | 약제통 고정 여부 이상 유무 | 22 | 풍속(m/s) 이상 유무 |
| 8 | 랜딩기어 고정 여부 이상 유무 | 23 | 풍향 0시에서 0시 확인 |
| 9 | GPS 고정 여부 이상 유무 | 24 | GPS모드로 변환 (녹색 점등확인) |
| 10 | "비행 전 기체점검 완료" | 25 | 비행준비 완료 |

## 2) 실기 평가 패턴

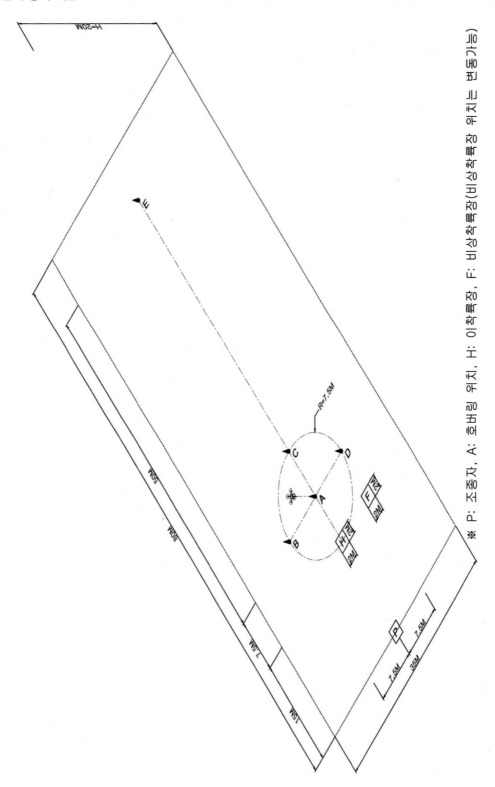

※ P: 조종자, A: 호버링 위치, H: 이착륙장, F: 비상착륙장(비상착륙장 위치는 변동가능)

| 순번 | 비행 | 조종자 구호 | 기체 위치 |
|---|---|---|---|
| 1 | 이륙 | 시동, 프롭회전 확인 이상무, 이륙, 정지 | |
| 2 | 이륙 후 조작 점검 | 엘리베이터 이상무, 에일러론 이상무, 러더 이상무 | H |
| | | (기체 정렬 후) 정지 | |
| 3 | 호버링<br>위치로 이동 | 호버링 위치(A)로, (이동 후) 정지 | H → A |
| 4 | 좌/우측 측면 호버링 | 좌측 호버링 시작 (좌측 90도 회전), 정지 | A |
| | | 우측 호버링 시작 (우측 180도 회전), 정지 | |
| | | 기체 정렬 (기체 정면으로), 정지 | |
| 5 | 전 · 후진 비행 실시 | 전진비행 시작 (50m 전진), ((E)지점) 정지 | A → E |
| | | 후진비행 시작 (50m 후진), ((A)지점) 정지 | E → A |
| 6 | 삼각비행 실시 | 삼각비행 위치로 (우 콘 위치(D)로 이동), 정지 | A → D |
| | | (45도) 상승 (호버링 위치(A) 높이 7.5m까지), 정지 | D → A |
| | | (45도) 하강 (좌 콘 위치(B)까지), 정지 | A → B |
| | | 호버링 위치(A)로, (이동 후) 정지 | B → A |
| 7 | 원주비행 실시 | 원주비행 위치로 (착륙장 위치), (이동 후) 정지 | A → H |
| | | 원주비행 준비 (우측 90도 방향전환), 정지 | H |
| | | 원주비행 시작, (완료 후) 정지 | (원을 그리며)H → D<br>→ C → B → H |
| | | 기체정렬 (좌측 90도 방향전환), 정지 | H |
| 8 | 비상착륙 실시 | 비상착륙 준비 (현 위치에서 2m 상승), 정지 | H |
| | | "비상" (외친 후 비상착륙, 비상착륙장으로 45도 하강)<br>※주의 지면 1m 이내에서 잠시 정지 후 착륙 | H → F |
| | | (프롭 회전 멈춘 후) 착륙 완료 | F |
| 9 | 정상접근비행<br>실시 | ATTI 모드로 전환, 전환 완료 (LED확인) | F |
| | | 시동, 프롭회전 확인, (이륙 후) 정지 | |
| | | 정상접근비행 시작 (착륙장으로 이동), 정지 | F → H |
| | | 착륙, (프롭회전 멈춘 후) 착륙 완료 | H |
| 10 | 측풍접근비행 실시 | GPS모드로 전환, 전환완료 (LED확인) | H |
| | | 시동, 프롭회전 확인, (이륙 후) 정지 | |
| | | 측풍접근비행 시작 (3시 콘 위치(D)로 이동), 정지 | H → D |
| | | 우측면 호버링 시작, 정지 | D |
| | | 착륙위치로 (착륙장 위치로 이동), 정지 | D → H |
| | | 착륙, (프롭회전 멈춘 후) 착륙 완료 | H |
| 11 | 비행종료 | 비행 종료, 비행 후 점검 시작 | H |

## 3) 비행 후 기체 점검사항

| 순번 | 내용 |
| --- | --- |
| 1 | 조종기와 점검표를 소지하고 기체 앞으로 이동 |
| 2 | 조종기와 점검표를 안전한 곳에 내려놓음 |
| 3 | Hour Meter 또는 시간 확인, "00.0" |
| | 비행시간 00분 복창 후 점검표에 작성 |
| 4 | 기체 전원 해제 |
| 5 | 조종기 전원 OFF |
| 6 | 비행 후 기체 점검 시작 |
| 7 | 1번 프롭 회전 이상 유무 |
| | 1번 프롭 깨짐 이상 유무 |
| | 1번 프롭 유격 이상 유무 |
| | 1번 나사 조임 상태 이상 유무 |
| | 1번 모터 온도 이상 유무 |
| | 1번 암대 고정 여부 이상 유무 |
| | 2~4번 프롭 반복 점검 |
| 8 | 약제통 고정 여부 이상 유무 |
| 9 | 랜딩 기어 고정 여부 이상 유무 |
| 10 | GPS 고정 여부 이상 유무 |
| 11 | "비행 후 기체 점검 완료" |

**실기시험 접수**
- 인터넷접수 : 공단 홈페이지 항공종사자 자격시험 페이지

**접수일자**
- 실비행시험 : 시험일 2주 전 수요일 ~ 시험시행일 전 주 월요일
- 접수변경 : 시험일자를 변경하고자 하는 경우 환불 후 재접수
- 접수제한 : 정원제 접수에 따른 접수인원 제한
- 응시제한 : 이미 접수한 시험의 결과가 발표된 이후 다음시험 접수 가능

**실기시험 시행**
- 시작시간 : 공단에서 확정 통보된 시작시간(시험접수 후 별도 SMS 통보)

**응시제한 및 부정행위 처리**
- 사전 허락없이 시험 시작시간 이후에 시험장에 도착한 사람은 응시 불가
- 시험위원 허락없이 시험 도중 무단으로 퇴장한 사람은 해당 시험 종료처리
- 부정행위 또는 주의사항이나 시험감독의 지시에 따르지 아니하는 사람은 즉각 퇴장조치 및 무효처리하며, 향후 2년간 공단에서 시행하는 자격시험의 응시자격 정지

**실기시험 합격발표**
- 발표방법 : 시험종료 후 인터넷 홈페이지에서 확인(시험당일 20:00)
- 합격기준 : 채점항목의 모든 항목에서 "S"등급 이상 합격

## 4) 초경량 무인멀티콥터 조종하는 법을 배우면서 알아두어야 할 기초

① 응시하고 있는 자격증 시험 명칭은?
- 초경량비행장치조종자 무인멀티콥터

② 초경량 무인멀티콥터로 비행할 수 있는 무게
- 최대 이륙중량 250g 초과, 자체중량 150g 이하

③ 안정성 인증검사를 받지 않고 비행하면 받는 행정처분
- 500만원 이하 과태료

④ 무인비행장치의 종류
- 무인비행선, 무인헬리콥터, 무인멀티콥터

⑤ 장치 신고를 안했을 경우 행정처분
- 6개월 이하의 징역 또는 500만원 이하의 벌금

⑥ ANT-H5-T 기체정보

| 기체 크기 | 1250mm×1250mm×650mm |
|---|---|
| 프로펠러 크기 | 23inch, 피치 8.8inch |
| 모터규격 | 180KV |
| 축간거리(모터와 모터 사이 거리) | 600mm |
| 기체 중량 | 13kg |
| 이륙 중량 | 30kg |
| 배터리 종류 | 리튬폴리머 |

⑦ 피치란?
- 프롭이 한 바퀴 돌았을 때 기체가 나가는 거리(기하학적 거리)

⑧ ESC란?
- 변속기, 모터로 가는 전류를 조절하는 장치, 모터의 회전수를 조절한다.

⑨ IMU(Inertial Measurement Unit, 관성 측정 장비)
- 기체의 기울임, 움직임을 감지하여 균형을 잡아주는 장치

⑩ ANT-H5-T의 비행모드
- GPS 모드(녹색등), ATTI 모드(주황색등), 저전압(적색등)

⑪ 1SELL당 기준 전압
- 3.7볼트, 보관전압 3.8볼트, 최대전압 4.2볼트

⑫ 비행금지구역
- P-73A/B, P-518, 고리(P-61), 월성(P-62), 한빛(P-63), 한울(P-64), 대전(P-65), 수도권(R-75)
- 원자력발전소 반경 18.6km
- 관제공역(비행장 중심(표점) 9.3km, 헬기 기준 5해리, *2해리 내에서는 비행금지)
- 운용고도는 150m 이하(차상위 항공기 운용고도 이하)

⑬ 비행승인 신청서 접수기관
- 각 지방항공청(원스탑 민원사이트 접수 가능)

⑭ 기체에 작용하는 4가지 힘

| 양력 | 뜨는 힘 |
|------|---------|
| 중력 | 지구 중심에서 당기는 힘 |
| 항력 | 저항하는 힘 |
| 추력 | 앞으로 전진 하려는 힘 |

※ 항력과 추력은 비례(추력이 커지면 저항력도 커진다.)

⑮ 멀티콥터 명칭
- 로터수 기준 : 4개 쿼드콥터, 6개 헥사콥터, 8개 옥타콥터, 12개 도데카

⑯ 멀티콥터의 비행원리
- 모터의 회전수를 제어하여 비행

⑰ 모터의 종류
- 브러시리스 모터(수명이 길고 정밀한 모터)

⑱ 조종사 준수사항
- 비행 중에는 장치를 육안으로 항상 확인할 수 있어야 한다(VFR, Visual Flight Rules).
- 사람이 많이 모인 곳 상공에서 비행금지(위험한 비행금지)
- 사고나 분실에 대비해 장치에는 소유자 이름과 연락처를 기재
- 야간비행 금지(일몰 후부터 일출 전 금지)
- 음주 상태(약물 포함)에서 조종 금지
- 비행 중 낙하물 투하 금지
- 비행 전 반드시 승인
- 비행장 주변 관제권 및 비행금지 구역, 고도 150m 이상 비행 금지
- 그 밖에 비정상적으로 비행하는 행위
※ 준수사항 미 준수 시 200만원 이하 벌금 또는 과태료 처분

⑲ 조종자 증명 취소사유(항공안전법 제125조)
- 거짓이나 그 밖의 부정한 방법으로 초경량비행장치 조종자 증명을 받은 경우
- 다른 사람에게 자기의 성명을 사용하여 초경량비행장치 조종을 수행하게 하거나 초경량비행장치 조종자 증명을 빌려준 경우
- 다음 중 어느 하나에 해당하는 행위를 알선한 경우
  - 다른 사람에게 자기의 성명을 사용하여 초경량비행장치 조종을 수행하게 하거나 초경량비행장치 조종자 증명을 빌려 주는 행위
  - 다른 사람의 성명을 사용하여 초경량비행장치 조종을 수행하거나 다른 사람의 초경량비행장치 조종자 증명을 빌리는 행위
- 주류 등의 섭취 및 사용 여부의 측정 요구에 따르지 아니한 경우
- 초경량비행장치 조종자 증명의 효력정지기간에 초경량비행장치를 사용하여 비행한 경우

⑳ 드론이 항공기 부근에 접근하지 말아야 하는 이유는?
- 비행안전(헬기 : 하강기류, 대형항공기 : 난기류)

㉑ 비행중단 기상
- 안개, 뇌우, 천둥, 우천, 눈, 5m/s 이상의 바람, 일출 전, 일몰 후

㉒ 비행 시 휴대해야 하는 것은?
- 자격증, 비행승인서, 비행기록부(로그북)

㉓ 사용사업이란?
- 드론(무게와 상관없음)으로 영리 목적의 사업을 할 경우 사용사업을 신청해야 한다.
- 최대 이륙중량 250g 초과되는 기체는 자격증을 취득 후 기체 신고/보험가입/사용사업 신청을 한다.

㉔ 사용사업의 범위는?
- 영상촬영/농약살포방제/드론 교육사업 등

㉕ GPS 모드와 ATTI 모드의 차이점
- GPS 모드는 위성신호를 수신하여 위도와 경도에 대한 자기위치를 제어하는 모드
- ATTI 모드는 GPS를 사용하지 않고 센서를 이용하여 기체의 수평을 유지(지자계 이상시 오류의 영향을 받지 않는다.)

㉖ 프롭의 역할은?
- 모터의 회전을 기반으로 공기를 눌러 양력을 발생시키며 회전수 조절을 통하여 이동방향과 속도를 조절한다.

㉗ ANT-H5-T의 최대 비행거리 및 최대고도
- 거리 : 시계(육안으로 좌우 전후 식별)
- 고도 : 150m

㉘ 항공기의 전장은 어디부터 어디까지인가?
- 프롭 끝에서 프롭 끝까지

㉙ 주파수 호핑 방식이란?
- 주파수 간섭을 피하기 위한 주파수 도약

㉚ 멀티콥터 고도유지 원리
- 3축 운동(요잉, 롤링, 피칭) 비행중단 기상

 **질문답변**

이기적 홈페이지에서 드론(무인멀티콥터) 자격증을 준비하세요.
질문답변 게시판을 통해 문제를 해결해 보세요.

＊ 이기적 홈페이지 : license.youngjin.com

# 자격증은 이기적!

이기적으로 공부하면
단기간에 합격할 수 있습니다.